U0097084

古代歷史文化研究輯刊

十三編

王明蓀 主編

第6冊

胡漢風韻
——北朝時期飲食文化研究

王萌 著

國家圖書館出版品預行編目資料

胡漢風韻——北朝時期飲食文化研究／王萌 著 -- 初版 -- 新北
市：花木蘭文化出版社，2015〔民 104〕
序 2+ 目 8+292 面；19×26 公分
（古代歷史文化研究輯刊 十三編：第 6 冊）
ISBN 978-986-404-016-2（精裝）
1. 飲食風俗 2. 南北朝
618   103026946

ISBN-978-986-404-016-2

9 789864 040162

古代歷史文化研究輯刊
十三編　第六冊　　　　　　　ISBN：978-986-404-016-2

胡漢風韻——北朝時期飲食文化研究

作　　者　王萌
主　　編　王明蓀
總 編 輯　杜潔祥
副總編輯　楊嘉樂
編　　輯　許郁翎
出　　版　花木蘭文化出版社
社　　長　高小娟
聯絡地址　235 新北市中和區中安街七二號十三樓
　　　　　電話：02-2923-1455 ／傳眞：02-2923-1452
網　　址　http://www.huamulan.tw 信箱 hml 810518@gmail.com
印　　刷　普羅文化出版廣告事業
初　　版　2015 年 3 月
定　　價　十三編 27 冊（精裝）台幣 52,000 元

版權所有·請勿翻印

胡漢風韻
——北朝時期飲食文化研究

王　萌　著

作者簡介

王萌，男，漢族，內蒙古包頭市人。現任職於內蒙古大學歷史與旅遊文化學院歷史系，從事秦漢史、魏晉南北朝史研究。2007 年 8 月考入吉林大學古籍研究所，師從張鶴泉先生研習秦漢史，2009 年 6 月畢業，獲中國古代史碩士學位。同年 8 月，師從碩導恩師研治魏晉南北朝史，2012 年 6 月畢業，獲中國古代史博士學位。目前已聯名或單獨發表學術論文 5 篇（含已確認用稿的單獨發表論文）。申請、承擔 2014 年內蒙古自治區社科規劃基金項目（承擔項目名稱：《北魏北部邊疆與民族政策研究》；項目批准號：2014C117）。

提　　要

　　本書通過對有關北朝時期的正史文獻、類書文獻、宗教文獻及考古資料進行全面、系統的搜集、分類、分析的基礎上，同時結合國內外學術界相關研究成果，從影響北朝飲食生活的歷史地理環境、食物原料、飲食結構、飲品、飲食加工及烹飪技術、飲食器具、飲食風俗、飲食活動的社會階層屬性、飲食禮儀及娛樂活動、北朝國家對宮廷飲食的管理等十個方面，形成有關北朝時期飲食文化的系統研究。展示北朝時期飲食文化中農業文明與游牧文明、漢族風韻與胡族習俗的交流、融合，闡釋多元文化因素對當時飲食風俗的影響。

序

　　王萌博士在本科讀書期間，就有志於研究學術，讀書全神貫注，做事有板有眼，是師生公認的「讀書種子」。後來師從著名歷史學家張鶴泉先生攻讀碩士、博士，畢業後，回到母校內蒙古大學歷史與旅遊文化學院任教，又和我成爲同事。在與王萌博士共事期間，我欣喜地發現，他不僅依然保持了對學術的熱情和執著，而且經過張先生的指導和他本人的寒窗苦讀，更是學業精進。在工作不到兩年的時間裏，就在臺灣出版了自己的專著《北朝時期釀酒、飲酒及對社會的影響研究》，還申請到了 2014 年內蒙古自治區社科規劃基金項目。當王萌博士再次把他的一部厚厚的專著《胡漢風韻——北朝時期飲食文化研究》一書捧到我面前，並告知我該書已經通過了臺灣一家出版機構的評審時，更讓我感到十分驚訝，一個年輕人，在如此短的時間裏，有如此豐碩的成果問世，期間需要付出更多的艱辛與努力。

　　古代哲學家告子曾經說過：「食、色，性也。」大家熟知「民以食爲天」的諺語，這都說明了飲食是人類生存的第一條件，在人類社會發展中起著不可替代的作用。但研究飲食和飲食文化，特別是研究北朝時期的飲食和飲食文化，則是一項相當艱巨的任務。這是因爲，一是起居飲食，本來對於人類是須臾不可或缺的，但正是因爲它的習以爲常，反而人們很少對此加以關注和記述，因而留下的史料少而分散；二是北朝時期距離現在時間久遠，飲食習俗和內涵已經發生了巨大變化；三是北朝時期，胡漢衝突與融合兼具，要研究這一時期的飲食文化，就需要瞭解當時不同地區、不同民族的生活與習俗。王萌博士知難而進，通過對相關資料的仔細搜羅與爬梳，結合出土文獻，在深入理論思考、嚴密邏輯分析、充分史料論證的基礎上，完成了這部

專著《胡漢風韻——北朝時期飲食文化研究》。

　　該書在充分吸收前人研究成果的基礎上，對北朝時期的飲食文化進行了系統的、全方位的綜合研究，內容涉及影響北朝時期飲食生活的歷史地理環境、食物原料構成、日常飲食結構、飲食種類、飲食加工及烹飪技術、飲食器具、飲食風俗、飲食活動的社會階層屬性、飲食禮儀及飲食娛樂活動、國家對飲食活動的管理等諸多方面的內容。王萌博士研究北朝時期的飲食文化，不僅對物質文化的內涵進行了充分探索，而且還延及到制度文化和精神文化領域，關乎到胡漢民族的碰撞與交融。在研究過程中，運用了歷史學、民族學、人類學、考古學等方面的理論與方法，並在此基礎上提出了自己的諸多創新性認識。可以肯定，這樣有分量的研究成果，在飲食文化研究史和北朝社會史研究中，必將擁有一席之地。

　　王萌博士囑我爲他的大作寫序，本來以我的學術水平和資歷，是難以擔當如此重任的。但作爲王萌博士的同事，面對他的豐碩成果，我感到了後生可畏，通過給這部書寫序，也算是對自己的鞭策與激勵吧！

王紹東

2014 年 8 月 28 日

目次

附　圖

第一章　影響北朝飲食生活的歷史地理環境——人文地理與自然地理

第一節　北方地區人文地理概況

一、民族構成

　　西晉末年，五胡民族相繼進入華北，北方地區形成了多民族混居的局面。鮮卑族拓跋氏進入北方，建立北魏之後，對周邊民族採取了強制遷徙降民、聽其內附等徙民政策，使多民族交錯雜居的局面繼續發展。

　　關於北魏時期，北方地區的民族遷徙及分佈，見表 1.1。

表 1.1　北魏時期北方地區民族遷徙、分佈表

時　間	民族遷徙、內附事述	資料來源
登國五年（公元 390）	「十有一月，紇奚部大人庫寒舉部內屬。」「十有二月，紇突隣大人屈地鞬舉部內屬。」	《魏書》卷二《道武帝紀》
登國八年（公元 393）	「（六月）破類拔部帥劉曜等，徙其部落。」「（八月）（道武）帝南征薛干部帥太悉佛於三城……徙其民而還。」	同上
皇始元年（公元 396）	「（夏六月癸酉），（道武帝）遣將軍王建等三軍討賣廣寧太守劉亢泥，斬之，徙其（鮮卑）部落。」	同上
天興元年（公元 398）	「（正月）徙山東六州民吏及徒何、高麗雜夷三十六萬，百工伎巧十萬餘口，以充京師。」	同上

	「(四月)鄜城屠各董羌、杏城盧水（胡）郝奴、河東蜀薛榆、氐帥符興，各率其種內附。」	
天興二年 （公元 399）	「（二月）破高車雜種三十餘部，獲七萬餘口……驃騎大將軍、衛王儀督三萬騎別從西北絕漠千餘里，破其遺迸七部，獲二萬餘口……以所獲高車眾起鹿苑。」 「（八月）西河胡帥護諾于、丁零帥翟同、蜀帥韓鬐，並相率內附。」	同上
天興三年 （公元 400）	「十有一月，高車別帥敕力犍，率九百餘落內屬。」	同上
天興四年 （公元 401）	「春正月，高車別帥率其部三千餘落內附。」	同上
天興五年 （公元 402）	「二月癸丑，征西大將軍、常山王遵等至安定之高平，木易于率數千騎與衛辰、屈丐棄國遁走，追至隴西瓦亭，不及而還。獲其輜重庫藏……徙其民（匈奴）於京師。」	同上
天興五年 （公元 402）	「（十二月）蠕蠕社崙犯塞，詔常山王遵追之，不及而還。越勤莫弗率其（越勤）部萬餘家內屬，居五原之北。」	同上
天興六年 （公元 403）	「六年春正月辛未，朔方尉遲部別帥率萬餘家內屬，入居雲中。」	同上
永興三年 （公元 411）	「（二月）己亥，詔北新侯安同等持節循行并、定二州及諸山居雜胡、丁零，問其疾苦，察舉守宰不法；其冤窮失職、強弱相陵、孤寒不能自存者，各以事聞。昌黎、遼東民二千餘家內屬。」 「（六月）西河胡張賢等率營部內附。」 「冬十二月甲戌，蠕蠕斛律宗黨吐觝于等百餘人內屬。」	《魏書》卷三《明元帝紀》
永興五年 （公元 413）	「（七月）奚斤等破越勤倍泥部落於跋那山西，獲馬五萬匹，牛二十萬頭，徙二萬餘家於大寧，計口受田。	同上
神瑞元年 （公元 414）	「（六月）河西胡酋劉遮、劉退孤率部落等萬餘家，渡河內屬。」	同上
神瑞二年 （公元 415）	「（二月）河西胡劉雲等，率數萬戶內附。」	同上
泰常二年 （公元 417）	「（十二月）氐豪徐駭奴、齊元子等，擁部落三萬於雍，遣使內附。」	同上
泰常三年 （公元 418）	「（三年春正月）河東胡、蜀五千餘家相率內屬。」 「夏四月己巳，徙冀、定、幽三州徒何於京師。」	同上
泰常五年 （公元 420）	「夏四月，河西屠各帥黃大虎、羌酋不蒙娥等遣使內附。」 「十有二月丁亥，杏城羌酋狄溫子率三千餘家內附。」	同上
泰常八年 （公元 423）	「八年正月……河東蜀薛定、薛輔率五千餘家內屬。」	同上

始光二年 （公元 425）	「（太武帝）分軍搜討，東至瀚海，西接張掖水，北渡燕然山，東西五千餘里，南北三千里。高車諸部殺大檀種類，前後歸降三十餘萬。」	《魏書》卷一〇三《蠕蠕傳》
始光四年 （公元 427）	「（五月）三城胡酋鵲子相率內附。」	《魏書》卷四上《太武帝紀上》
始光年間	「太武帝「破蠕蠕大檀於雲中」之後，「分徙（柔然）三萬餘落於河西，西至白鹽池。」	《魏書》卷二八《劉潔傳》
神䴥元年 （公元 428）	「（八月）上郡休屠胡酋金崖率部內屬。」 「九月……上洛巴渠泉午觸等萬餘家內附。」 「（閏月）上郡屠各隗詰歸率萬餘家內屬。」	《魏書》卷四上《太武帝紀上》
延和二年 （公元 433）	「（十二月）隴西休屠王弘祖率眾內屬。」	同上
太延四年 （公元 438）	「（十二月）上洛巴泉童等相率內附。」	同上
太平真君六年 （公元 445）	「（八月）徙諸種雜人五千餘家於北邊。令民北徙畜牧至廣漠，以餌蠕蠕。」	《魏書》卷四下《太武帝紀下》
太平真君八年 （公元 447）	「（三月）徙定州丁零三千家於京師。」	同上
太平真君九年 （公元 448）	「（正月）宕昌羌酋梁瑾慈遣使內附，並貢方物。」	同上
太平真君十年 （公元 449）	「二月，蠕蠕渠帥介綿他拔等率其部落千餘家來降。」	同上
太安三年 （公元 457）	「十有一月，蠻王文虎龍率千餘家內附。」	《魏書》卷五《文成帝紀》
太安四年 （公元 458）	「（十月）蠕蠕絕迹遠遁，其別部烏朱賀頹、庫世頹率眾來降。」	同上
皇興三年 （公元 469）	「十有一月，吐谷渾別帥白楊提度汗率戶內附。」	《魏書》卷六《獻文帝紀》
獻文帝時期	「顯祖世有蠕蠕萬餘戶降附，居於高平、薄骨律二鎮。」	《魏書》卷五八《楊播傳附楊椿傳》
延興元年 （公元 471）	「冬十月丁亥，沃野、統萬二鎮敕勒叛。詔太尉、隴西王源賀追擊，至枹罕，滅之，斬首三萬餘級；徙其遺迸於冀、定、相三州為營戶。」	《魏書》卷七上《孝文帝紀上》
延興二年 （公元 472）	「（二月）蠕蠕犯塞。太上皇帝次於北郊，詔諸將討之。虜遁走。其別帥阿大幹率（蠕蠕）千餘落來降。東部敕勒叛奔蠕蠕，太上皇帝追之，至石磧，不及而還。」	同上

延興三年 （公元473）	「（十二月）吐谷渾部內羌民鍾豈渴干等二千三百戶內附。」	同上
太和三年 （公元479）	「太和三年，高句麗竊與蠕蠕謀，欲取地豆于以分之。契丹懼其侵軼，其莫弗賀勿于率其部落車三千乘、眾萬餘口，驅徙雜畜，求入內附，止於白狼水東。」	《魏書》卷一〇〇 《契丹傳》
太和五年 （公元481）	「（七月）蠕蠕別帥他稽率眾內附。」	《魏書》卷七上 《孝文帝紀上》
太和十二年 （公元488）	「十有二月，蠕蠕伊吾戍主高羔子率眾三千以城內附。」	《魏書》卷七下 《孝文帝紀下》
太和十三年 （公元489）	「蠕蠕別帥叱呂勤率眾內附。」	同上
景明元年 （公元500）	「（五月）大陽蠻酋田育丘等率戶內附。」	《魏書》卷八 《宣武帝紀》
正始元年 （公元504）	「（八月）西羌宋萬率戶四千內附。」	同上
正始四年 （公元507）	「（十二月）蠕蠕、高車民他莫孤率部來降。」	同上
永平三年 （公元510）	「（九月）高車別帥可略汗等率眾一千七百內屬。」	同上
神龜二年 （公元519）	「冬十有一月乙酉，蠕蠕莫緣梁賀侯豆率男女七百人來降。」	《魏書》卷九 《孝明帝紀》

　　由上表可見，北魏道武帝對慕容燕、柔然、匈奴等政權、部落的征討及遷徙其民眾，豐富了北方地區的民族構成，增加了北方地區慕容鮮卑、柔然、高句麗、匈奴等民族在當時人口中的比重。之後的北魏統治者繼承了遷徙邊疆民族及允許邊疆民族內附、內徙的政策。

　　關於敕勒民族，《魏書》卷二八《古弼傳》載太武帝進行赫連夏政權時，「使高車敕勒馳擊（赫連）定。」從敕勒征兵，反映出當時應有一定規模的敕勒人生活在華北。

　　關於高句麗的內徙，《魏書》卷一〇〇《契丹傳》載，「太和三年，高句麗竊與蠕蠕謀，欲取地豆于以分之。契丹懼其侵軼，其莫弗賀勿于率其部落車三千乘、眾萬餘口，驅徙雜畜，求入內附，止於白狼水東。」按《魏書》卷一〇六上《地形志上》、《中國歷史地圖集》、《歷代輿地沿革圖》，高句麗所遷徙至「白狼水」屬北魏營州地區。表明孝文帝時期，部分東夷民族開始向北魏東北邊疆遷徙。

　　北魏中後期，江南地區的漢族、少數民族開始進入北方地區。

　　北魏遷都洛陽後，對歸附的周邊民族實行安撫措施。《洛陽伽藍記》卷三《城南》載洛陽「永橋以南，圜丘以北，伊、洛之間，夾御道有四夷館。道東有四館。一名金陵，二名燕然，三名扶桑，四名崦嵫。道西有四里：一曰歸正，二曰歸德，三曰慕化，四曰慕義。吳人投國者處金陵館，三年已後，賜宅歸正里……北夷來附者處燕然館，三年已後，賜宅歸德里……東夷來附者處扶桑館，賜宅慕化里。西夷來附者處崦嵫館，賜宅慕義里。自葱嶺已西，至於大秦，百國千城，莫不歡附，商胡販客，日奔塞下，所謂盡天地之區已。樂中國土風，因而宅者，不可勝數。是以附化之民，萬有餘家。門巷修整，閶闔填列，青槐蔭陌，綠樹垂庭，天下難得之貨，咸悉在焉。別立市於樂（洛）水南，號曰四通市，民間謂永橋市。伊、洛之魚，多於此賣，士庶須膾，皆詣取之。魚味甚美，京師語曰：『洛鯉伊魴，貴於牛羊』。」可見北魏後期的京畿地區居住著大量的邊疆之族民眾。

　　上述鮮卑、柔然、高句麗、匈奴、敕勒、契丹等民族，在其進入北方、定居生活之後，原先塞外時期的飲食風俗也被帶到北方地區，影響到北方漢族社會的飲食生活，漢族社會飲食中逐漸帶有濃厚的少數民族色彩。如《魏書》卷九四《閹官・王琚傳》載長期服侍孝文帝的閹官王琚，「常飲牛乳。」又《洛陽伽藍記》卷三《城南》載由南朝投奔到北魏的漢族士人王肅在飲食方面的變化，「肅初入國，不食羊肉及酪漿等物，常飯鯽魚羹，渴飲茗汁。京師士子，道肅一飲一斗，號為『漏巵』。經數年已後，肅與高祖殿會，食羊肉酪粥甚多。」對由南方投奔到北方的人影響如此之深，那麼對於北方社會來說，飲食中的游牧民族風俗色彩則更為濃厚。如《齊民要術》卷六《養羊第五十七附酥酪、乾酪法》詳細記載當時北方漢地社會加工乳製品的技術。由此可見游牧民族的飲酪風俗對漢地社會產生了深遠影響。

　　《齊民要術》卷八《羹臛第七十六》所載「羌煮法」、同卷《蒸缹法第七十七》所載「胡炮肉法」具有鮮明的北方少數民族飲食烹飪色彩。

　　除北方游牧民族的飲食風俗影響到北方社會之外，由江南進入北方的漢族、少數民族也把江南地區的風俗帶到北方，如《洛陽伽藍記》所載洛陽地區濃厚的食魚風氣就是受到江南風俗的影響。

　　所以，在多民族相互交錯混居的情況下，原來北方漢地社會的飲食結構得到很大的改善，形成了胡漢民族飲食風俗相互融合的現象。

二、經濟發展

　　北朝時期的北方地區，受到生態氣候、水土環境及民族混居等因素的影響，當時北方地區的社會經濟呈現出農業與畜牧業並重發展的形勢。漢民族在北方地區的悠久的農耕歷史傳統，使農業成爲當時多數人所從事的主要經濟生產方式；自西晉末年的永嘉之亂，直到北朝初期，北方草原地區的民族紛紛內遷，而由內遷的游牧民族所帶來的畜牧業生產方式及經驗技術也在深刻地影響著北方的漢族社會。

　　北朝時期北方地區農業經濟與畜牧經濟的共同發展，極大地豐富了當時的飲食資源，促進了以農業經濟、畜牧經濟爲代表的漢族、胡族飲食風俗的相互融合。

（一）農業發展

　　游牧民族出身的北魏統治者，雖然對畜牧經濟的發展給予相當的重視，但是鑒於農業在北方眾多人口中占絕對優勢地位，出於安撫漢族民眾、使人口與土地緊密結合等目的，自北魏建立，鮮卑族統治者就對農業發展表現出關注的態度，有時甚至在游牧民族中推廣農業生產。如《魏書》卷二《道武帝紀》載：「（登國元年）二月，（道武帝）幸定襄之盛樂。息眾課農。」

　　《魏書》卷二《道武帝紀》又載登國九年，道武帝「使東平公元儀屯田於河北五原，至於棝楊塞外。」表明北魏統治者開始大規模地發展農業生產。這次在北疆地區從事屯田的人，應包括游牧民族部眾、漢族民眾。關於此次屯田影響，《魏書》卷一五《昭成子孫·秦明王翰傳附拓跋儀傳》載，「（道武帝）命（拓跋儀）督屯田於河北，自五原至棝陽塞外，分農稼，大得人心。」據此，北疆地區的部分游牧民族平民開始接受農業生產方式。此後，北魏道武帝又擴大了推廣農業的人口、地區範圍。《魏書》卷一一〇《食貨志》載，「（道武帝）定中山，分徙吏民及徒何種人、工伎巧十萬餘家以充京都，各給耕牛，計口授田。」「天興初，制定京邑，東至代郡，西及善無，南極陰館，北盡參合，爲畿內之田；其外四方四維置八部帥以監之，勸課農耕，量校收入，以爲殿最。又躬耕籍田，率先百姓。自後比歲大熟，匹中八十餘斛。」

　　《魏書》卷一一〇記載太和九年，北魏孝文帝下詔實行均田制，對受田對象及授田種類、占田等進行詳細規定。在國家行政保障之下，北方地區的

農業獲得了巨大發展。

（二）畜牧經濟

鮮卑族入主北方地區後，畜牧業生產經驗技術也隨之進入北方，促進了北方地區畜牧業的發展。

當時北方畜牧生產的發展，首先表現在北魏國家設立官方經營的大規模牧場。《魏書》卷一一○《食貨志》載，「世祖之平統萬，定秦隴，以河西水草善，乃以為牧地。畜產滋息，馬至二百餘萬匹，橐駝將半之，牛羊則無數。高祖即位之後，復以河陽為牧場，恒置戎馬十萬匹，以擬京師軍警之備。每歲自河西徙牧於并州，以漸南轉，欲其習水土而無死傷也，而河西之牧彌滋矣。」可見，北魏河西牧場、河陽牧場的畜牧業生產規模之大。

其次，當時北方地區的部分漢族民眾也從事規模不同的畜牧養殖經營。《齊民要術》卷六記載了黃河中下游地區漢族民眾從事牛、馬、羊蓄養的情況，反映出游牧民族的畜牧業生產對北方漢族的影響。

由此可見，北魏建立後，雖然鮮卑族處於不斷漢化的過程中，但是其自身的生產方式「畜牧業」卻一直存在，在當時國家經濟中佔有重要地位。

總之，北朝時期，北方地區農業經濟與畜牧業經濟的並行發展，為當時的飲食生活提供了豐富的物質資源保障；更為重要的是，為當時漢族、游牧民族之間飲食風俗的交流與融合提供了經濟基礎。如廣大游牧民族平民接受農業生產方式後，就不能對漢族飲食持保守態度，其原來帶有濃厚胡風的飲食方式就要相應的改變。

第二節　北方自然地理環境

一、植被覆蓋

以森林為代表的植被因其為人類生存提供物質資源，並在涵養水源、調節氣候、保持水土、為野生動物提供棲息地等方面發揮著重要作用，所以，其在自然生態中處於核心地位，扮演著不可替代的角色。因此，在保障人們飲食資源的來源方面，植被所發揮的作用是不可忽視的。

（一）自然植被

關於北朝時期北方地區的自然植被覆蓋情況，史念海先生曾在《河山集》

第三集中論述黃河地區的森林植被被破壞的四個歷史時期，森林植被被破壞的第二個時期即秦漢魏晉南北朝時期，當時平原地區的森林受到更爲嚴重的破壞，到這一時期即將結束時，平原地區已經基本沒有森林可言。〔註1〕不可否認的是，到魏晉南北朝時期，由於人口的增加，人們對自然界的開發程度逐漸深入，如建造房屋、燒炭伐薪、毀林開荒等的進行，大面積的陸地植被遭到破壞。北魏中後期，洛陽地區建築所需木材必須從遠地運輸就反映出京畿地區植被遭到破壞的情況，《周書》卷一八《王羆傳》載北魏中後期，「京洛材木，盡出西河，朝貴營第宅者，皆有求假。」

但是細檢索《魏書》、《北齊書》等有關北朝時期的歷史文獻，可發現當時北方部分地區的植被覆蓋情況還是較爲良好的。

《魏書》卷四上《太武帝紀上》載，「（始光四年春）赫連昌遣其弟平原公定，率眾二萬向長安。帝聞之，乃遣就陰山伐木，大造攻具。」《魏書》卷五八《楊播傳附楊椿傳》載楊椿任職朔州，「因治黑山道餘功，伐木私造佛寺。」陰山能爲北魏軍隊所需攻城器械提供大量木材，朔州地區還有林木可供砍伐，表明北魏北部邊疆地區的植被覆蓋情況是非常良好的。

《魏書》卷九《孝明帝紀》載，「（熙平元年五月）庚午，詔放華林野獸於山澤。」放皇家園林野獸於山林，表明洛陽京畿附近應還有部分森林植被的覆蓋。

《北齊書》卷三四《楊愔傳》載弘農楊氏家族，「宅內有茂竹，（楊暐）遂爲愔於林邊別葺一室，命獨處其中，常以銅盤具盛饌以飯之。因以督屬諸子，曰：『汝輩但遵彥謹慎，自得竹林別室、銅盤重肉之食。』」《魏書》卷一九下《景穆十二王下·安定王休傳附元燮傳》載，「馮翊，面華渭，包原澤，井淺池平，樵牧饒廣。採材華陰，陸運七十；伐木龍門，順流而下。」表明弘農、馮翊地區還有一定規模的林木植被。

《魏書》卷三〇《娥清傳》載，「娥清……太宗南巡幸鄴，以清爲中領軍將軍，與宋兵將軍周幾等渡河略地。至湖陸，（兗州）高平民屯聚林藪，拒射官軍，清等因誅數千家，虜獲萬餘口。」《魏書》卷六八《甄琛傳》載北魏時期，大臣甄琛就有關保障民眾飲食來源問題上書宣武帝，「山林藪澤，有能取蔬食禽獸者，皆野虞教導之；其迭相侵奪者，罪之無赦。此明導民而弗禁，通有無以相濟也。」《魏書》卷一八《太武五王·臨淮王元譚傳附元孚傳》載

〔註1〕史念海：《河山集》第三集，北京：人民出版社，1988年，第148頁。

北魏後期，「（恒）州人張孟都、張洪建、馬潘、崔獨憐、張叔緒、崔醜、張天宜、崔思哲等八家，皆屯保林野。」據此，當時地方州郡縣還有不同規模的植被覆蓋。

《北齊書》卷八《後主紀》載，「（天統六年閏月）辛巳，以軍國資用不足，稅關市、舟車、山澤、鹽鐵、店肆，輕重各有差。」來自於山澤開採、經營的稅收在北齊國家收入中佔有一定比重，可見北方地區東部的植被覆蓋應是較良好的。

（二）人工植被

當時統治者還通過國家行政干預的方式，來增加植被覆蓋。

《魏書》卷一一〇《食貨志》載北魏太和九年，孝文帝實行均田制改革中的規定：

> 諸初受田者，男夫一人給田二十畝，課蒔餘，種桑五十樹，棗五株，榆三根。非桑之土，夫給一畝，依法課蒔榆、棗。奴各依良。限三年種畢，不畢，奪其不畢之地。於桑榆地分雜蒔餘果及多種桑榆者不禁。

雖然北魏孝文帝規定接受桑田之平民在其上種植桑、棗、榆是為了方便平民日常生產、生活所需，但是客觀上起到了增加陸地植被覆蓋面積的作用。

《周書》卷三一《韋孝寬傳》載：

> （西魏）廢帝二年，（韋孝寬）為雍州刺史。先是，路側一里置一土候，經雨頹毀，每須修之。自孝寬臨州，乃勒部內當候處植槐樹代之。既免修復，行旅又得庇蔭。周文後見，怪問知之，曰：「豈得一州獨爾，當令天下同之。」於是令諸州夾道一里種一樹，十里種三樹，百里種五樹焉。

總之，當時統治者、地方官員通過行政干預、勸導等方式，增加了各地的植被覆蓋，對於保持生態環境具有重要意義。

二、氣候

以冷暖乾濕的變化為代表的氣候是影響人類生活最為重要的自然環境因素之一。一定時期、地域中的氣候變化，與當地飲食生活存在密切的關聯。因為氣候的變遷影響到某一地區人們飲食種類的改變、飲食結構的調整，甚

至是飲食風俗的形成。

關於北朝時期，北方地區的氣候變化，可從《魏書》卷一一二上《靈徵志上》、《魏書》卷一一二下《靈徵志下》有關記載中得知。

表 1.2　北魏、東魏時期大水發生頻度表

時　　間	地　　點	說　　明
北魏天賜三年（公元 406）	全國範圍	「霖雨，大震，山穀水溢。」
北魏泰常三年（公元 418）	河內郡	「河內大水。」
北魏延和元年（公元 432）	首都平城	「京師水溢，壞民廬舍數百家。」
北魏太平眞君八年（公元 447）	平州	「平州大水。」
北魏太和二年（公元 478）	南豫州、徐州、兗州	「大霖雨。」
北魏太和六年（公元 482）	青州、雍州	「大水。」
北魏太和六年（公元 482）	徐、東徐、兗、濟、平、豫、光七州，平原、枋頭、廣阿、臨濟四鎮	「大水。」
北魏太和九年（公元 485）	南豫州、朔州	「南豫、朔二州各大水，殺千餘人。」
北魏太和二十二年（公元 498）	兗州、豫州	「大霖雨。」
北魏太和二十三年（公元 499）	青、齊、光、南青、徐、豫、兗、東豫八州	「大水。」
北魏景明元年（公元 500）	青、齊、南青、光、徐、兗、豫、東豫，司州之潁川、汲郡	「大水，平隰一丈五尺，民居全者十四五。」
北魏正始二年（公元 505）	青、徐州	「大雨霖，海水溢出於青州樂陵之隰沃縣，流漂一百五十二人。」
北魏永平三年（公元 510）	州郡二十	「大水。」
北魏延昌元年（公元 512）	全國範圍	「京師（洛陽）及四方大水。」
北魏延昌二年（公元 513）	壽春	「大水。」
北魏熙平元年（公元 516）	徐州	「大水。」
北魏熙平二年（公元 517）	冀、瀛、滄三州	「大水。」
北魏正光二年（公元 521）	定、冀、瀛、相四州	「大水。」

北魏孝昌三年（公元 527）	首都洛陽	「京師大水。」
北魏太昌元年（公元 532）	首都洛陽	「京師大水，穀水汎溢，壞三百餘家。」
東魏元象元年（公元 538）	定、冀、瀛、滄四州	「大水。」
東魏興和四年（公元 542）	滄州	「大水。」

表 1.3　北朝時期旱情發生情況表

時　　間	地　點	說　　　　明
北魏神瑞二年（公元 415）	全國範圍	「（神瑞二年）冬十月……丙寅，詔曰：『古人有言，百姓足則君有餘，未有民富而國貧者也。頃者以來，頻遇霜旱，年穀不登，百姓飢寒不能自存者甚眾，其出布帛倉穀以賑貧窮。』」（《魏書》卷三《明元帝紀》）
北魏延和三年（公元 434）	全國範圍	「（太延元年）六月甲午，詔曰：『去春小旱，東作不茂。憂勤克己，祈請靈祇，上下咸秩。豈朕精誠有感，何報應之速？雲雨震灑，流澤霶渥……推尋其理，蓋神靈之報應也。朕用嘉焉。』」（《魏書》卷四上《太武帝紀上》）
北魏太安五年（公元 459）	六鎮、雲中、高平、二雍、秦州	「（太安五年）冬十有二月戊申，詔曰：『六鎮、雲中、高平、二雍、秦州，偏遇災旱，年穀不收。其遣開倉廩以賑之。有流徙者，諭還桑梓。欲市糴他界，為關傍郡，通其交易之路。』」（《魏書》卷五《文成帝紀》）
北魏和平五年（公元 464）	全國範圍	「（和平五年）夏四月……閏月戊子，帝以旱故，減膳責躬。」（《魏書》卷五《文成帝紀》）
北魏天安元年（公元 466）	州鎮十一	「是歲，州鎮十一旱，民饑，開倉賑恤。」（《魏書》卷六《獻文帝紀》）
北魏皇興二年（公元 468）	州鎮二十七	「（皇興二年）十有一月，以州鎮二十七水旱，開倉賑恤。」（《魏書》卷六《獻文帝紀》）
北魏延興二年（公元 472）	州鎮十一	「是年，以州鎮十一水旱，免民田租，開倉賑恤。」（《魏書》卷一〇五之二《天象志二》）
北魏延興三年（公元 473）	州鎮十一	「是歲，州鎮十一水旱，丐民田租，開倉賑恤。相州民餓死者二千八百四十五人。」（《魏書》卷七上《孝文帝紀上》）
北魏太和元年（公元 477）	州郡八	「（太和元年）十有二月……丁未，詔以州郡八水旱蝗，民飢，開倉賑恤。」（《魏書》卷七上《孝文帝紀上》）
北魏太和二年（公元 478）	州鎮二十	「（太和二年）夏四月……己丑……京師旱。甲辰，祈天災於北苑，親自禮焉。減膳，避正殿。」「是歲，州鎮二十餘水旱，民飢，開倉賑恤。」（《魏書》卷七上《孝文帝紀上》）
北魏太和四年（公元 480）	州鎮十八	「是歲，詔以州鎮十八水旱，民飢，開倉賑恤。」（《魏書》卷七上《孝文帝紀上》）

北魏太和八年 （公元 484）	州鎮十五	「（太和八年）十有二月，詔以州鎮十五水旱，民飢。遣使者循行，問所疾苦，開倉賑恤。」（《魏書》卷七上《孝文帝紀上》）
北魏太和九年 （公元 485）	州鎮十三	「是年，京師及州鎮十三水旱傷稼。」（《魏書》卷七上《孝文帝紀上》）
北魏太和十一年 （公元 487）	全國範圍	「（太和十一年）六月辛巳，秦州民飢，開倉賑恤。癸未，詔曰：『春旱至今，野無青草。』」「秋七月己丑，詔曰：『今年穀不登，聽民出關就食。遣使者造籍，分遣去留，所在開倉賑恤。』」（《魏書》卷七下《孝文帝紀下》）
北魏太和十一年 （公元 487）	平城	「太和十一年，京都大飢，麒麟表陳時務曰：……今秋京都遇旱，穀價踊貴。」（《魏書》卷六〇《韓麒麟傳》）
北魏太和十二年 （公元 488）	兩雍及豫州	「是歲，兩雍及豫州旱饑。明年，州鎮十五大饉。」（《魏書》卷一〇五之三《天象志三》）
北魏太和十七年 （公元 493）	全國範圍	「（太和十七年）五月……丁丑，以旱撤膳。」（《魏書》卷七下《孝文帝紀下》）
北魏太和二十年 （公元 496）	全國範圍	「（太和二十年）七月……戊寅，帝以久旱，咸秩群神；自癸未不食至於乙酉。」「十有二月甲子，以西北州郡旱儉，遣侍臣循察，開倉賑恤。」（《魏書》卷七下《孝文帝紀下》）「二十年，以南北州郡旱，遣侍臣循察，開倉賑恤。」（《魏書》卷一〇五之二《天象志二》）
北魏太和二十年 （公元 496）	全國範圍	「（太和）二十年七月，高祖以久旱不雨，輟膳三旦，百僚詣闕。引在中書省。高祖在崇虛樓，遣舍人問曰：『朕知卿等至，不獲相見，卿何爲而來？』蕭對曰：『伏承陛下輟膳已經三旦，郡臣焦怖，不敢自寧。臣聞堯水湯旱，自然之數，須聖人以濟世，不由聖以致災。是以國儲九年，以御九年之變。臣又聞至於八月不雨，然後君不舉膳。』」（《魏書》卷六三《王肅傳》）
北魏景明元年 至正始元年 （公元 500～504）	全國範圍	「（景明元年）是歲，十七州大飢，分遣使者，開倉賑恤。」「（景明）三年春二月戊寅，詔曰：『自比陽旱積時，農民廢殖，寤言增愧，在予良多。申下州郡，有骸骨暴露者，悉可埋瘞。』」「（景明四年四月）己亥，帝以旱減膳徹懸。」「（正始元年）六月，以旱，徹樂減膳。癸巳，詔曰：『朕以匪德，政刑多舛，陽旱歷旬，京甸枯瘁，在予之責，夙宵疚懷……鰥寡困窮，在所存恤。』」（《魏書》卷八《宣武帝紀》）
北魏正始三年 （公元 506）	全國範圍	「（正始三年五月）丙寅，詔曰：「掩骼埋胔，古之令典，順辰修令，朝之恒式。今時澤未降，春稼已旱。或有孤老餒疾，無人贍救，因以致死，暴露溝塹者，洛陽部尉依法棺埋。」（《魏書》卷八《宣武帝紀》）

北魏正始四年 至永平元年 （公元 507～508）	全國範圍	「（永平元年三月）丙午，以去年旱儉，遣使者所在賑恤。」 「（五月）辛卯，帝以旱故，減膳撤懸。」（《魏書》卷八《宣武帝紀》）
北魏永平二年 （公元 509）	全國範圍	「（永平二年五月）辛丑，帝以旱故，減膳徹懸，禁斷屠殺。」（《魏書》卷八《宣武帝紀》）
北魏永平三年 （公元 510）	冀、定二州	「（永平三年）五月丁亥，詔以冀定二州旱儉，開倉賑恤。」（《魏書》卷八《宣武帝紀》）
北魏延昌元年 （公元 512）	全國範圍	「延昌元年春正月乙巳，以頻水旱，百姓饑弊，分遣使者，開倉賑恤。」 「夏四月，詔以旱故，食粟之畜皆斷之……戊辰，以旱，詔尚書與群司鞫理獄訟，詔河北民就穀燕恒二州。辛未，詔饑民就穀六鎮。丁丑，帝以旱故，減膳撤懸。」 「五月……丙午，詔天下有粟之家，供年之外，悉貸饑民。自二月不雨至於是晦。六月壬申，澍雨大洽……己卯，詔曰：『去歲水災，今春炎旱，百姓饑餒，救命靡寄，雖經蠲月，不能養績。今秋輸將及，郡縣期於責辦，尚書可嚴勒諸州，量民資產，明加檢校，以救艱弊。』庚辰，詔出太倉粟五十萬石，以賑京師及州郡饑民。」（《魏書》卷八《宣武帝紀》） 「肅宗初，（裴延儁）……轉平北將軍、幽州刺史。」「范陽郡有舊督亢渠，徑五十里；漁陽燕郡有故戾陵諸堰，廣袤三十里。皆廢毀多時，莫能修復。時水旱不調，民多飢餒，延儁謂疏通舊迹，勢必可成，乃表求營造。遂躬自履行，相度水形，隨力分督，未幾而就，漑田百萬餘畝，為利十倍，百姓至今賴之。又命主簿酈惲修起學校，禮教大行，民歌謠之。在州五年，考績為天下最。」（《魏書》卷六九《裴延儁傳》）
北魏熙平元年 （公元 516）	全國範圍	「（熙平元年）五月丁卯朔，詔曰：『炎旱積辰，苗稼萎悴，比雖微澍，猶未霑洽，晚種不納。』」（《魏書》卷九《孝明帝紀》）
北魏正光元年 至正光三年 （公元 520～522）	全國範圍	「（正光元年）五月……癸未，詔曰：『攘災招應，修政為本，民乃神主，實宜率先。刺史守令與朕治天下，宜哀矜勿喜，視民如傷。況今炎旱歷時，萬姓彫弊……其賦役不便於民者，具以狀聞，便當蠲罷。』」 「（正光三年）六月己巳，詔曰：『炎旱頻歲，嘉雨弗洽，百稼燋萎，晚種未下，將成災年，秋稔莫覬。在予之責，憂懼震懷。今可依舊分遣有司，馳祈嶽瀆及諸山川百神能興雲雨者，盡其虔肅，必令感降，玉帛牲牢，隨應薦享。上下群官，側躬自勵，理冤獄，止土功，減膳撤懸，禁止屠殺。』」（《魏書》卷九《孝明帝紀》）
北魏普泰元年 （公元 531）	全國範圍	「（普泰元年）秋七月……丙戌，司徒公尒朱彥伯以旱遜位。」（《魏書》卷一一《前廢帝紀》）

北魏太昌元年 （公元 532）	膠州	「出帝初，（裴粲）出爲驃騎大將軍、膠州刺史。屬時亢旱，士民勸令禱於海神。」（《魏書》卷七一《裴叔業傳附裴粲傳》）
東魏天平二年 （公元 535）	東魏境內	「（天平二年）「五月，大旱。」（《魏書》卷一二《孝靜帝紀》）
東魏武定二年 （公元 544）	冀定二州	「武定二年三月，齊獻武王歷冀定二州，因入朝，以今春亢旱，請蠲懸租，賑窮乏。」（《魏書》卷一〇五之二《天象志二》）
東魏武定六年 （公元 548）	東魏境內	「（武定六年）三月……辛亥……冬春亢旱。」（《魏書》卷一二《孝靜帝紀》）
北齊天保九年 （公元 558）	北齊境內	「（天保九年）是夏，大旱。」（《北齊書》卷四《文宣帝紀》）
北齊河清二年 （公元 563）	并、汾、京、東雍、南汾五州	「（河清二年）夏四月，并、汾、京、東雍、南汾五州蟲旱傷稼，遣使賑恤。」（《北齊書》卷七《武成帝紀》）
北齊天統二年 （公元 566）	北齊境內	「（天統元年三月）以旱故，降禁囚。」（《北齊書》卷八《後主紀》）
北齊天統五年 （公元 569）	河北諸州	「（天統五年）秋七月……戊申，詔使巡省河北諸州無雨處，境內偏旱者憂免租調。」（《北齊書》卷八《後主紀》）
北齊武平五年 （公元 574）	北齊境內	「（武平五年）夏五月，大旱。」（《北齊書》卷八《後主紀》）
北周保定二年 （公元 562）	北周境內	「（保定二年）夏四月甲辰，禁屠宰，旱故也。」（《周書》卷五《武帝紀上》）
北周保定三年 （公元 563）	北周境內	「保定三年……春夏大旱。」（《周書》卷四七《黎景熙傳》）
北周建德元年 （公元 572）	北周境內	「（建德元年）五月……壬戌，帝以大旱，集百官於庭，詔之曰：『盛農之節，亢陽不雨，氣序愆度，蓋不徒然。豈朕德薄，刑賞乖中歟？將公卿大臣或非其人歟？宜盡直言，無得有隱。』公卿各引咎自責。其夜澍雨。」（《周書》卷五《武帝紀上》）
北周建德五年 （公元 576）	首都長安	「（建德五年）秋七月乙未，京師旱。」（《周書》卷六《武帝紀下》）

表 1.4　北魏時期大雪發生情況表

時　　間	地　點	說　　明
始光二年（公元 425）	全國	「十月，大雪數尺。」
太平眞君八年（公元 447）	北方邊疆	「五月，北鎮寒雪，人畜凍死。」

太和四年（公元 480）	首都平城	「九月……京師大風，雨雪三尺。」
正始元年（公元 504）	北方邊疆	「五月……武川鎮大雨雪。」
正始四年（公元 507）	司、相二州	「二月……暴風，大雨雪。」
正始四年（公元 507）	全國範圍	「九月壬申，大雪。」
正光二年（公元 521）	北方邊疆	「四月，柔玄鎮大雪。」

表 1.5　北朝時期寒霜發生情況表

　　關於寒霜的危害，《魏書》卷一一二上《靈徵志上》載，「京房《易傳》曰：興兵妄誅，茲謂亡法，厥災霜，夏殺五穀，冬殺麥；誅不原情，茲謂不仁，夏先大霜。」

時　　　間	地　點	說　　　明
北魏天賜五年（公元 408）	冀州	「七月，冀州隕霜。」（《魏書》卷一一二上《靈徵志上》）
太延元年（公元 435）	全國範圍	「七月庚辰，大雹霜，殺草木。」
和平六年（公元 465）	全國範圍	「四月乙丑，雹霜。」
太和三年（公元 479）	雍、朔二州及枹罕、吐京、薄骨律、敦煌、仇池鎮	「七月，雍、朔二州及枹罕、吐京、薄骨律、敦煌、仇池鎮並大霜，禾豆盡死。」
太和六年（公元 482）	潁川郡	「四月，潁川郡雹霜。」
太和七年（公元 483）	肆州	「三月，肆州風霜，殺菽。」
太和九年（公元 485）	雍、青二州	「四月，雍、青二州雹霜。」
太和九年（公元 485）	洛、肆、相三州及司州靈丘、廣昌鎮	「六月，洛、肆、相三州及司州靈丘、廣昌鎮雹霜。」
太和十四年（公元 490）	汾州	「八月乙未，汾州雹霜。」
景明元年（公元 500）	夏州	「四月丙子，夏州雹霜殺草。」
景明元年（公元 500）	建興郡	「六月丁亥，建興郡雹霜殺草。」
景明元年（公元 500）	雍、并、朔、夏、汾五州，司州之正平、平陽	「八月乙亥，雍、并、朔、夏、汾五州，司州之正平、平陽頻暴風雹霜。」
景明二年（公元 501）	齊州	「三月辛亥，齊州雹霜，殺桑麥。」
景明四年（公元 503）	雍州	「三月壬戌，雍州雹霜，殺桑麥。」
景明四年（公元 503）	青州	「（三月）辛巳，青州雹霜，殺桑麥。」

正始元年（公元504）	武川鎮	「五月壬戌，武川鎮隕霜。」
正始元年（公元504）	懷朔鎮	「六月辛卯，懷朔鎮隕霜。」
正始元年（公元504）	東秦州	「七月戊辰，東秦州隕霜。」
正始元年（公元504）	河州	「八月庚子，河州隕霜殺稼。」
正始二年（公元505）	齊州	「四月，齊州隕霜。」
正始二年（公元505）	恒、汾二州	「五月壬申，恒、汾二州隕霜殺稼。」
正始二年（公元505）	關、岐二州	「七月辛巳，關、岐二州隕霜。」
正始二年（公元505）	敦煌	「（七月）乙未，敦煌隕霜。」
正始二年（公元505）	恒州	「（七月）戊戌，恒州隕霜。」
正始三年（公元506）	安州	「六月丙申，安州隕霜。」
正始四年（公元507）	關州	「三月乙丑，關州頻隕霜。」
正始四年（公元507）	敦煌	「四月乙卯，敦煌頻隕霜。」
正始四年（公元507）	河州	「八月，河州隕霜。」
永平元年（公元508）	岐、關二州	「三月乙酉，岐、關二州隕霜。」
永平元年（公元508）	并州	「（三月）己丑，并州隕霜。」
永平元年（公元508）	敦煌	「四月戊午，敦煌隕霜。」
永平二年（公元509）	武州鎮	「四月辛亥，武州鎮隕霜。」
延昌四年（公元515）	河南八州	「三月癸亥，河南八州隕霜。」
熙平元年（公元516）	河南北十一州	「七月，河南、北十一州霜。」
北齊河清二年（公元563）	北齊境內	「（河清二年十二月）大雨雪連月，南北千餘里平地數尺，霜晝下。」（《北齊書》卷七《武成帝紀》）

　　通過表1.2至表1.5可見，公元5世紀初至公元6世紀中期，北方地區發生大雪、寒霜的次數逐漸增多，表明當時的北方地區處於氣候較為寒冷的時期。和竺可楨的自兩晉時期，中國古代氣候開始逐漸進入寒冷期，當時年平均氣溫在−1℃至−2℃之間波動〔註2〕這一觀點相符合。除此之外，北朝時期的旱澇自然災害較為頻繁。北朝時期氣候的冷暖、降水多與少的變化，影響到當時北方地區與飲食生活有關的活動。

〔註2〕參看竺可楨：《中國近五千年來氣候變遷的初步研究》，載《考古學報》，1972年第1期，第15～38頁。

　　首先，寒冷的氣候是促使當時飲酒風氣形成的不可忽視的自然因素。在寒冷的氣候環境下，飲酒可以加快全身的血液循環，增加身體熱量，起到禦寒的作用。

　　第二，當時的氣候冷暖變遷部分程度地影響農作活動。《齊民要術》卷二《旱稻第十二》載旱稻的農作時宜及浸漬稻種，「二月半種稻為上時，三月為中時，四月初及半為下時。」「漬種如法，裹令開口。樓構掩種之，掩種者省種而生科，又勝擲者。即再遍勞。若歲寒早種－慮時晚－即不漬種，恐芽焦也。」表明旱稻的播種如果要避免耽誤時機，即使遇到春天寒冷的時節，仍然要冒嚴寒早些播種、種植，省去了平常耕種之前的浸漬種子這一環節。

　　第三，北朝時期的氣候變遷還影響到當時人飲食生活的質量。主要指受降水多與少的變化所影響的農業收成。風調雨順，農業豐收之際，普通民眾的飲食生活能夠得到最基本的保障。水旱自然災害發生，會導致農業歉收，社會各階層的飲食生活就難以維持正常標準。甚至發生水旱自然災害之際，皇帝多有「減膳」之舉。《魏書》卷五《文成帝紀》載和平五年，文成帝「以旱故，減膳責躬。」《魏書》卷九《孝明帝紀》載正光三年，「炎旱頻歲，嘉雨弗洽，百稼燋萎，晚種未下，將成災年，秋稔莫覬」的情況之下，孝明帝「減膳撤懸，禁止屠殺」。《周書》卷七《宣帝紀》載大象元年，在水旱災害多發的情況下，宣帝「減膳，去飾撤懸。」統治者的減膳之舉，一方面是表示節儉、與民同甘共苦；另一方面，水旱自然災害發生，農業歉收，人們的飲食來源受到影響，所以，包括統治者在內的社會各階層不得不對自己的飲食消費標準有所控制。而對於在日常飲食生活方面僅求食物裹腹的廣大平民來說，在農業歉收之際，其原來的低標準飲食生活更無法得到保障。《魏書》卷一六《道武七王・京兆王元黎傳附元叉傳》載北魏孝明帝時期，「歲時災厲，年年水旱……桑柘焦枯，饑饉相仍，菜色滿道。」

三、水利

　　據《魏書》、《北齊書》、《周書》、《水經注》記載，北朝時期，以黃河為代表的水系分佈於北方地區，除此之外，不同規模的河流、湖陂、池沼也密佈於州郡。隨著北朝對南朝擴張戰爭的勝利，南方地區的部分水系也逐漸被囊括進北方地區。因此，當時良好的水利環境促進了農業、畜牧、漁業、狩獵、采集業的發展，進而豐富了北方的飲食資源。

現根據《水經注》有關記載，製表1.6，以展示北朝時期北方地區的水系及附近的支流、河流、湖陂等水利資源情況。

表1.6　北朝時期水利資源表

水系名稱	水系附近的支流、河流、湖陂	水系、支流、河流、湖陂規模及物產
黃河	濟川水、大谷水、北谷水、烏頭川水、臨津溪水、白土川水、唐遮水、研川水、灘水、列水、西北溪水、黑城溪水、榆城溪水、白石川水、羅溪水、南溪水、故城川水、步和川水、葷川水、桑嵐溪水、葷塏川水、和博川水、濫水、大夏川水、羌水、盧溪水、溜溪川水、伏溜川水、石杜川水、蠡川水、臨羌溪水、長寧川水、晉昌川水、養女川水、長寧水、牛心川水、蔥谷水、漆谷常溪、甘夷川水、安夷川水、宜春水、宜春溪、勒且溪、承流谷水、達扶東溪、達扶西溪、期頓水、雞谷水、吐那孤川水、長門川水、來谷水、乞斤水、陽非水、流溪水、細谷水、六谷水、浩亹河、湛水、南流川水、鄭伯津、潤水、龍泉、逆水、金城河、石城津、梁泉、苑川水、子城川、二十八渡水、赤暉川水、祖歷川水、麥田泉水、高平川水、龍泉水、湫淵、次水、右水、如州泉、東水、石門水、自延溪、肥水、若勃溪、遠水、溫泉、銅口渠、南河、屠申澤、北河、白渠水、沙陵湖、芒干水、武泉水、中溪水、塞水、樹頹水、中陵川水、吐文水、沃水、可不湮水、災豆渾水、誥升袁河、太羅河、樹頹河、湳水、渾瀵水、神銜水、圜水、桑谷水、桑溪、端水、諸次水、小榆水、首積水、湯水、奢延水、沙溪、黑水、交蘭水、鏡波水、平水、平溪、走馬水、白羊水、白羊溪、陵水、離石水、汾水、土軍水、契水、祿谷口水、大蛇水、辱水、秀延水、浣水、根水、露跳水、西露溪、信支水、東露溪、石羊水、域谷水、孔溪、區水、龍尾溪、三湖水、豐林水、奚谷水、蒲川水、黃盧水、紫川水、定水、燕完水、鯉魚澗、羊求水、赤水、蒲水、長松水、北溪、丹水、洛水、黑水、暢谷水、崌谷水、橫溪水、陶渠水、徐水、濩水、郃水、嬌水、沏水、涷水、雷水、陽安澗水、渭水、濩水、通谷水、玉澗水、玉溪、全鳩澗、蓼水、永樂澗水、渠豬水、柏谷水、門水、鴻關水、燭水、田渠水、曹水、蓿水、七里澗、潐水、橐水、崖水、干山水、漫澗、渡谷水、交澗水、路澗水、沙澗水、積石溪、土柱溪、崝水、石崝水、千崝水、清水、倚亳川水、南溪水、乾棗澗水、教水、伏流水、畛水、正回水、疆川水、庸庸水、長泉水、灢水、湛	《水經注》卷三《河水注》載黃河薄骨律鎮流段，「河水又北，薄骨律鎮城在河渚上，赫連果城也。桑果餘林，仍列洲上。」 《水經注》卷五《河水注》載，「白鹿淵水，南北三百步，東西千餘步，深三丈餘。其水多清而夏濁，淳而不流，若夏水洪泛，水深五丈，方乃通注。」 《水經注》卷五《河水注》載，「大河右溢，世謂之甘棗溝，水側多棗，故俗取名焉。河盛則委泛，水耗則輟流。故瀆又東北歷長隄，逕漯陰縣北，東逕著城北，東為陂澱，淵潭相接，世謂之穢野薄。」

	水、溴水、濟水、鮪渚、洛水、滎播澤、奉溝水、 汜水、東關水、石泉水、索水、楊蘭水、石城水、 鄶水、田鄶溪水、蒗蕩渠、沁水、濮水、石濟津、 淇水、白馬濟、長壽津、鳴犢河、漳水、屯氏河、 張甲河、絳瀆、清河、咸河、商河、篤馬河、般河、 白鹿淵水、屯氏渡、濮陽津、郭口津、澶淵、漯水、 倉亭津、柯澤、鄧里渠、將渠、四瀆津、黃溝、郭 水、澤水、小漳河、沙溝水、長叢溝、百溝瀆、鹿 角津、漯沃津、洮水、湟水。	
汾水	東溫溪、西溫溪、酸水、洛陰水、晉水、洞過水、 鄔澤、濤水、嬰侯水、中都水、侯甲水、太古水、 文水、石桐水、冠爵津、麂水、霍水、澗水、黑水、 巢山水、勞水、平水、天井水、王澤、澮水、古水、 修水、華水。	《水經注》卷六《汾水注》載，「（汾 陂）其陂東西四里，南北十餘里， 陂南接鄔。」
澮水	北川水、賀水、高泉水、紫谷水、乾河、田川水、 于家水、絳水。	
涑水	景水、沙渠水、鹽池、女鹽澤、張陽池、晉興澤。	《水經注》卷六《涑水注》載，「今 （鹽）池水東西七十里，南北十 七里，紫色澄渟，潭而不流。水 出石鹽，自然印成，朝取夕復， 終無減損。」 《水經注》卷六《涑水注》載，「池 西又有一池，謂之女鹽澤，東西 二十五里，南北二十里。」 《水經注》卷六《涑水注》載，「涑 水又西南屬於陂。陂分爲二，城 南面兩陂，左右澤渚。東陂世謂 之晉興澤，東西二十五里，南北 八里，南對鹽道山……西陂即張 澤也。西北去蒲坂十五里，東西 二十里，南北四五里，多夏積水， 亦時有盈耗也。」
文水	泌水、隱泉、文湖、勝水。	《水經注》卷六《文水注》載， 「文水又南逕茲氏縣故城東爲文 湖，東西十五里，南北三十里， 世謂之西湖，在縣直東十里。」
原公水		
洞過水	南溪水、黑水、蒲水、原過水、洞過澤、徐水、蔣 谷水、蔣溪。	
晉水	智氏故渡	
湛水	湛溪	

濟水	沇水、溟水、漫流水、天漿澗水、天漿溪、冶水、同水、奉溝水、李陂、礫溪、滎澤、石門水、柳泉、扈亭水、礫石溪、李澤、索水、東關水、器難水、旃然水、梧桐澗水、須水、榆子溝、木蓼溝水、南淵、鴻溝水、黃水、祝龍泉、京水、魚子溝水、石暗澗、瀔瀔水、魚水、重泉水、郟城陂、黃雀溝、靖水、黃淵、葰薦渠、白馬淵、烏巢澤、菏水、鉅野澤、濮水、高梁陂、別濮、陽清湖、朝平溝、酸水、北濮、洪水、薛訓渚、汶水、馬頰水、趙溝水、狼水、狼溪、西流泉、湄湖、湄溝、中川水、賓溪水、沙溝水、玉水、濼水、大明湖、歷水、聽水、關盧水、武原水、白野泉水、芹溝水、百脈水、楊渚溝水、隴水、般水、時水、桓公溝、獲水、泗水。	《水經注》卷七《濟水注》載,「黃水又東北至滎澤南,分為二水:一水北入滎澤,下為船塘,俗謂之郟城陂,東西四十里,南北二十里。一水東北流,即黃雀溝矣。」 《水經注》卷七《濟水注》載,「白馬淵,淵東西二里,南北百五十步,淵流名為白馬溝。」 《水經注》卷八《濟水注》載,「高梁陂,方三里。」 《水經注》卷八《濟水注》載,「陽清湖,陂南北五里,東西三十里,亦曰燕城湖。」 《水經注》卷八《濟水注》載,「湄湖,方四十餘里。」 《水經注》卷八《濟水注》載,「菏水又東與鉅野黃水合,菏澤別名也。黃水上承鉅澤諸陂,澤有濛淀、盲陂。黃湖水東流,謂之黃水。又有薛訓渚水,自渚歷薛村前,分為二流,一水東注黃水,一水西北入澤,即洪水也。」
清水	吳澤陂、吳陂、長明溝、寒泉水、石澗、蔡溝水、苟泉水、長泉水、白屋水、八光溝、長清河、焦泉、魚鮑泉、張波泉、三淵泉、安陽陂、卓水陂、百門陂、清川、陶水、石夾水、太公泉、倉水、黿水。	《水經注》卷九《清水注》載,「黑山在縣北白鹿山東,清水所出也。上承諸陂散泉,積以成川。」 《水經注》卷九《清水注》載,「(吳澤)陂南北二十許里,東西三十里,西則長明溝入焉。」
沁水	矗矗水、秦川水、濩澤水、陽泉、黑嶺水、上澗水、陽阿水、朱溝水、小沁水、臺渟淵、臺渟水、倍澗水、邘水、丹水、源源水、絕水、長平水、白水、天井溪水、光溝水、界溝水、長明溝水、白馬湖、沙溝水。	《水經注》卷九《沁水注》載,「沁水於(武德)縣南,水積為陂,通結數湖,有朱溝水注之。其水上承沁水於沁水縣西北,自枋口東南流,奉溝水右出焉。又東南流,右泄為沙溝水也。」
淇水	沾水、金谷水、女臺水、西流水、白溝、菀水、泉源水、馬溝水、美溝、蓼溝、白祀陂、同山陂、黃澤、洹水、漳水、清河、無棣溝、浮瀆、滹沱別瀆、瀎水、滹沱水、派河、泉州渠。	《水經注》卷九《淇水注》載,「(菀水)一水西注淇水,謂之天井溝;一水巡土軍東分為蓼溝,東入白祀陂。又南分東入同山陂,溉田七十餘頃。二陂所結,即臺陰野矣。」
蕩水	黃澤、羑水、韓大牛泉、防水、西山馬頭澗、宜師溝、黃雀溝。	

洹水	黃華水、柳渚、葦泉水、雙泉、陵陽水、坰溝、鸕鷀陂、臺陂水、白溝河、新河、白溝。	《水經注》卷九《洹水注》載，「（洹水）南水東北逕女亭城北，又東北逕高陵城南，東絕坰溝，又東逕鸕鷀陂，北與台陂水合。陂東西三十里，南北注白溝河，溝上承洹水，北絕新河，北逕高陵城東，又北逕斥丘縣故城西。」
濁漳水	陽泉水、繳蓋水、堯水、梁水、陶水、絳水、凍水、銅鞮水、專池水、女諫水、葦池水、公主水、榆交水、皇后水、黃須水、涅水、西湯溪水、五會泉、西湯水、武鄉水、輞輈水、白璧水、隱室水、倉谷水、倉穀溪、白木溪、三戶津、邯水、隍水、滏水、白渠水、拘澗水、牛首水、澄湖、雞澤、邯溝、恒漳、衡水、薄落津、隅醴、長蘆水、扶澤、斯洨水、綿蔓水、桃水、澤發水、井陘山水、鹿泉水、白渠水、成郎河、百尺溝、泜湖、陽麋淵、泜水、引葭水、武強淵、張平澤、張刀溝、李聰渙、滹沱別水、柏梁溠、桑社溝、從陂、摩訶河、楊津溝河、濊水、蔡伏溝。	《水經注》卷十《濁漳水注》載，「從陂。陂水南北十里，東西六十步，子午潭漲，淵而不流，亦謂之桑社淵。」
清漳水	梁榆水、轑水	
易水	子莊溪水、女思谷水、女思澗、樊石山水、濡水、源泉水、金臺陂、渾塘溝水、聖女泉、白楊水、檀水、石泉水、巨馬水、毖水、梁門陂、范陽陂、梁門淀、范水、埿水、大埿淀、小埿淀。	《水經注》卷一一《易水注》載，「金臺陂，陂東西六七里，南北五里。」《水經注》卷一一《易水注》載，「范陽陂，陂在范陽城西十里，方十五里，俗亦謂之為鹽臺陂。」
滱水	溫泉水、莎泉水、關水、長溪、恒水、大嶺水、懸水、鴻上水、雹水、唐水、馬溺水、唐池、蘇水、長星溝、長星渚、洛光溝、長星水、胡泉水、胡泉、博水、陽城淀、崛溝、清梁陂、魚水、徐水、盧水、泉頭水、曹水、曹河澤、岐山水、依城河、	《水經注》卷一一《滱水注》載，「博水又東南逕穀梁亭南，又東逕陽城縣，散為澤渚。渚水瀦漲，方廣數里，匪直蒲筍是豐，寔亦偏饒菱藕，至若蘡婉屮角，及弱年崽子，或單舟採菱，或疊舸折芰。」
聖水	聖水、防水、羊頭溪、樂水、俠河、俠活河、桃水、垣水、涿水、樂堆泉、灅水、淶水、北沙溝、鳴澤渚、獨樹水、甘泉水、廣陽水、福祿水、白祀溝、婁城水、白祀水、清淀水、石槽水、桑谷水、桑溪、紫石溪水、紫水、磊砢溪水、檐車水、紫石水、榆城河、沙溝水、督亢溝、紫淵、酈亭溝水、督亢澤、護淀水、護陂、八丈溝水。	《水經注》卷一二《聖水注》載，「聖水出（上谷）郡之西南聖水谷，東南流逕大防嶺之東首。山下，有石穴，東北洞開，高廣四五丈，入穴轉更崇深，穴中有水。其水夏冷冬溫，春秋有白魚出穴，數日而返，人有採捕食者，美珍常味，蓋亦丙穴嘉魚之類也。」

灅水	桑乾水、桑乾泉、馬邑川水、武州塞水、夏屋山水、崞川水、如渾水、旋鴻池水、羊水、武州川水、黃水、聖山水、火山西溪水、火山東溪水、安陽水、祁夷水、熱水、綾羅澤、逆水、青牛淵、連水、到剌山水、石山水、協陽關水、溫泉水、于延水、延鄉水、鴈門水、敦水、漯水、陽門水、神泉水、比連泉、詫臺谷水、蔾桑河、寧川水、黑城川水、涿水、阪泉、（涿鹿縣）東泉、清夷水、平鄉川水、牧牛山水、九十九泉、浮圖溝水、陽溝水、零亭水、馬蘭溪水、泉溝水、清泉河、洗馬溝水、高梁水、笥溝。	《水經注》卷一三《灅水注》載，「桑乾枝水又東流，長津委浪，通結兩湖，東湖西浦，淵潭相接，水至清深，晨鳧夕鴈，泛濫其上，黛甲素鱗，潛躍其下；俯仰池潭，意深魚鳥，所寡惟良木耳。俗謂之南池。」 《水經注》卷一三《灅水注》載，「青牛淵……潭深不測，而水周多蓮藕生焉。」 《水經注》卷一三《灅水注》載，「雁門水又東南流，屈而東北，積而爲潭；其陂斜長而不方，東北可二十餘里，廣十五里，蒹葭藜藜生焉。」
濕餘水	濕餘潭、易荊水、千蓼泉、虎眼泉、塔界水、昌平水、芹城水。	
沽河	大谷水、大谷溪、九源水、尖谷水、乾溪水、鵲谷水、陽樂水、候鹵水、溫泉、赤城河、高峰水、七度水、漁水、螺山水、潞河、陽重溝水、鮑丘水、笥溝、派河。	
鮑丘水	大榆河、道人溪、孟廣岬水、白楊泉水、白楊溪、龍芻溪、三城水、桑溪、高梁水、夏澤、謙澤、笥溝水、泃河、獨樂水、盤山水、五百溝水、庚水、黑牛谷水、沙谷水、周盧溪水、溫泉水、溫溪、北黃水、南黃水、巨梁水、觀雞水、區落水、寒渡水、梁河、澗于水、五里水、雍奴藪。	《水經注》卷一四《鮑丘水注》載，「鮑邱水又東南入夏澤；澤南紆曲渚十餘里，北佩謙澤，眇望無垠也。」
濡水	連淵水、連淵浦、難河、汙水、呂泉水、逆流水、木林山水、盤泉、曲河、要水、索頭水、武列水、西藏水、蟠泉水、東藏水、中藏水、龍泉水、龍芻水、龍芻溪、五渡水、黃洛水、洛水、去潤水、肥如水、沮水、小沮水、冷溪、溫泉水、溫溪、大沮水、盧水、瓠溝水、小濡水、封大水、龍鮮水、緩虛水、素河、清水、木究水、北陽孤淀。	
洛水	乳水、龍餘水、合玄扈水、武里水、門水、要水、獲水、陽渠水、盧氏川水、葛蔓谷水、高門水、松陽溪水、黃亭溪水、荀公溪、庫谷水、鵜鶘水、侯谷水、宜陽北山水、廣由澗水、由溪、宜谷水、塢水、金門溪水、款水、黍良谷水、太陰谷水、太陰溪、昌澗水、杜陽澗水、杜陽溪、槃谷水、渠谷水、西度水、厭染水、傅山大陂、五延水、黃中澗水、祿泉水、共水、尹溪、左澗水、李谷水、李溪、蓁水、黑澗水、臨亭川水、長澗水、臨亭水、豪水、惠水、八關水、瞻水、謝水、交觸水、虢水、甘水、	

	伊水、合水、公路澗、劉水、計素渚、休水、少室山水、少室北溪、南溪水、陽渠水、鄩水、鄩溪、溫泉水、羅水、蒲池水、蒲陂、白馬溪水、白桐澗水、桐溪、九山溪水、明樂泉水、濁水、泂水。	
伊水	蒬水、陽水、陽溪、鮮水、蠻水、玉母澗、七谷水、蠻谷水、溫泉水、焦澗水、涓水、侯澗水、侯溪、禪渚水、慎望陂、長水、明水、大戟水、廣成澤、老倒澗、吳澗水、大狂水、倚薄山水、八風溪水、湮水、土溝水、板橋水、厭澗水、來濡水、小狂水。	《水經注》卷一五《伊水注》載，「禪渚水，水上承陸渾縣東禪渚，渚在原上，陂方十里，佳饒魚葦。」
瀍水	千金渠。	
澗水	孝水、慈澗、離山水。	
穀水	雍谷溪、北川水、廣陽川水、石默溪水、石默溪、宋水、阜澗水、爽水、波水、俞隨水、湖溝、金谷水、陽渠水、七里澗。	
甘水	非山水。	
漆水	漆溪、岐水。	
滻水	灞水。	
沮水	檀臺水、宜君水、黃嶔水、銅官水、冶谷水、清水、濁水、大黑泉、濁谷水、澤泉、漆沮水、石川水。	
渭水	封溪水、廣相溪水、共谷水、天馬溪水、荊頭川水、廣陽水、皋水、岑溪水、同水、赤亭水、栗水、新興川水、萬年川水、南川水、鹿部水、武城水、關城川水、安城谷水、三谷水、武陽溪水、土門谷水、溫谷水、故城溪水、閭里溪水、黑水、黃槐川、牛谷水、長塹谷水、安蒲溪水、衣谷水、濁谷水、當里溪水、渠谷水、黃土川水、溪谷水、赤蒿水、新陽崖水、清賓溪、莫吾南川水、濊水、燕無水、長離水、成紀水、受渠水、略陽川水、單溪、石魯水、石魯溪、破社谷水、平相谷水、金里谷水、南室水、蹠谷水、涅渠水、白楊泉、蒲谷水、龍尾溪水、犢奴水、石門水、石宕水、蝦蟆溪水、金黑水、宜都溪水、東陽川水、何宕川水、羅漢水、大華谷水、折里溪水、六谷水、蘭渠川水、神澗水、歷泉水、歷泉溪、當亭水、曾席水、大弁川水、藉水、竹嶺水、占溪水、大魯谷水、小魯谷水、楊反谷水、亂石溪水、木門谷水、羅城溪水、山谷水、黃瓜水、清溪、白水、大旱谷水、旱溪、毛泉谷水、覲泉水、濛水、陽谷水、宕谷水、段溪水、馬門溪、東亭水、小祗水、大祗水、南神谷水、埋蒲水、延水、款溝水、麴谷水、溫谷水、莎谷水、山莎溪、秦水、自亥水、松多水、羌水、小羌水、東部水、綿諸溪、長思水、長思溪、涇谷水、橫水、軒轅谷水、白城	

	溪、白娥泉、伯陽谷水、白水溪、苗谷水、伯陽東溪、望松水、毛六溪水、皮周谷水、黃杜東溪水、明谷水、丘谷水、丘谷東溪水、鉗巖谷水、楚水、扞水、五溪水、綏陽溪水、斜水、龍魚水、白龍泉、磻溪水、武功水、溫泉水、雍水、中牢溪、漆水、漆溪、大巒水、小橫水、姜水、武水、大橫水、二坑水、潰穚水、鄉谷水、鄉溪、莫水、中亭水、洛谷水、芒水、澇水、黑水、田溪水、漏水、耿谷水、赤水、甘水、美陂水、豐水、豐溪、交水、鄗水、鄗池、滮池、沈水、河池陂、塌水陂、潏水、霸水、銅谷水、輒谷水、浬水、濟水、長水、荊溪、狗枷川水、苦水、谷水、東川水、孟谷水、大谷水、雀谷水、土門谷水、溫泉、曲梁水、魚池水、陰槃水、石川水、戲水、泠水、酋水、西陽水、東陽水、竹水、大赤水、金氏陂、禺水、招水、西石橋水、東石橋水、黃酸水、長澗水、沙渠水、泥泉水、符禺水。	
漾水	漢水、西漢水、馬池水、龍淵水、蘭渠溪、山黎谷水、鐵谷水、石耽谷水、南谷水、高望谷水、西溪水、黃花谷水、資水、峽石水、苑亭溪、西草溪、黑谷溪、楊廉川水、茅川水、戎溪、西谷水、宕備水、左谷水、蘭皋水、雞水、建安川水、蘭坑水、錯水、雉尾谷水、太谷水、小祁山水、胡谷水、甲谷水、武植戍水、夷水、嘉陵水、武街水、倉谷水、洛谷水、洛溪水、龍門水、平樂水、脩水、濁水、丁令溪水、宏休水、浬陽水、仇鳩水、河池水、兩當水、故道水、馬鞍山水、北川水、廣香川水、尙婆水、黃盧山水、兩當溪水、鳳溪水、挾崖水、寒水、羌水、洛和水、和溪、大夷祝水、窮溪、羊洪水、羊溪、安昌水、衛大西溪、無累水、東維水、白馬水、白馬溪、偃溪、雍川水、空泠水、南五部水、五部溪、西谷水、刺稽谷水、東游水、濩溪水、宕渠水、難江水。	
丹水	楚水、析水、黃水。	
汝水	滍水、狐白溪水、三屯谷水、廣成澤水、溫泉水、魯公水、魯公陂、霍陽山水、三里水、承休水、黃陂、張磨泉、西長湖、㽵澗水、東長湖、沙水、董溝水、潩水、藍水、白溝水、摩陂、龍山水、龍溪、湛浦、百尺溝、潩水、昆水、潕水、醴水、皋水、燒車水、西陂水、葉陂、潕水、溱水、慎水、鮦陂、窖陂、土陂、壁陂、太陂、澺水、蔡塘、葛陂、鮦水、三丈陂、橫塘陂、青陂、馬城陂、綢陂、牆陂、薄溪水。	《水經注》卷二一《汝水注》載摩陂,「縱廣可十五里。」 《水經注》卷二一《汝水注》載,「(百尺)溝之東有澄潭,號曰龍淵,在汝北四里許,南北百步,東西二百步,水至清深,常不耗竭,佳饒魚筍。湖溢則東注潩水矣。」 《水經注》卷二一《汝水注》載,「葛陂,陂方數十里,水物含靈,多所苞育。」

潁水	少室南溪、太室東溪、龍淵水、平洛溪水、平洛澗、釣臺陂、麋陂、青陵陂、狼陂、潩水、澺水、滇蕩渠水、細水、陽都陂、新溝水、大澺水、江陂、大漅陂。	《水經注》卷二二《潁水注》載，「青陵陂，陂縱廣二十里。」
洧水	綏水、襄荷水、子節溪、瀝滴泉、微水、璪泉水、馬關水、武定水、零鳥水、虎牘山水、虎牘溪、赤澗水、潧水、洧淵水、黃水、黃泉、七虎澗水、捕獐山水、黃溝、七里溝水、南濮水、北濮水、澏泉、鄢陵南陂、鴨子陂、濩陂、甲庚溝、淋陂、五梁溝、雞籠水。	《水經注》卷二二《洧水注》載，「鴨子陂，陂廣十五里。」
潩水	玉女池、南濮水、北濮水、胡城陂、皇陂水、狐城陂水、宣梁陂水、狼陂。	
潧水	澏水、承雲山水、柳泉水。	
渠沙水	滎澤、圃田澤、五池溝、管水、黃雀溝、百尺水、白溝、清池水、清口澤、七虎澗水、紫光溝水、期水、虎溪水、承水、黃甕澗、博浪澤、役水、中平陂、焦溝水、酢溝、魯溝水、㳂溝水、八丈溝、沫水、中牟澤、淵水、聖女陂、氾水、睢水、澳水、逢池、魯溝、百尺陂、八里溝水、野兔水、野兔陂、洧水溝、康溝水、長明溝水、龍淵泉、染澤陂、蔡澤陂、渦水、龐官陂、澇陂、陽都陂、明水、高陂水、沙水。	《水經注》卷二二《渠沙水注》載，「（圃田）澤在中牟縣西，西限長城，東極官渡，北佩渠水，東西四十許里，南北二十許里，中有沙岡，上下二十四浦，津流逕通，淵潭相接。各有名焉：有大漸、小漸、大灰、小灰、義魯、練秋、大白楊、小白楊、散嚇、禺中、羊圈、大鵠、小鵠、龍澤、密羅、大哀、小哀、大長、小長、大縮、小縮、伯丘、大蓋、牛眼等。」
陰溝水	陰溝、滇蕩渠、梁溝、鴻溝、沙水、渦水、澳水、北汳水、瑕陂。	
汳水	旃然水、浚水、獲水。	
獲水	蒙澤、空桐澤、黃陂、穀水、碭陂、洪溝、睢水、梧桐陂、淨淨溝水、安陂、泗水。	
睢水	滇蕩渠、白羊陂、姦梁陂、汳水、逢洪陂、明水、蘄水、白溝水、梧桐陂、澤湖水、渒陂、八丈故溝水、烏慈水、烏慈渚、潼陂。	《水經注》卷二四《睢水注》載，「渒陂，南北百餘里，東西四十里，東至朝解亭，西屆彭城畱丘縣之故城東。」
瓠子河	羊里水、濮渠、濮水、雷澤、濟渠、將渠、鄧里渠、時水、德會水、五里泉水、蓋野溝水。	《水經注》卷二四《瓠子河注》載，「（雷）陂東西二十餘里，南北十五里。」
汶水	北汶水、分水溪、中川分水、天門下溪水、環水、泰山南溪、淄水、洸水、蛇水、溝水、泌水、茂都淀、巨野溝、桓公河、巨良水、長直溝水、漆溝水。	

泗水	漏澤、洙水、沂水、濄水、菏水、南梁水、西濄水、黃溝、泡水、大薺陂、孟諸澤、瓠盧溝、豐西澤、灃水、獲水、丁溪水、武原水。	《水經注》卷二五《泗水注》載，「漏澤，方十五里，涤水澄渟，三丈如減，澤西際阜，俗謂之嬀亭山，蓋有陶墟、舜井之言，因復有嬀亭之名矣。阜側有三石穴，廣圓三四尺；穴有通否，水有盈漏，漏則數夕之中，傾陂竭澤矣。左右居民，識其將漏，預以木爲曲狀，約障穴口，魚鼈暴鱗，不可勝載矣。」
沂水	柞泉、洛預水、桑預水、螳螂水、連綿水、浮來水、閭山水、時密水、桑泉水、巨圍水、堂阜水、叟崮水、盧川水、蒙陰水、蒙山水、溫水、溫泉陂、治水、小沂水。	
洙水	盜泉水、杜武溝。	
沭水	峴水、箕山水、袁公水、潯水、葛陂水、武陽溝水、桑堰水、橫溝水、柤水溝。	
巨洋水	東丹水、西丹水、埼薄澗、熏冶泉水、洋水、石溝水、龍泉水、建德水、康浪水、百尺溝、巨淀、巨淀湖、堯水、白狼水、別畫湖、鹿孟水。	
淄水	家桑谷水、天齊水、天齊淵、車馬瀆水、長沙水、石井水、女水、時瀧水、石梁水、澅水、京水、系水。	
濰水	析泉水、涓水、扶淇水、盧水、荊水、浯水、密水、夷安澤。	
膠水	夷安潭	《水經注》卷二六《膠水注》載，「夷安潭，潭周四十里，亦濰水枝津之所注也。」
沔水	獻水、瀗水、容裘溪水、黃沙水、五丈溪、女郎水、褒水、廉水、池水、文水、黑水、涔水、壻水、壻鄉溪、洛谷水、瀁水、酉水、寒泉、蘧蒢溪、鱣湍、旬水、直水、柞水、柞溪、育溪、關祔水、平陽水、豐鄉川水、龍井渚、堵水、漢水、郿鄉灘、俍子潭、平陽川水、曾水、集池陂、洛溪、筑水、汎水、交湖、檀溪水、鴨湖、淯水、襄陽湖、鴨湖、白馬陂、維水、疎水、木里水、夷水、夷溪、零水、輪水、淇水、熨斗陂、新陂、土門陂、朱湖陂、敖水、權水、路白湖、中湖、昬官湖、揚水、離湖、柞溪水、船官湖、女觀湖、甘魚陂、大潼湖、馬骨湖、夏水、巨亮湖、漊水、涓水、沌水、太白湖。	

| 淮水 | 石泉水、九渡水、油水、大木水、谷水、瑟水、慎水、燋陂、上慎陂、中慎陂、下慎陂、鴻郤陂、鴻陂、申陂、東蓮湖、西蓮湖、壑水、柴水、潭溪水、青陂、黃水、木陵關水、潕水、詔虞水、白鷺水、富水、潤水、富陂、高塘陂、焦陵陂、鮦陂、窮水、決水、窮陂、泚水、椒水、肥水、夏肥水、沙水、高陂、大漴陂、雞陂、黃陂、茅陂、雞水、湄湖、闇溪、鵲甫溪水、過水、濠水、豪水、渙水、明溝、蓬洪陂、苞水、白汀陂、洨水、解水、穀水、蘄水、潼水、潼陂、歷澗水、徐陂、泗水、中瀆水、白馬湖、公路浦、武廣湖、陸陽湖、樊梁湖、山陽浦、淩水、游水、沭水。 | |

　　由上表可見，眾多的水系、支流、湖陂、池沼星羅棋佈於北朝轄境，顯示出當時北方地區水利資源環境的極為優越。

　　首先，眾多的水系、支流、湖陂、池沼保障了當時北方地區農業生產、灌溉的水源需求。

　　其次，密佈的水資源為動物提供了良好的生存環境，進而保障了人們生存所需的食物來源。如《水經注》卷二五《泗水注》載泗水附近之漏澤，「（漏）澤西際阜……阜側有三石穴，廣圓三四尺，穴有通否，水有盈漏，漏則數夕之中，傾陂竭澤矣。左右居民，識其將漏，預以木為曲洑，約障穴口，魚鱉暴鱗，不可勝載矣。」又《水經注》卷八《濟水注》載北朝濟水附近「方四十餘里」的湄湖在兩宋時期，「東西三十里，南北二十五里。水族生於此，數州取給。」〔註3〕兩宋時期的湄湖在保障傍其而居的眾多民眾日常食物來源方面扮演著不可替代的角色，在北朝時期更是如此。而眾多小規模的湖陂在歉收年景為民眾提供充饑食物以保障度過災荒方面更發揮著重要作用。如《魏書》卷八八《良吏・羊敦傳》載，「羊敦……出為本州（梁州）別駕。公平正直，見有非法，敦終不判署。後為尚書左侍郎、徐州撫軍長史。永安中……拜洛陽令。後為……廣平太守。治有能名……雅性清儉，屬歲饑饉，家餒未至，使人外尋陂澤，採藕根而食之。」

四、動物資源──以《魏書・靈徵志》為中心的探討

　　通過前述，北朝時期北方地區較為良好的植被覆蓋、水利資源，為野生動物的繁殖、分佈提供了有利保障。而通過對鹿、兔、雉等具有代表性的食

〔註3〕　（宋）樂史：《太平寰宇記》卷一九《齊州》，北京：中華書局，2007年，第392頁。

草動物分佈情況的探討，又可反映出當時的自然生態。

現根據《魏書》卷一一二下《靈徵志下》中有關記載，製成以下諸表。

表 1.7　北魏、東魏時期北方鹿類動物分佈表

時　　　間	地　　　　　　　點
天興四年（401）	五月，魏郡斥丘縣獲白鹿。
永興四年（412）	九月，建興郡獻白鹿。 十二月，章安子封懿獻白麞。
神麚元年（428）	二月，定州獲白麞，白麞鹿又見於樂陵。
神麚三年（430）	二月，白鹿見於代郡倒剌山。
太延四年（438）	十二月，相州獻白鹿。
太平眞君八年（447）	五月，洛州送白鹿。
太安二年（456）	十月，白鹿見於京師西苑。
承明元年（476）	六月，秦州獻白鹿。
太和元年（477）	正月，白鹿見於秦州。 三月，白鹿見於青州。
太和二年（478）	十二月，懷州獻白麞。
太和三年（479）	五月，白麞見於豫州。
太和四年（480）	正月，南豫州獻白鹿。
太和十九年（495）	七月，司州獲白鹿、麑以獻。
太和二十年（496）	六月，司州獻白鹿。
太和二十三年（499）	正月，華州獻白麞。
景明元年（500）	四月，荊州獻白鹿。
永平四年（511）	八月，平州獻白鹿。
延昌二年（513）	五月，齊州獻白鹿。
延昌四年（515）	六月，司州獻白鹿。
熙平元年（516）	五月，濟州獻白鹿。
熙平二年（517）	三月，徐州獻白麞。 五月，司州獻白鹿。
神龜二年（519）	六月，徐州獻白鹿。 七月，徐州獻白麞。

元象元年（538）	六月，齊獻武王獲白鹿以獻。
武定元年（543）	六月，兗州獻白鹿。
武定七年（549）	七月，瀛州獻白麞。

表1.8　北魏、東魏時期北方兔類分佈表

時　　　間	地　　　　　　　點
天興二年（399）	七月，并州獻白兔一。
天興三年（400）	五月，車駕東巡，幸廣寧，有白兔見於乘輿前，獲之。
天興四年（401）	正月，并州獻白兔。
永興三年（411）	永興三年，上獵於西山，獲白兔。 八月，京師獲白兔。
泰常元年（416）	十一月，定州安平縣獻白兔。
泰常二年（417）	六月，（平城）京師獲白兔。
泰常三年（418）	六月，頓丘郡獲白兔。
始光三年（426）	五月，洛州獻黑兔。
神麚元年（428）	九月，章武郡獻白兔。
神麚四年（431）	二月，勃海郡獻白兔。
太平眞君七年（446）	二月，青州獻白兔二。
和平三年（462）	十月，雲中獲白兔。
和平四年（463）	閏月，鄴縣獲白兔。
延興五年（475）	四月，白兔見於代郡。
承明元年（476）	八月，白兔見於雲中。
太和元年（477）	六月，雍州周城縣獻白兔。
太和三年（479）	三月，吐京鎮獻白兔。
太和八年（484）	六月，徐州獻白兔。
太和十八年（494）	十月，瀛州獻白兔。
太和二十年（496）	七月，汲郡獻黑兔。 七月，京師獲白兔。
太和二十三年（499）	獲黑兔。
景明元年（500）	十一月，河州獻白兔。

景明三年（502）	四月，潁川郡獻白兔。 八月，河內郡獻白兔。
景明四年（503）	六月，河內郡獻白兔。 七月，夏州獻黑兔。
正始元年（504）	三月，河南郡獻黑兔。 四月，魯陽郡獻白兔。
正始二年（505）	八月，東郡獻白兔。 九月，河內郡獻黑兔。 是月，肆州獻白兔，東郡又獻白兔。
正始三年（506）	七月，薄骨律鎮獻白兔。 九月，肆州獻白兔。
正始四年（507）	四月，河內郡獻白兔。
永平元年（508）	四月，濟州獻白兔。 五月，河內獻黑兔。 十月，樂安郡獲白兔。
永平二年（509）	二月，相州獻白兔。
延昌三年（514）	七月，豫州獻白兔。
延昌四年（515）	三月，河南獻白兔。 八月，河南又獻白兔。 九月，河內又獻白兔。
熙平二年（517）	四月，豫州獻白兔。 五月，東郡獻白兔。 六月，京師獲白兔。 十一月，鄯善鎮獻白兔。
神龜元年（518）	六月，（洛陽）京師獲黑兔。
神龜二年（519）	八月，正平郡獻白兔。 九月，正平郡又獻白兔。 十月，（洛陽）京師獲黑兔。
正光元年（520）	正月，徐州獻白兔。 五月，冀州獻白兔。
正光三年（522）	五月，徐州獻白兔二。 是月，冀州獻白兔。
天平二年（535）	八月，光州獻白兔。
天平四年（537）	十月，光州獻白兔。
元象元年（538）	五月，徐州獲白兔。 六月，齊獻武王獲白兔以獻。 是月，濮陽郡獻白兔。

興和二年（540）	四月，徐州獻白兔。 六月，（鄴城）京師獲白兔。
興和四年（542）	正月，光州獻白兔。
武定元年（543）	三月，瀛州獻白兔。 □月，汲郡獻白兔。
武定六年（548）	十一月，武平鎮獻白兔。

表 1.9 北魏、東魏時期雉分佈表

時　　　間	地　　　　　　　點
天興二年（399）	七月，并州獻白雉。
天興四年（401）	正月，上黨郡獻白雉。 二月，并州獻白雉。 五月，河內郡獻白雉。
神瑞二年（415）	十一月，右民尚書周幾獲白雉一於博陵安平以獻。
泰常三年（418）	正月，勃海郡高城縣獻白雉。 三月，勃海郡南皮縣獻白雉二。 十一月，中山行唐縣獻白雉。
泰常四年（419）	正月，新興郡獻白雉。 十二月，又獻白雉二。
泰常五年（420）	二月，白雉見於河內郡。
神䴥元年（428）	二月，相州獻白雉。
神䴥二年（429）	二月，上黨郡獻白雉。
延興二年（472）	正月，青州獻白雉。
延興五年（475）	正月，白雉見於上谷郡。
太和元年（477）	二月，秦州獻白雉。 三月，白雉見於秦州。 十一月，白雉見於安定郡。
太和二年（478）	十一月，徐州獻白雉。
太和三年（479）	正月，統萬鎮獻白雉。
太和四年（480）	正月，南豫州獻白雉。
太和六年（482）	三月，豫州獻白雉。
太和八年（484）	六月，齊州清河郡獻白雉。

太和十七年（493）	正月，幽州獻白雉。 四月，瀛州獻白雉。
太和二十年（496）	三月，兗州獻白雉。
景明三年（502）	正月，徐州獻白雉。 二月，冀州獻白雉。
正始三年（506）	三月，齊州獻白雉。 十月，青州獻白雉。
正始四年（507）	十一月，秦州獻白雉。
永平二年（509）	四月，河內郡獻白雉。 六月，河南獻白雉。 十二月，豫州獻白雉。
延昌四年（515）	二月，冀州獻白雉。 是月，京師獲白雉。 閏月，歧州獻白雉。 十二月，幽州獻白雉。
熙平元年（516）	二月，相州獻白雉。 三月，肆州獻白雉。
熙平二年（517）	三月，徐州獻白雉。
神龜元年（518）	三月，潁川郡獻白雉。
神龜二年（519）	正月，豫州獻白雉。
正光三年（522）	二月，夏州獻白雉。
正光四年（523）	三月，光州獻白雉。
天平三年（536）	正月，青州獻白雉。
天平四年（537）	二月，青州獻白雉。 十二月，梁州獻白雉。
元象二年（539）	正月，魏郡繁陽縣獻白雉。
武定元年（543）	正月，廣宗郡獻白雉。 是月，兗州獻白雉。
武定四年（546）	三月，青州獻白雉。

　　由表 1.7、及《魏書》卷四上《太武帝紀上》載「（神麚四年）十一月丙辰，北部敕勒莫弗庫若于，率其部數萬騎，驅鹿數百萬，詣行在所。帝因而大狩以賜從者。」同書卷二八《古弼傳》所載「（太武帝）車駕畋於（陰）山北，大獲麋鹿數千頭，詔尚書發車牛五百乘以運之。」同書卷二五《長孫嵩傳》

載，「世祖即位……詔問公卿，赫連、蠕蠕征討何先。嵩與平陽王長孫翰、司空奚斤等曰：「赫連居土，未能爲患，蠕蠕世爲邊害，宜先討大檀。及則收其畜產，足以富國；不及則校獵陰山，多殺禽獸，皮肉筋角，以充軍實，亦愈於破一小國。」可見，北朝時期，鹿類動物在北方地區的分佈是非常廣泛的。在華北多數州郡，均有鹿類動物的活動蹤迹。據動物學研究，白鹿就是梅花鹿隱性白花基因的表現，是罕見的變異現象，發生機率極低。所以，白鹿出現的地區，必然有數量非常龐大的梅花鹿群的繁衍生息。〔註4〕一方面，正因爲鹿類動物分佈的廣泛，才會出現《齊民要術》所載當時人們的肉類飲食結構中，鹿類肉食佔有一定比重的現象。另一方面，由鹿類動物尤其是梅花鹿活躍於山地丘陵叢林的生活習性，也可見當時北方地區尤其是陰山沿線一帶植被覆蓋較爲良好的情況。

由表 1.8、表 1.9 可知，兔、雉也廣泛分佈於華北甚至西北地區，由兔、雉的生活習性，也可以反映出當時華北、西北地區陸地植被覆蓋良好的情形。

〔註 4〕 盛和林：《中國鹿類動物》，華東師範大學出版社，1992 年，第 267 頁；轉引自王利華：《中古華北飲食文化的變遷》，北京：中國社會科學出版社，2001年，第 42 頁。

第二章　食物原料

第一節　穀　物

一、粟

由《齊民要術》卷七《笨麴並酒第六十六》所載「粟米酒法：……貧薄之家，所宜用之，黍米貴而難得故也」可見，粟在北朝時期的穀物中佔有重要地位，其爲社會大眾化的穀物消費品，在平民日常飲食生活中扮演不可或缺的角色。

粟在北朝時期穀物中所佔據的重要地位，還體現在當時人們培育、種植出種類眾多、性狀各異的粟類作物。

（一）早熟、耐旱類粟

關於此種性質的粟的種類，《齊民要術》卷一《種穀第三》載，「朱穀、高居黃、劉豬獬、道愍黃、聒穀黃、雀懊黃、續命黃、百日糧，有起婦黃、辱稻糧、奴子黃、䵚支穀、焦金黃、鵨履倉——一名麥爭場：此十四種，早熟，耐旱，熟早免蟲。聒穀黃、辱稻糧二種，味美。」

（二）耐風類粟

關於此種特徵的粟，《齊民要術》卷一《種穀第三》載，「今墮車、下馬看、百群羊、懸蛇赤尾、罷虎黃、雀民泰、馬曳韁、劉豬赤、李浴黃、阿摩糧、東海黃、石騎歲、青莖青、黑好黃、陌南禾、隈隄黃、宋冀癡、指張黃、兔腳青、惠日黃、寫風赤、一晛黃、山鹺、頓櫳黃：此二十四種，穗皆

有毛，耐風，免雀暴。一晛黃一種，易舂。」

（三）中熟、種植面積廣的粟

關於此種特徵的粟，《齊民要術》卷一《種穀第三》載，「寶珠黃、俗得白、張鄰黃、白礦穀、鈎干黃、張蟻白、耿虎黃、都奴赤、茄蘆黃、薰豬赤、魏爽黃、白莖青、竹根黃、調母粱、磊碾黃、劉沙白、僧延黃、赤粱穀、靈忽黃、獺尾青、續德黃、稈容青、孫延黃、豬矢青、煙熏黃、樂婢青、平壽黃、鹿橛白、礦折筐、黃穇穆、阿居黃、赤巴粱、鹿蹄黃、餓狗倉、可憐黃、米穀、鹿橛青、阿邏邏：此三十八種，中租大穀。白礦穀、調母粱二種，味美。稈容青、阿居黃、豬矢青三種，味惡。黃穇穆、樂婢青二種，易舂。」

（四）晚熟、耐水類粟

關於此種性狀的粟，《齊民要術》卷一《種穀第三》載，「竹葉青、石抑悶——竹葉青，一名胡穀——水黑穀、忽泥青、衝天棒、雉子青、鴟腳穀、鴈頭青、欖堆黃、青子規：此十種，晚熟，耐水；有蟲災則盡矣。」

二、麥

麥在北朝時期穀物中所佔據的地位僅次於粟。《北史》卷五《魏孝武帝紀》所載太昌三年，北魏孝武帝出奔關中途中，「（孝武）帝鞭馬長驅至湖城，飢渴甚，有王思村人以麥飯壺漿獻帝」，反映的便是平民在日常飲食生活中食用麥飯的情況。麥在平民日常飲食中的地位，由統治者下詔賜予貧民穀麥以度過飢饉便可見。《魏書》卷七上《孝文帝紀上》載，「（延興三年）三月壬午，詔諸倉囷穀麥充積者，出賜貧民。」

當時麥的種類，以種植季節而言，有春麥、冬麥。如《齊民要術》卷二《大小麥第十》載，「按：世有落麥者，禿芒是也。又有春種穬麥也。」

以性狀、品質而論，有大麥、小麥。《魏書》卷一一二上《靈徵志上》載，「（景明）四年三月壬午，河州大螟，二麥無遺。」《魏書》卷八〇《樊子鵠傳》載北魏孝莊帝時期，樊子鵠任殷州刺史，「屬歲旱儉，子鵠恐民流亡，乃勒有粟之家分貸貧者，並遣人牛易力，多種二麥，州內以此獲安。」以上反映的是地方州郡平民種植大、小麥的情況。

北朝時期，還有兼具人工種植與野生性狀的麥，《齊民要術》卷二《大小麥第十》載，「種瞿麥法：以伏為時……良地一畝，用子五升，薄田三四升。

畝收十石。渾蒸，曝乾，舂去皮，米全不碎。炊作飧，甚滑。細磨，下絹
筵，作餅，亦滑美。然爲性多穢，一種此物，數年不絕；耘鋤之功，更益劬
勞。」

三、稻

　　北朝時期，北方地區氣候濕潤，水系、河流密集，所以，當時稻的種植
是較爲廣泛的。

　　《魏書》卷八《宣武帝紀》載，「（正始元年）九月丙午，詔緣淮南北所
在鎮戍，皆令及秋播麥，春種粟稻，隨其土宜，水陸兼用，必使地無遺利，
兵無餘力，比及來稔，令公私俱濟也。」

　　《北齊書》卷二二《李元忠傳附李愍傳》載北魏孝明帝時期，任南荊州
刺史的李愍，「於州內開立陂渠，溉稻千餘頃，公私賴之。」

　　《北齊書》卷二二《盧文偉傳》載，「孝昌中，詔兼尚書郎中，時行臺常
景啓留爲行臺郎中。及北方將亂，文偉積稻穀於范陽城，時經荒儉，多所賑
贍，彌爲鄉里所歸。」

　　由此可見當時北朝轄境內南北地區種植稻的廣泛。

　　當時人們培育、種植出眾多優良的稻米，《齊民要術》卷二《水稻第十
一》載，「今世有黃瓮稻、黃陸稻、青稗稻、豫章青稻、尾紫稻、青杖稻、飛
蜻稻、赤甲稻、烏陵稻、大香稻、小香稻、白地稻；菰灰稻，一年再熟。有
秫稻。秫稻米，一名糯米，俗云『亂米』，非也。有九𥢶秫、雉目秫、大黃
秫、棠秫、馬牙秫、長江秫、惠成秫、黃般秫、方滿秫、虎皮秫、薈柰秫，
皆米也。」

四、黍

　　由《齊民要術》卷七《笨麴並酒第六十六》所載「粟米酒法：……貧
薄之家，所宜用之，黍米貴而難得故也」可知，與日常消費量大的粟、麥
相比，黍的消費規模較小，其消費群體主要集中於具有一定經濟基礎的社會
階層。

　　山西大同南郊北魏墓群 M253 出土的一件陶罐中，裝有約 1.5 升的農作物
籽實，經物種鑒定，該籽實爲禾本科黍屬作物中的黍。〔註1〕以大量黍籽實陪

〔註1〕　山西大學歷史文化學院、山西省考古研究所、大同市博物館：《大同南郊北魏
　　　　墓群》第九章《出土果樹果實（果核）及作物籽實名實考訂》，北京：科學出

葬，表明該墓主人生前有食黍的習慣。結合該墓的形制規模、所出土的棺版畫及其他實物，可知該墓主人生前具有一定的社會地位。正反映出「黍米貴而難得」，即食用黍體現出人們飲食生活的社會階層屬性。

關於黍的種類，《齊民要術》卷二《黍穄第四》載，「按：今俗有鴛鴦黍、白蠻黍、半夏黍。」表明，由於食用黍的社會階層有限，所以，當時黍的種類與粟、麥這些大眾化的穀物相比，其種植規模應較小、種類也較少。

五、粱、秫

《齊民要術》卷二《粱秫第五》載，「按：今世有黃粱；穀秫，桑根秫，羸天棓秫也。」「粱秫並欲薄地而稀，一畝用子三升半。」

《齊民要術》卷七《笨麴並酒第六十六》又載，「粱米酒法：凡粱米皆得用；赤粱、白粱者佳。」

可知當時的粱至少有黃粱、赤粱、白粱三種。據此，當時粱、秫種類遠少於粟，表明其在人們所消費的穀物中所佔地位遠低於粟。

第二節　蔬　菜

本節採用將蔬菜生物學特性與栽培技術特點相結合的方法即農業生物學分類法對北朝時期的蔬菜及種類進行簡要論述。

一、根菜類

由直根膨大而形成肉質根的一類蔬菜。〔註2〕

（一）蕪菁

《齊民要術》卷三《蔓菁第十八》載，「七月初種之。一畝用子三升。從處暑至八月白露節皆得。早者作菹，晚者作乾。」

可見種植蕪菁早晚時節的不同影響到其食用、儲藏方法。

《齊民要術》卷三《蔓菁第十八》又載，「其葉作菹者，料理如常法。擬作乾菜及釀菹者，釀菹者，後年正月始作耳，須留第一好菜擬之。其菹法列後條。割訖則尋手擇治而辮之，勿待萎；萎而後辮則爛。掛著屋下陰中風涼

版社，2006年，第588頁。

〔註2〕張振賢，主編：《蔬菜栽培學》11《根菜類蔬菜栽培》，北京：中國農業大學出版社，2003年，第317頁。

處，勿令煙熏。」「取根者，用大小麥底。六月中種。十月將凍，耕出之。一畝得數車。早出者根細。」「又多種蕪菁法：近市良田一頃，七月初種之。六月種者，根雖麤大，葉復蟲食；七月末種者，葉雖膏潤，根復細小；七月初種，根葉俱得。擬賣者，純種『九英』。『九英』葉根麤大，雖堪舉賣，氣味不美。欲自食者，須種細根。」

蕪菁除根之外，莖葉亦可食用；在品質、口感方面，細根蕪菁要超越粗根蕪菁。

（二）蘘荷

《齊民要術》卷三《中蘘荷、芹、蘆第二十八》載，「蘘荷宜在樹陰下，二月種之。一種永生。亦不須鋤。微須加糞，以土覆其上。」「八月初，踏其苗令死。不踏則根不滋潤。」「九月中，取旁生根為菹；亦可醬中藏之。」

二、茄果類

茄科植物中以漿果作為食用器官的蔬菜。[註3]

《齊民要術》卷二《種瓜第十四茄子附》載，「種茄子法：茄子，九月熟時摘取，擘破，水淘子，取沈者，速曝乾裏置。至二月畦種。著四五葉，雨時，合泥移栽之。」「十月種者，如區種瓜法，推雪著區中，則不須栽。」「其春種，不作畦，直如種凡瓜法者，亦得，唯須曉夜數澆耳。」「大小如彈丸，中生食，味如小豆角。」

由「大小如彈丸」可以推測，北朝時期的茄子多屬植物學分類中的卵茄。[註4]

三、瓜類

葫蘆科中以瓠果為產品的一類蔬菜。[註5]

北朝時期的瓜類蔬菜有越瓜、胡瓜（黃瓜）、冬瓜和瓠瓜四種。

[註3] 張振賢，主編：《蔬菜栽培學》7《茄果類蔬菜栽培》，北京：中國農業大學出版社，2003年，第212頁。

[註4] 張振賢在《蔬菜栽培學》7《茄果類蔬菜栽培》中，以植物學分類法將茄子分為大圓茄、長茄和卵茄三種。認為卵茄「植株較矮小，開展度大，葉小而薄，果實卵圓形或燈泡形。」由此分類法，可以謹慎判斷北朝時期的茄子屬於卵茄。

[註5] 張振賢，主編：《蔬菜栽培學》1《蔬菜的種類、起源與分佈》，北京：中國農業大學出版社，2003年，第20頁。

《齊民要術》卷二《種瓜第十四》載，「種越瓜、胡瓜法：四月中種之。胡瓜宜豎柴木，令引蔓緣之。收越瓜，欲飽霜。霜不飽則爛。收胡瓜，候色黃則摘。若待色赤，則皮存而肉消也。並如凡瓜，於香醬中藏之亦佳。」

「種冬瓜法：傍牆陰地作區，圓二尺，深五寸，以熟糞及土相和。正月晦日種。二月、三月亦得。既生，以柴木倚牆，令其緣上。旱則澆之。八月，斷其梢，減其實，一本但留五六枚。多留則不成也。十月，霜足收之。早收則爛。削去皮、子，於芥子醬中，或美豆醬中藏之，佳。」

四、綠葉菜類

以柔嫩的綠葉、葉柄和嫩莖爲食用部分的速生蔬菜。〔註6〕

（一）葵

關於當時葵的種類，《齊民要術》卷三《種葵第十七》載，「按：今世葵有紫莖、白莖二種；種別復有大小之殊。又有鴨脚葵也。」

《齊民要術》卷三《種葵第十七》載，「春必畦種水澆。春多風旱，非畦不得。且畦者地省而菜多，一畦供一口。畦長兩步，廣一步。大則水難均，又不用人足入。深掘，以熟糞對半和土覆其上，令厚一寸，鐵齒杷耬之，令熟，足踏使堅平；下水，令徹澤。水盡，下葵子，又以熟糞和土覆其上，令厚一寸餘。葵生三葉，然後澆之。澆用晨夕，日中便止。」「每一掐，輒杷耬地令起，下水加糞。三掐更種。一歲之中，凡得三輩。」「六月一日種白莖秋葵。白莖者宜乾；紫莖者，乾即黑而澀。」「秋葵堪食，仍留五月種者取子。春葵子熟不均，故須留中輩。於此時，附地剪却春葵，令根上栉生者，柔軟至好，仍供常食，美於秋菜。留之，亦中爲榜簇。」

由上述可見，葵的單位面積產量非常高，耕種較簡單，一年中收穫次數較多，所以，非常適合作爲平民日常食用菜肴；白莖葵的質量要高於紫莖葵。

《齊民要術》卷三《種葵第十七》又載，「又冬種葵法：近州郡都邑有市之處，負郭良田三十畝，九月收菜後即耕，至十月半，令得三遍。每耕即勞，以鐵齒杷耬去陳根，使地極熟，令如麻地。於中逐長穿井十口。井別作桔槔、轆轤。柳罐令受一石。」「三月初，葉大如錢，逐概處拔大者賣之。一

〔註6〕 張振賢，主編：《蔬菜栽培學》13《綠葉菜類蔬菜栽培》，北京：中國農業大學出版社，2003年，第380頁。

升葵，還得一升米。日日常拔，看稀稠得所乃止。有草拔却，不得用鋤。一畝得葵三載，合收米九十車。車準二十斛，爲米一千八百石。」「自四月八日以後，日日剪賣。其剪處，尋以手拌斫斸地令起，水澆，糞覆之。比及剪遍，初者還復，周而復始，日日無窮。至八月社日止，留作秋菜。九月，指地賣，兩畝得絹一匹。」

　　表明葵菜成爲當時市場中受到各個社會階層所歡迎的大眾化蔬菜。經營葵菜，成爲自耕農增加收入的重要來源。

（二）胡荽

　　胡荽，別名芫荽、香菜，爲傘形花科芫荽屬中以葉及嫩莖爲菜肴調料的蔬菜。〔註7〕

　　《齊民要術》卷三《種胡荽第二十四》載，「菜生三二寸，鋤去概者，供食及賣。」「一畝收十石，都邑耀賣，石堪一匹絹。」

　　表明胡荽具有較高的經濟價值。

（三）蘭香

　　《齊民要術》卷三《種蘭香第二十五》載，「作菹及乾者，九月收。晚即乾惡。」「作乾者：大晴時，薄地刈取，布地曝之。乾乃按取末，瓮中盛。須則取用。拔根懸者，裏爛，又有雀糞、塵土之患也。」

　　人們主要食用蘭香莖葉。

（四）蘥蘦

　　《齊民要術》卷九《作菹、藏生菜法第八十八》載，「蘦菹法：《毛詩》曰：『薄言采芑。』毛云：『菜也。』《詩義疏》曰：『蘦，似苦菜，莖青；摘去葉，白汁出。甘脆可食，亦可爲茹。青州謂之『芑』。西河、鴈門蘦尤美，時人戀戀，不能出塞。』」

　　可知蘦以西河、雁門所產爲最佳。

五、薯芋類

　　以富含碳水化合物的地下器官供食用的一類蔬菜。〔註8〕

〔註7〕張振賢，主編：《蔬菜栽培學》13《綠葉菜類蔬菜栽培》，北京：中國農業大學出版社，2003年，第400頁。

〔註8〕張振賢，主編：《蔬菜栽培學》15《薯芋類蔬菜栽培》，北京：中國農業大學出版社，2003年，第438頁。

（一）芋

《齊民要術》卷二《種芋第十六》載芋的種類，君子芋、車轂芋、鋸子芋、旁巨芋、青邊芋、談善芋、蔓芋、雞子芋、百果芋、早芋、九面芋、象空芋、青芋、素芋、百子芋、魁芋、大芋。

《齊民要術》卷二《種芋第十六》賈思勰按語「芋可以救饑饉，度凶年。今中國多不以此爲意，後至有耳目所不聞見者。及水、旱、風、蟲、霜、雹之災，便能餓死滿道，白骨交橫。知而不種，坐致泯滅，悲夫！人君者，安可不督課之哉？」

芋可做爲使平民度過飢饉之年的糧食。

（二）生薑

《齊民要術》卷三《種薑第二十七》載，「薑宜白沙地，少與糞和。熟耕如麻地，不厭熟，縱橫七遍尤善。」「三月種之。先重樓構，尋壟下薑，一尺一科，令上土厚三寸。」「數鋤之。六月作葦屋覆之。不耐寒熱故也。」「九月，掘出，置屋中。『中國』多寒，宜作窖，以穀穩合埋之。」「『中國』土不宜薑，僅可存活，勢不滋息。種者，聊擬藥物小小耳。」

當時北方地區薑的種植還是較爲有限的。

六、葱蒜類

百合科葱屬中以鱗莖或葉片爲食用產品、具有香辛味的一類蔬菜。〔註9〕

（一）葱

《齊民要術》卷三《種葱第二十一》載當時葱的種類，山葱、冬葱、春葱、胡葱、木葱。

（二）蒜

《齊民要術》卷三《種蒜第十九》載，「朝歌大蒜甚辛。一名葫，南人尙有『齊葫』之言。又有胡蒜、澤蒜也。」「今并州無大蒜，朝歌取種，一歲之後，還成百子蒜矣，其瓣靂細，正與條中子同。」

當時北方地區的蒜有朝歌大蒜、胡蒜、澤蒜、百子蒜。其中百子蒜爲朝歌蒜的變種。

〔註9〕張振賢，主編：《蔬菜栽培學》1《蔬菜的種類、起源與分佈》，北京：中國農業大學出版社，2003年，第20頁。

（三）韭菜

《齊民要術》卷三《種韭第二十二》載，「高數寸剪之。初種，歲止一剪。至正月，掃去畦中陳葉。凍解，以鐵杷摟起，下水，加熟糞。韭高三寸便剪之。剪如蔥法。一歲之中，不過五剪。」「崔寔曰：『正月上辛日，掃除韭畦中枯葉。七月，藏韭菁。』（賈思勰按）『菁，韭花也。』」

當時人們主要食用韭菜嫩葉、花器。

（四）薤

《齊民要術》卷三《種薤第二十》載，「葉不用剪。剪則損白。供常食者，別種。九月、十月出，賣。經久不任也。」

人們主要食用薤的嫩葉。

七、芥菜類

北朝時期的芥菜類蔬菜有蜀芥、芸薹（油菜）。

《齊民要術》卷三《種蜀芥、芸薹、芥子第二十三》載，「蜀芥、芸薹取葉者，皆七月半種。地欲糞熟。蜀芥一畝，用子一升；芸薹一畝，用子四升。種法與蕪菁同。既生，亦不鋤之。」「十月收蕪菁訖時，收蜀芥。中為鹹淡二菹，亦任為乾菜。芸薹，足霜乃收。不足霜即澀。」「種芥子，及蜀芥、芸薹收子者，皆二三月好雨澤時種。三物性不耐寒，經多則死，故須春種。旱則畦種水澆。」「五月熟而收子。芸薹多天草覆，亦得取子；又得生茹供食。」

蜀芥、芸薹的莖葉、肉質根可供食用。

八、水生蔬菜

在淡水中生長的，其產品可作為蔬菜食用的一類植物。〔註10〕

北朝時期，水生蔬菜有蓴、蓮藕、芡、芰（菱）、蓼、水芹。

《齊民要術》卷六《養魚第六十一種蓴、藕、蓮、芡、芰附》載：

「種蓴法：近陂湖者，可於湖中種之；近流水者，可決水為池種之。以深淺為候：水深則莖肥而葉少，水淺則葉多而莖瘦。蓴性易生，一種永得。宜淨潔；不耐污，糞穢入池即死矣。種一斗餘許，足以供用也。」

〔註10〕張振賢，主編：《蔬菜栽培學》1《蔬菜的種類、起源與分佈》，北京：中國農業大學出版社，2003年，第20頁。

「種藕法：春初掘藕根節頭，著魚池泥中種之，當年即有蓮花。」

「種芡法：一名『雞頭』，一名『鴈喙』，即今芡子是也。由子形上花似雞冠，故名曰『雞頭』。八月中收取，擘破，取子，散著池中，自生也。」

「種芰法：一名菱。秋上子黑熟時，收取，散著池中，自生矣。」

《齊民要術》卷三《荏、蓼第二十六》載：

「三月可種荏、蓼。荏，性甚易生。蓼，尤宜水畔種也。荏則隨宜，園畔漫擲，便歲歲自生矣。」

「蓼作菹者，長二寸則剪，絹袋盛，沈於醬甕中。又長，更剪，常得嫩者。」「取子者，候實成，速收之。」「五月、六月中，蓼可爲虀以食莧。」

《齊民要術》卷三《中囊荷、芹、蕨第二十八》載：

「芹、蕨，並收根畔種之。常令足水。尤忌潘泔及鹹水。澆之即死。性並易繁茂，而甜脆勝野生者。」

表明當時人們已注意到水生蔬菜的喜歡水濕、講究水質與水層等環境要求。

當時人們亦採摘自然繁殖的水生蔬菜，《水經注》卷一一《滱水》載滱水分支博水，「博水又東南逕穀梁亭南，又東逕陽城縣，散爲澤渚。渚水瀦漲，方廣數里，匪直蒲筍是豐，實亦偏饒菱藕，至若變婉丱童……或單舟採菱，或疊舸折芰……掇拾者不言疲，謠詠者自流響，於時行旅過矚，亦有慰于羈望矣，世謂之爲陽城淀也。」

《水經注》卷一三《灅水》載灅水旁系青牛淵，「水周多蓮藕生焉。」

《齊民要術》卷八《羹臛法第七十六》載，「凡絲蓴，陂池種者，色黃肥好，直淨洗則用；野取，色青，須別鐺中熱湯暫煉之，然後用，不煉則苦澀。絲蓴、瑰蓴，悉長用不切。」

由上述可知，首先，人工種植的水生蔬菜和天然野生水生蔬菜在食用加工過程方面存在差異，人工種植的水生蔬菜洗淨之後即可進行烹飪，而野生水生蔬菜在洗淨之後，還需經過熱水短暫的焯煮，以去除苦味，方可進行烹飪。第二，水生蓴菜有普通型、絲蓴和瑰蓴三種。

九、食用菌類

《齊民要術》卷九《素食第八十七》載，「焦菌法：菌，一名『地雞』，口未開，內外全白者佳；其口開裏黑者，臭不堪食。其多取欲經多者，收取，

鹽汁洗去土，蒸令氣餾，下著屋北陰乾之。當時隨食者，取即湯煤去腥氣，擘破。先細切葱白，和麻油，蘇亦好。熬令香；復多擘葱白，渾豉、鹽、椒末，與菌俱下，焦之。宜肥羊肉；雞、豬肉亦得。肉焦者，不須蘇油。肉亦先熟煮，薄切，重重布之如『焦瓜瓠法』，唯不著菜也。」

當時人已注意到食用菌的外表、內裏顏色與品質的關係。

十、白菜類

白菜類蔬菜是指十字花科中芸薹屬、芸薹種以葉球、嫩莖和嫩葉爲產品的一類蔬菜。〔註11〕

《齊民要術》所載菘菜即今天所稱的白菜。當時的菘菜多經過醃製食用。《齊民要術》卷九《作菹、藏生菜法第八十八》載，「作菘鹹菹法：水四斗，鹽三升，攪之，令殺菜。又法：菘一行，女麴間之。」

十一、野生蔬菜

能用作蔬菜的野生植物。〔註12〕

《齊民要術》卷九《作菹、藏生菜法第八十八》載，「《食經》曰：『藏蕨法：先洗蕨，把著器中，蕨一行，鹽一行，薄粥沃之。一法：以薄灰淹之，一宿，出，蟹眼湯瀹之。出熇，內糟中。可至蕨時。』」

「『蕨菹：取蕨，暫經湯出；小蒜亦然。令細切，與鹽、酢。』又云：『蒜、蕨俱寸切之。』」

十二、豆類

豆科植物中以幼嫩豆莢或種子爲食用產品的一類蔬菜。〔註13〕

《齊民要術》卷二《大豆第六》載，「今世大豆，有白、黑二種，及長梢、牛踐之名。小豆有菉、赤、白三種。黃高麗豆、黑高麗豆、鷰豆、䅵豆，大豆類也。豌豆、江豆、𦼮豆，小豆類也。」

〔註11〕張振賢，主編：《蔬菜栽培學》8《白菜類蔬菜栽培》，北京：中國農業大學出版社，2003年，第242頁。

〔註12〕張振賢，主編：《蔬菜栽培學》1《蔬菜的種類、起源與分佈》，北京：中國農業大學出版社，2003年，第21頁。

〔註13〕張振賢，主編：《蔬菜栽培學》1《蔬菜的種類、起源與分佈》，北京：中國農業大學出版社，2003年，第20頁。

第三節　肉　食

　　十六國至北朝時期，由於游牧民族不斷進入北方中原漢地社會，其游牧草原時期「食肉飲酪」的飲食風俗對北方社會產生了重要影響。當時北方社會，尤其是漢族上層社會的日常飲食結構中，肉食佔有一定比重。更爲重要的是，當時漢族肉食結構中，除了豬、禽、魚這些鮮明地體現農業民族色彩的肉食資源外，代表游牧民族風俗的羊等肉類也逐漸佔據了一定地位，進而反映出在飲食風俗方面，漢族與游牧民族的融合。

一、牲畜類

（一）豬

　　《齊民要術》卷六《養豬第五十八》載，「牝者，子母不同圈。子母同圈，喜相聚不食，則死傷。牡者同圈則無嫌。牡性游蕩，若非家生，則喜浪失。圈不厭小。圈小則肥疾。處不厭穢。泥污得避暑。亦須小廠，以避雨雪。」「春夏草生，隨時放牧。糟糠之屬，當日別與。糟糠經夏輒敗，不中停故。八、九、十月，放而不飼，所有糟糠，則蓄待窮多春初。豬性甚便水生之草，杷摟水藻等令近岸，豬則食之，皆肥。」

　　當時人們飼養豬，採用放牧與圈養兩種方式；在飼料方面，根據季節的不同，選擇天然和人工兩種飼料。

　　當時人們還應用閹割方式，來保障豬肉的品質。《齊民要術》卷六《養豬第五十八》載，「初產者，宜煮穀飼之。其子三日便掐尾，六十日後犗。三日掐尾，則不畏風。凡犗豬死者，皆尾風所致耳。犗不截尾，則前大後小。犗者，骨細肉多；不犗者，骨麤肉少。如犗牛法者，無風死之患。」

（二）羊

　　《齊民要術》卷六《養羊第五十七》載，「唯遠水爲良。二日一飲。頻飲則傷水而鼻膿。緩驅行，勿停息。息則不食而羊瘦，急行則坌塵而蚛顙也。春夏早放，秋冬晚出。春夏氣軟，所以宜早；秋多霜露，所以宜晚。」「圈不厭近，必須與人居相連，開窗向圈。所以然者，羊性怯弱，不能禦物，狼一入圈，或能絕羣。架北牆爲廠。爲屋即傷熱，熱則生疥癬。且屋處慣暖，冬月入田。尤不耐寒。圈中作臺，開竇，無令停水。」

　　可知當時飼養羊也是採用放牧與圈養兩種方式。爲保障羊肉的質量，當

時同樣採用閹割方式。《齊民要術》卷六《養羊第五十七》載，「擬供廚者，宜剩之。剩法：生十餘日，布裹齒脈碎之。」

（三）牛

《齊民要術》卷卷六《樣牛、馬、驢、騾第五十六》載，「服牛乘馬，量其力能；寒溫飲飼，適其天性：如不肥充繁息者，未之有也。」

當時人們注意結合牛的習性來餵養，以保障牛肉的質量。

（四）驢、馬

《齊民要術》卷九《作脬、奧、糟、苞第八十一》載，「作脬肉法：驢、馬、豬肉皆得。臘月中作者良，經夏無蟲；餘月作者，必須覆護，不密則蟲生。麤斲肉，有骨者，合骨麤銼。鹽、麴、麥麩合和，多少量意斟裁，然後鹽、麴二物等分，麥麩倍少於麴。和訖，內甕中，密泥封頭，日曝之。二七日便熟。煮供朝夕食，可以當醬。」

二、家禽類

北朝時期，家禽飼養業繼續發展，飼養技術不斷進步。當時的家禽以雞、鵝、鴨爲主。

（一）雞

當時上層社會就有從事大規模飼養雞的人，《魏書》卷四八《高允傳》載北魏太武帝太子拓跋晃，「營立私田，畜養雞犬，乃至販酤市廛鄽，與民爭利。」表明當時部分上層社會成員爲牟取厚利而進行大規模飼養家雞。

當時部分執政者更重視發展民間家庭養雞業，《周書》卷二三《蘇綽傳》載西魏時期，「太祖方欲革易時政，務弘彊國富民之道，故綽得盡其智慧，贊成其事。減官員，置二長，並置屯田以資軍國。又爲六條詔書，奏施行之。」「其三，盡地利……三農之隙，及陰雨之暇，又當教民種桑、植果，藝其菜蔬，修其園圃，畜育雞豚，以備生生之資，以供養老之具。」執政者出於保障民間生活所需物資的目的而重視發展民間家庭養雞業。

《齊民要術》卷六《養雞第五十九》載，「雞種，取桑落時生者良，形小，淺毛，腳細短者是也，守窠，少聲，善育雛子。春夏生者則不佳。形大，毛羽悅澤，腳粗長者是，游蕩饒聲，產、乳易厭，既不守窠，則無緣蕃息也。」

「雞，春夏雛，二十日內，無令出窠，飼以燥飯。出窠早，難免烏、鴟；與濕飯，則令臍膿也。」

「雞棲，宜據地為籠，籠內著棧。雖鳴聲不朗，而安穩易肥，又免狐狸之患。若任之樹林，一遇風寒，大者損瘦，小者或死。」

「養雞令速肥，不杷屋，不暴園，不畏烏、鴟、狐狸法：別築牆匡，開小門；作小廠，令雞避雨日。雌雄皆斬去六翮，無令得飛出。常多收秕、稗、胡豆之類以養之；亦作小槽以貯水。荊藩為棲，去地一尺。數掃去屎。鑿牆為窠，亦去地一尺。唯冬天著草——不茹則子凍。春夏秋三時則不須，直置土上，任其產、伏；留草則蜫蟲生。雛出則著外許，以罩籠之。如鶉鴽大，還內牆匡中。其供食者，又別作牆匡，蒸小麥飼之，三七日便肥大矣。」

由上述可見，首先，當時重視種雞的選擇，以保障雞的繁殖及蛋、肉的產量與質量；第二，採用圈養的方式，保障雞免受其他動物侵襲；第三，採用類似於養豬、羊的閹割方式，將雌雞、雄雞的翅翮斬去，減少雞的活動，同時增加飼料的餵食，以保障雞肉的品質。

（二）鵝、鴨

《齊民要術》卷六《養鵝、鴨第六十》載：

「鵝、鴨，並一歲再伏者為種。一伏者，得子少；三伏者，冬寒，雛亦多死也。」

「大率鵝，三雌一雄；鴨，五雌一雄。鵝，初輩生子十餘，鴨生數十；後輩皆漸少矣。常足五穀飼之，生子多；不足者，生子少。」

「鵝，唯食五穀、稗子及草、菜，不食生蟲……鴨，靡不食矣。水稗實成時，尤是所便，啖此足得肥充。」

「供廚者，子鵝百日以外，子鴨六七十日，佳。過此肉硬。」

首先，當時人們精確地掌握了選取種鵝、鴨及鵝、鴨的雌雄交配繁殖。其次，根據鵝、鴨的進食習性選擇不同的食料。第三，注意到鵝、鴨的生長周期與肉質之間的關係。

三、水產類

（一）魚

北朝時期，人們通過捕撈和人工養殖兩種途徑獲得魚肉資源。當時漁業

的發展，對豐富、改善飲食結構產生重要影響。

《齊民要術》、《水經注》載北朝時期的魚有，鯉魚、鯖魚、鱧魚、鱒魚、鮎魚、石首魚、魦魚、緇魚、鮑魚、白魚、鱯魚、鯽魚等。

1、人工養殖

《齊民要術》卷六《養魚第六十一》載，「作魚池法：三尺大鯉，非近江湖，倉卒難求；若養小魚，積年不大。欲令生大魚法：要須載取藪澤陂湖饒大魚之處、近水際土十數載，以布池底。二年之內，即生大魚。蓋由土中先有大魚子，得水即生也。」

表明當時人工養魚主要利用池塘。從「饒大魚之處」的天然藪澤陂湖中取籽進行人工養殖。

2、人工捕撈

當時北方地區河流、陂湖的分佈是非常密集的，河流、陂湖富饒的漁業資源，給人們捕撈帶來了很大便利。

《太平御覽》卷六四《地部二十九・五渠水》引《邢子勵記》，「後魏延興初，文安縣人孫願捕魚於五渠水中，有群魚從西來，共以柴塞之。」

《水經注》卷一二《聖水》載，「水出郡之西南聖水谷，東南流逕大防嶺之東首。山下，有石穴，東北洞開，高廣四五丈，入穴轉更崇深，穴中有水……其水夏冷多溫，春秋有白魚出穴，數日而返，人有採捕食者，美珍常味，蓋亦丙穴嘉魚之類也。」

《水經注》卷一五《伊水》載伊水旁系涓水，「涓水東南流，右合南水。水出西山七谷，亦謂之七谷水。阻澗東逝，歷其縣南，又東南，左會北水，亂流左合禪渚水，水上承陸渾縣東禪渚，渚在原上，陂方十里，佳饒魚葦。」

《水經注》卷二七《沔水》載沔水旁系漢水，「漢水又左得度口水，出陽平北山，水有二源：一曰清檢，出佳鱯；一曰濁檢，出好鮒。常以二月、八月取之，美珍常味。」

（二）蝦、螃蟹

《齊民要術》卷八《作醬等法第七十》載，「作蝦醬法：蝦一斗，飯三升為糝，鹽二升，水五升，和調。日中曝之。經春夏不敗。」「藏蟹法：九月內，取母蟹，母蟹臍大圓，竟腹下；公蟹狹而長。得則著水中，勿令傷損及死者。

一宿則腹中淨。久則吐黃，吐黃則不好。先煮薄餹，餹，薄餳。著活蟹於冷糖甕中一宿。煮蓼湯，和白鹽，特須極鹹。待冷，甕盛半汁，取餹中蟹內著鹽蓼汁中，便死，蓼宜少著，蓼多則爛。泥封。二十日，出之，舉蟹臍，著薑末，還復臍如初。內著坩甕中，百箇各一器，以前鹽蓼汁澆之，令沒。密封，勿令漏氣，便成矣。特忌風裏，風則壞而不美也。」

當時人們多採用醃漬的方式食用蝦、螃蟹。

（三）鱉

《齊民要術》卷八《羹臛法第七十六》載，「作鱉臛法：鱉且完全煮，去甲藏。羊肉一斤，葱三升，豉五合，粳米半合，薑五兩，木蘭一寸，酒二升，煮鱉。鹽、苦酒，口調其味也。」

（四）其他甲殼類

《齊民要術》卷九《炙法第八十》載，「炙蚶：鐵鏋上炙之。汁出，去半殼，以小銅桿奠之。」「炙蠣：似炙蚶。汁出，去半殼，三肉共奠。如蚶，別奠酢隨之。」

四、其他野生動物

北朝時期，由於北方水系、山林分佈密集，爲野生動物提供了良好的生存環境。《魏書》卷一一二上《靈徵志上》載，「世宗景明元年六月，雍、青二州大雨雹，殺麏鹿。」表明在自然氣候正常情況下，雍州、青州等地生存著大量的以麏、鹿爲代表的野生動物。

鮮卑族拓跋氏入主北方後，保持著通過狩獵獲得野生動物肉食的傳統。《魏書》卷四上《太武帝紀上》載，「（神䴥四年）十一月丙辰，北部敕勒莫弗庫若干，率其部數萬騎，驅鹿數百萬，詣行在所，帝因而大狩以賜從者。」在實行漢化改革的孝文帝時期，鮮卑人還一直保留通過狩獵以獲得肉食資源的風俗。《魏書》卷三七《司馬楚之傳附司馬躍傳》載北魏孝文帝時，司馬躍「表罷河西苑封，與民墾殖。有司執奏：『此麋鹿所聚，太官取給，今若與民，至於奉獻時禽，懼有所闕。』」

總之，北方地區有利於野生動物生存的自然環境與鮮卑人的狩獵野生動物的傳統，使當時的野生動物在人們日常所消費的肉食中佔據一定地位。

《齊民要術》卷八載人們日常所食用的野生動物肉類有麏、鹿、兔、野豬、鴈、鶴、鴇、鳧、雉（野雞）、鵪鶉、熊。

五、肉的儲藏

當時的食物儲藏、保鮮技術是有限的，尤其是易受有害菌侵蝕，所以，當時人對肉的儲藏是非常重視的。《齊民要術》卷九《作脾、奧、糟、苞第八十一》載，「苞肉法：十二月中殺豬，經宿，汁盡濄濄時，割作捧炙形，茅、菅中苞之。無菅、茅，稻稈亦得。用厚泥封，勿令裂；裂復上泥。懸著屋外北陰中，得至七八月，如新殺肉。」

當時人們在氣溫低的冬季對肉類進行初步的加工，以植物杆莖、葉包裹，泥密封之後置於陰涼地方來儲藏。

第四節 水 果

一、水果種類

（一）棗

北朝時期，已出現享譽天下的優良品種棗。

《齊民要術》卷四《種棗第三十三》載，「青州有樂氏棗，豐肌細核，多膏肥美，為天下第一。父老相傳云：『樂毅破齊時，從燕齎來所種也。』齊郡西安、廣饒二縣所有名棗即是也。今世有陵棗、幪弄棗也。」

《洛陽伽藍記》卷一《城內》載，「景陽山南有百果園，果列作林，林各有堂。有僊人棗，長五寸，把之兩頭俱出，核細如鍼。霜降乃熟，食之甚美。俗傳雲出崑崙山，一曰西王母棗。」

由此可知，以核細肉多為特徵的樂氏棗、王母棗，含糖量高；當時北方從西域地區引進了體型大、生長周期長、糖分含量高的優良品種棗。

除青州、洛陽之外，山西地區也是當時棗的主產地。從漢代開始，山西地區就成為棗的重要種植與產區，《史記》卷一二九《貨殖列傳》載山西「安邑千樹棗」，表明當時棗樹種植業的興盛。北魏時期，安邑隸屬於陝州河北郡，當地亦繼承漢代種棗的傳統。

當時山西地區的東雍州高涼郡也是棗的重要產區。山西大同南郊北魏墓群 M107 出土七顆已經碳化的紅棗果核，「果核小，紡錘形，銳尖已脫落，基部已有果仁露出，縱橫徑 1.3 釐米×0.7 釐米」，經對最大的果核、果皮進行實物還原，可見該果實較小，「縱橫徑約為 2.5 釐米×1.8 釐米，把縱橫徑 1.3 釐米×0.7 釐米的紡錘形果核放到長圓形果實的縱切面中」，就還原成一顆較小

的長圓形果實。〔註 14〕由此可以推測所出土的棗具有「果核小，果肉可食用率高」的特徵，這與現代棗的品種及可食率較爲接近，反映出當時人在選擇棗的品種、及栽培、種植方面已接近現代水平。〔註 15〕還原後的 M107 出土紅棗的果實、果核特徵，據學者研究，其產地應爲今山西稷山即北魏時期的高涼郡，此種棗爲稷山板棗的最早栽培品種。〔註 16〕

當時民間更普遍種植普通品種的棗。《魏書》卷二《道武帝紀》載，「（皇始元年十一月）別詔征東大將軍東平公儀五萬騎南攻鄴，冠軍將軍王建、左軍將軍李栗等攻信都，軍之所行，不得傷民桑棗。」所反映的便是民間廣泛種植棗的情況。

除人工種植的優良棗外，野生棗也是人們食用棗的重要來源。《水經注》卷五《河水注》載黃河所流經的平原縣支流，「大河右溢，世謂之甘棗溝，水側多棗，故俗取名焉。」

（二）桃類

1、桃

北朝時期已有從西域地區移植來的優良種桃。《洛陽伽藍記》卷一《城內》載，「景陽山南有百果園，果列作林，林各有堂……又有僊人桃，其色赤，表裏照徹，得霜即熟。亦出崑崙山，一曰王母桃也。」可知仙人桃專供以皇室爲代表的上層社會，並非一般平民所食用。

2、櫻桃

《齊民要術》卷四《種桃奈第三十四》「櫻桃」載，「二月初，山中取栽，陽中者還種陽地，陰中者還種陰地。若陰陽易地則難生，生亦不實：此果性。生陰地，既入園囿，便是陽中，故多難得生。宜堅實之地，不可用虛糞也。」

〔註14〕山西大學歷史文化學院、山西省考古研究所、大同市博物館：《大同南郊北魏墓群》第九章《出土果樹果實（果核）及作物籽實名實考訂》，北京：科學出版社，2006 年，第 581 頁。

〔註15〕山西大學歷史文化學院、山西省考古研究所、大同市博物館：《大同南郊北魏墓群》第九章《出土果樹果實（果核）及作物籽實名實考訂》，北京：科學出版社，2006 年，第 583 頁。

〔註16〕山西大學歷史文化學院、山西省考古研究所、大同市博物館：《大同南郊北魏墓群》第九章《出土果樹果實（果核）及作物籽實名實考訂》，北京：科學出版社，2006 年，第 583 頁。

當時人們多從野外移種野生櫻桃樹苗，還注意到移種樹苗的向陽、背陰習性及對土質的要求。

3、扁桃

山西大同南郊北魏墓群 M107 出土輕度碳化的扁桃果實十五枚，「果實扁圓或長卵形，大小不等，平均長 2.83 釐米，寬 1.65 釐米，扁平狀，先端漸狹如雀嘴，基部圓形或廣楔形……果皮乾枯緊貼果核，剝去果皮，果核爲堅果，核殼黃褐色，短馬刀型，扁平，先端漸尖，兩側不勻稱。」〔註17〕

扁桃原產地爲高加索地區、中亞及新疆部分地區，多爲野生品種，人工栽培種植面積較小，扁桃爲水果中的珍奇。〔註18〕同時結合 M107 出土的鎏金鏨花銀碗、磨花玻璃碗、漆器、玉石器〔註19〕等高級陪葬器物，可知該墓主具有較高的社會身份地位。可見當時北方地區的扁桃應是通過絲綢之路從中亞、新疆等地運至，其在水果市場的價格不菲，所以，其應是上層社會的日常消費水果，並不是一般平民所能享用。

（三）葡萄

自漢代開始，西域的葡萄種植技術傳入中原。至北朝時期，由於有葡萄種植傳統的粟特等民族陸續進入北方地區，〔註20〕進一步促進了葡萄種植在當時的普及、推廣。

從《齊民要術》卷四《種桃奈第三十四》有關葡萄種植、收穫、深加工、保鮮方法的系統記載，可知當時北方地區葡萄種植技術的發展、成熟，葡萄在當時水果消費中逐漸佔據重要地位。

〔註17〕 山西大學歷史文化學院、山西省考古研究所、大同市博物館：《大同南郊北魏墓群》第九章《出土果樹果實（果核）及作物籽實名實考訂》，北京：科學出版社，2006 年，第 585 頁。

〔註18〕 山西大學歷史文化學院、山西省考古研究所、大同市博物館：《大同南郊北魏墓群》第九章《出土果樹果實（果核）及作物籽實名實考訂》，北京：科學出版社，2006 年，第 586 頁。

〔註19〕 山西大學歷史文化學院、山西省考古研究所、大同市博物館：《大同南郊北魏墓群》第二章《墓葬形制與出土遺物》，北京：科學出版社，2006 年，第 228～234 頁。

〔註20〕 法國學者童丕在《中國北方的粟特遺存——山西的葡萄種植業》一文中，根據《魏書》記載的有關北魏政權從西北地區移民（其中包括粟特人在內）、粟特商人在北方地區經商、活動的資料，同時援引出土的關於北朝時期粟特人墓葬屏風、壁畫中貫穿「葡萄樹」、「葡萄酒」這一主題的情況，認爲北朝時期北方的粟特人保持了其在粟特故鄉的風俗。

《酉陽雜組》卷一八《廣動植之三‧木篇》載，「庾信謂（北）魏使尉瑾曰：『我在鄴，逐大得蒲萄，奇有滋味。』……瑾曰：『此物實出於大宛，張騫所致。有黃、白、黑三種，成熟之時，子實逼側，星編珠聚，西域多釀以為酒，每來歲貢。在漢西京，似亦不少。杜陵田五十畝，中有蒲萄百樹。今在京兆，非直止禁林也。』信曰：『乃園種戶植，接蔭連架。』」〔註21〕

以上反映出，當時有黃葡萄、白葡萄、黑葡萄三個品種；「園種戶植」表明家庭葡萄種植業的興盛。

當時人們還培育出優良葡萄品種。《洛陽伽藍記》卷四《城西》載北魏洛陽白馬寺果園，「浮屠前，柰林蒲萄異於餘處，枝葉繁衍，子實甚大。柰林實重七斤，蒲萄實偉於棗，味並殊美，冠於中京。帝至熟時，常詣取之，或復賜宮人。宮人得之，轉餉親戚，以為奇味，得者不敢輒食，乃歷數家。」

（四）李

關於北朝時期李的種類，《齊民要術》卷四《種李第三十五》載，「今世有木李，實絕大而美。又有中植李，在麥後穀前而熟者。」

木李為當時的優良品種。以成熟季節而論，中植李屬於秋李。

（五）梅、杏

1、梅

《齊民要術》卷四《種梅杏第三十六》載，「按梅花早而白，杏花晚而紅；梅實小而酸，核有細文，杏實大而甜，核無文采。白梅任調食及虀，杏則不任此用。」

梅子果實具有體型小、味道酸的特徵。梅子除了可作為水果食用外，還可用作調味品。

2、杏

《齊民要術》卷四《種梅杏第三十六》載，「按杏一種，尚可賑貧窮，救飢饉，而況五果、蓏、菜之饒，豈直助糧而已矣？諺曰：『木奴千，無凶年。』蓋言果實可以市易五穀也。」

由此可見杏還具有「賑貧窮，救飢饉」的作用。因此，杏也為民間普遍種植。如《周書》卷四六《張元傳》所載，「張元字孝始，河北芮城人也……

〔註21〕（唐）段成式：《酉陽雜組》卷一八《廣動植之三‧木篇》，北京：中華書局，1981年，第175頁。

元性謙謹，有孝行……南隣有二杏樹，杏熟，多落元園中。諸小兒競取而食之；元所得者，送還其主。」反映的就是芮城地區民眾種植杏的情況。

（六）梨

《洛陽伽藍記》卷三《城南》載，「報德寺，高祖孝文皇帝所立也……週迴有園，珍果出焉。有大谷（含消）梨，重十斤，從樹着地，盡化爲水。世人云：『報德之梨，承光之奈。』」

又《太平御覽》卷九六九《果部六・梨》引辛氏《三秦記》「漢武帝園，一名樊川，一名御宿。有大梨，如五升，落地則破。其主取者，以布囊盛之，名含消梨。」

表明北朝時期的優良品種梨應源自於西漢皇家果園。

（七）奈、林檎

1、奈

奈，即蘋果。

《洛陽伽藍記》卷三《城南》載，「報德寺，高祖孝文皇帝所立也……週迴有園，珍果出焉。有大谷（含消）梨，重十斤，從樹着地，盡化爲水。世人云：『報德之梨，承光之奈。』承光寺亦多果木，奈味甚美，冠於京師。」

2、林檎

林檎，即沙果。

《齊民要術》卷四《奈、林檎第三十九》載，「奈、林檎不種，但栽之。種之雖生，而味不佳。」「取栽如壓桑法。此果根不浮蔵，栽故難求，是以須壓也。」「又法：於樹旁數尺許掘坑，洩其根頭，則生栽矣。凡樹栽者，皆然矣。」

爲食用高品質的蘋果、沙果，當時人們主要採用移栽法來培育奈、林檎樹。

（八）柿

《齊民要術》卷四《種柿第四十》載，「柿，有小者，栽之；無者，取枝于㮕棗根上插之，如插梨法。」「柿有樹乾者，亦有火焙令乾者。」「《食經》藏柿法：『柿熟時取之，以灰汁澡再三度，乾，令汁絕，著器中。經十日可食。』」

當時柿樹的栽培，採用移栽和嫁接兩種方式。「乾」，學者認爲是脫澀。

〔註22〕「柿有樹乾者」之「柿」應爲甜柿，甜柿成熟之後，自然脫澀，可直接食用。「火焙令乾」之柿，是指澀柿，即使成熟，但由於口感發澀，必須經過如烘焙、灰汁浸泡等過程進行脫澀，方可食用。

（九）石榴

《齊民要術》卷四《安石榴第四十一》載，「栽石榴法：三月初，取枝大如手大指者，斬令長一尺半，八九枝共爲一窠，燒下頭二寸。不燒則漏汁矣。掘圓坑，深一尺七寸，口徑尺。豎枝於坑畔，環圓布枝，令勻調也。置枯骨、礓石於枝間，骨、石，此是樹性所宜。下土築之。一重土，一重骨、石，平坎止。其土令沒枝頭一寸許也。水澆常令潤澤。既生，又以骨石布其根下，則科圓滋茂可愛。若孤根獨立者，雖生亦不佳焉。」

「其斸根栽者，亦圓布之，安骨石於其中也。」

當時安石榴的栽培採取移栽種植的方式。

（十）木瓜

《齊民要術》卷四《種木瓜第四十二》載，「木瓜，種子及栽皆得，壓枝亦生。栽種與桃李同。」

當時人栽培木瓜，採用種子和移栽兩種方式。

二、水果深加工及保鮮儲藏

當時人們不僅食用新鮮水果，還通過乾制、蒸煮等技術，對水果進行深加工。這一方面是爲品嘗更美味的水果製成品；另一方面，在當時對食物的冷藏、保鮮技術遠沒有今天發達的情況下，是對水果的儲藏處理。

（一）水果的深加工

1、棗的深加工產品

（1）棗乾

《齊民要術》卷四《種棗第三十三》載，「作乾棗法：新菰蔣，露於庭，以棗著上，厚三寸，復以新蔣覆之。凡三日三夜，撤覆露之，畢日曝，取乾，內屋中。率一石，以酒一升，漱著器中，密泥之。經數年不敗也。」

對曬乾的棗，進行噴灑一定量的酒的處理，是爲了消除乾棗表面的有害

〔註22〕參看（北朝）賈思勰著：《齊民要術》卷四《種柿第四十》，繆啓愉、繆桂龍譯注，上海古籍出版社，2009年版，第261頁。

菌；之後將棗裝甕，以泥密封甕口，應是阻止空氣中的氧氣對棗的氧化。

（2）棗油

《齊民要術》卷四《種棗第三十三》載，「棗油法：鄭玄曰：『棗油，搗棗實，和，以塗繒上，燥而形似油也。』乃成之。」

當時的棗油類似於今天的乾制棗醬、棗泥。

（3）棗脯

《齊民要術》卷四《種棗第三十三》載，「棗脯法：切棗曝之，乾如脯也。」

2、桃的深加工產品

《齊民要術》卷四《種桃柰第三十四》載，「桃酢法：桃爛自零者，收取，內之於甕中，以物蓋口。七日之後，既爛，漉去皮核，密封閉之。三七日酢成，香美可食。」

桃醋的製作，就是使桃汁中的糖分經酵母菌發酵產生酒精，之後由醋酸菌氧化產生醋酸。

3、葡萄的深加工產品

《齊民要術》卷四《種桃柰第三十四》載，「作乾蒲萄法：極熟者一一零疊摘取，刀子切去蒂，勿令汁出。蜜兩分，脂一分，和內蒲萄中，煮四五沸，漉出，陰乾便成矣。非直滋味倍勝，又得夏暑不敗壞也。」

當時人採用加蜜、油脂，之後水煮、陰乾的方式製作葡萄乾。

4、李的深加工產品

《齊民要術》卷四《種李第三十五》載，「作白李法：用夏李。色黃便摘取，於鹽中挼之。鹽入汁出，然後合鹽曬令萎，手撚之令褊。復曬，更捻，極褊乃止。曝使乾。飲酒時，以湯洗之，漉著蜜中，可下酒矣。」

以鹽揉李，讓鹽分滲入李子中，是利用濃度高的鈉鹽破壞李子中細胞的正常代謝進而使汁大量滲出，使李子呈現萎的狀態。之後曬乾，是為了進一步去除李子中的水分。

5、梅子的深加工產品

《齊民要術》卷四《種梅杏第三十六》載，「作白梅法：梅子酸，核初成時摘取，夜以鹽汁漬之，晝則日曝。凡作十宿，十浸十曝，便成矣。調鼎和齏，所在多入也。」

「作烏梅法：亦以梅子核初成時摘取，籠盛，於突上熏之，令乾，即成矣。烏梅入藥，不任調食也。」

梅子的深加工產品只用於烹飪、藥物，並不能直接食用。

6、奈的深加工產品

《齊民要術》卷四《奈、林檎第三十九》載，「作奈脯法：奈熟時，中破，曝乾，即成矣。」

蘋果脯的加工採用直接曬製果實的方式完成。

（二）水果的保鮮儲藏

1、坑藏

《齊民要術》卷四《種桃奈第三十四》載，「藏蒲萄法：極熟時，全房折取。於屋下作蔭坑，坑內近地鑿壁爲孔，插枝於孔中，還築孔使堅，屋子置土覆之，經多不異也。」

當時人採用坑藏、覆蓋、加土掩埋的方式對葡萄進行保鮮處理。

《齊民要術》卷四《插梨第三十七》載，「藏梨法：初霜後即收。霜多即不得經夏也。於屋下掘作深廕坑，底無令潤濕。收梨置中，不須覆蓋，便得經夏。摘時必令好接，勿令損傷。」

當時將完整無損的梨置於底部乾燥的深坑中進行保鮮儲藏。

2、浸漬

《齊民要術》卷四《種梅杏第三十六》載，「《食經》曰：『蜀中藏梅法：取梅極大者，剝皮陰乾，勿令得風。經二宿，去鹽汁，內蜜中。月許更易蜜。經年如新也。』」

當時人採用先將梅子浸漬於鹽水中，進行「拔水」處理，之後用蜜漬的方式進行保鮮。

《齊民要術》卷四《種栗第三十八》載，「《食經》藏乾栗法：『取穰灰，淋取汁漬栗。出，日中曬，令栗肉焦燥，可不畏蟲，得至後年春夏。』」

可見採用灰汁浸漬、之後曬製的方式具有免除蟲害的作用。

《齊民要術》卷四《種木瓜第四十二》載，「《食經》藏木瓜法：『先切去皮，煮令熟，著水中，車輪切。百瓜用三升鹽，蜜一斗漬之。晝曝，夜內汁中，取令乾。以餘汁密藏之。亦用濃杭汁也。』」

人們注意利用具有防腐性能的杭皮汁來儲存木瓜，反映出當時水果儲

藏、保鮮技術的進步。

3、沙藏

《齊民要術》卷四《種栗第三十八》載，「藏生栗法：著器中；曬細沙可燥，以盆覆之。至後年二月，皆生芽而不蟲者也。」

將曬製適中的沙子放入裝有生栗的容器中，使容器內積聚了一定溫度；以盆覆蓋容器，可以防止容器內溫度的流失；經長時間的密閉儲藏，生栗在溫度、濕度適宜的條件下自然會生芽。

第三章　日常飲食結構

第一節　主食──米、麵食物

一、米飯

　　北朝時期，米飯成爲社會各階層日常飲食生活中不可缺少的主食。

（一）麥飯

　　麥飯爲當時人們所廣泛食用的米飯，爲平民日常主食。《齊民要術》卷二《大小麥第十》載，「正月、二月，勞而鋤之。三月、四月，鋒而更鋤。鋤麥倍收，皮薄麵多；而鋒、勞、鋤各得再遍爲良也。」「令立秋前治訖。立秋後則蟲生。蒿、艾簞盛之，良。以蒿、艾蔽窖埋之，亦佳。窖麥法：必須日曝令乾，及熱埋之。多種久居供食者，宜作劁麥：倒刈，薄布，順風放火；火既著，即以掃帚撲滅，仍打之。如此者，經夏蟲不生；然唯中作麥飯及麵用耳。」以上反映的是平民種植、收割、儲藏麥子，日常食用麥飯的情況。

　　《北史》卷五《魏孝武帝紀》載永熙三年，北魏孝武帝出奔長安途中，「帝鞭馬長驚至湖城，飢渴甚，有王思村人以麥飯壺漿獻帝，帝甘之，復一村十年。」統治者因躲避政爭出奔，動盪的形勢使以珍饈玉饌爲標準的宮廷飲食無法得到保障，只有以平民之食充飢。

　　部分社會上層成員食用麥飯，則與宗教信仰有關。《魏書》卷二二《孝文五王·汝南王悅傳》載，「汝南王悅，好讀佛經，覽書史。爲性不倫，俶儻難測……有崔延夏者，以左道與悅遊，合服仙藥松朮之屬。時輕與出採芝，宿

於城外小人之所。遂斷酒肉粟稻，唯食麥飯。」

食用麥飯，還會成為官員清廉節儉的體現。《魏書》卷四七《盧玄傳附盧義禧傳》載北魏孝明帝時期，出任朝中要職的盧義禧，「性清儉，不營財利，雖居顯位，每至困乏，麥飯蔬食，忻然甘之。」

（二）粟米飯

《齊民要術》卷九《飧、飯第八十六》載，「折粟米法：取香美好穀脫粟米一石，於木槽內，以湯淘，腳踏；瀉去瀋，更踏；如此十遍，隱約有七斗米在，便止。漉出，曝乾。炊時，又淨淘。下饋時，於大盆中多著冷水，必令冷徹米心，以手接饋，良久停之。投飯調漿，一如上法。粒似青玉，滑而且美。」從上述加工粟米飯工藝的精緻可見，這種粟米飯多為社會上層成員日常所食用。

（三）稻米飯

《齊民要術》卷九《飧、飯第八十六》載，「治旱稻、赤米令飯白法：莫問冬夏，常以熱湯浸米，一食久，然後以手接之。湯冷，瀉去，即以冷水淘汰，接取白乃止。飯色潔白，無異清流之米。」上述炊製稻米飯的工藝並非平民之家日常所用。

（四）菰米飯

菰米飯，為茭白子實經過炊制所成，《齊民要術》卷九《飧、飯第八十六》載，「菰米飯法：菰穀盛韋囊中；搗瓷器為屑，勿令作末，內韋囊中令滿，板上揉之取米。一作可用升半。炊如稻米。」

二、粥

北朝時期，粥在社會各階層的日常飲食中佔據重要地位。

《魏書》卷三五《崔浩傳》載，「崔浩……天興中，給事秘書，轉著作郎。太祖以其工書，常置左右。太祖季年，威嚴頗峻，官省左右多以微過得罪，莫不逃隱，避目下之變，浩獨恭勤不怠，或終日不歸。太祖知之，輒命賜以御粥。」北魏道武帝以御用粥賜予大臣崔浩，是對其勤於政務的獎賞，是對其顯示恩寵之意。

《魏書》卷一三《文成文明皇后馮氏傳》載，「性儉素，不好華飾，躬御縵繒而已。宰人上膳，案裁徑尺，羞膳滋味減於故事十分之八……宰人昏而

進粥，有螻蛄在焉，後舉匕得之。高祖侍側，大怒，將加極罰，太后笑而釋之。」反映出後宮也有食粥的傳統。

《太平御覽》卷八百五十九《飲食部十七·糜粥》引《時鏡新書》「齊魏收當寒食餉王元景粥，元景與收書曰：『始知令節，須御麥粥，加之以糖，彌覺香冷。』」表明以漢族士大夫為代表的上層社會食用寒食粥更注重味覺的享受。

飢饉、自然災害發生時期，統治者、地方官員用粥以賑濟饑民、安定地方社會秩序。

首先，飢饉發生之後，統治者對施粥以賑濟饑民是非常重視的。《魏書》卷七上《孝文帝紀上》載，「（太和七年）三月甲戌，以冀定二州民飢，詔郡縣為粥於路以食之。」「（太和七年）六月，定州上言，為粥給飢人，所活九十四萬七千餘口。」「（太和七年九月）冀州上言，為粥給飢民，所活七十五萬一千七百餘口。」

飢饉發生，必然要影響到民生問題，最終涉及社會形勢、國家政治統治的穩定。因為平民的基本生存條件能否得到保障，關係到民心的穩定。所以，飢饉發生之際，統治者詔令地方州郡及時施粥於飢民，保障飢民基本生存條件，進而維持地方社會秩序的穩定。

其次，地方官員也會積極施粥於饑民，保障自己轄境內平民的生存，人口數量的穩定。

《魏書》卷一六《道武七王·河南王曜傳附拓跋平原傳》載獻文帝、孝文帝時期，拓跋平原任齊州刺史，「時歲穀不登，齊民飢饉，平原以私米三千餘斛為粥，以全民命。」

《魏書》卷六一《薛安都傳附薛真度傳》載，「景明初，豫州大飢，真度表曰：『去歲不收，飢饉十五，今又災雪三尺，民人萎餒，無以濟之。臣輒日別出州倉米五十斛為粥，救其甚者。』詔曰：『真度所表，甚有憂濟百姓之意，宜在拯卹。陳郡儲粟雖復不多，亦可分贍。尚書量賑以聞。』」

《魏書》卷四五《韋閬傳附韋朏傳》載，「朏，字遵顯，少有志業。年十八，（孝明帝時期）辟（司）州主簿。時屬歲儉，朏以家粟造粥，以飼飢人，所活甚眾。」

上述表明官員施粥的義舉在保障地方社會的民生方面發揮了重要作用。

在飢荒非常嚴重的情況下，部分地方官員冒著矯制的風險，動用地方糧倉的儲備糧食製粥以賑濟、安撫民眾。《魏書》卷五八《楊播傳附楊逸傳》載

孝莊帝時期，楊逸任光州刺史，「折節綏撫，乃心民務……法令嚴明，寬猛相濟，於是合境肅然，莫敢干犯。時災儉連歲，人多餓死，逸欲以倉粟賑給，而所司懼罪不敢。逸曰：『國以人為本，人以食為命。百姓不足，君孰與足？假令以此獲戾，吾所甘心。』遂出粟，然後申表……逸既出粟之後，其老小殘疾不能自存活者，又於州門煮粥飯之，將死而得濟者以萬數。帝聞而善之。」孝莊帝「聞而善之」之舉，反映出其對官員所採取的能夠保障民生、穩定地方社會的矯制行為是持允許態度的。

第三，地方大族的施粥之舉，也是保障鄉里社會民生的重要環節。

《魏書》卷七六《張烈傳》載，「世宗即位，追錄先勳，封清河縣開國子，邑二百戶。尋以母老歸養。積十餘年，頻值凶儉，烈為粥以食（清河郡）飢人，蒙濟者甚眾，鄉黨以此稱之。」

《太平御覽》卷八百五十九《飲食部十七·糜粥》引《北齊書》「李士謙，遇年飢，多有死者。士謙罄家資為之糜粥，賴以全活者萬計。」

北朝時期，部分人的食粥行為，還受中國古代傳統禮儀的影響。就是說，當時人們在為已故親屬服喪期間，正常的飲食要受到影響，即通過在規定時間的去除肴饌葷腥來表達對已故之人的哀思。〔註1〕《禮記·曲禮》載，「居喪之禮，頭有創則沐，身有瘍則浴，有疾則飲酒食肉，疾止復初。」這說明，在傳統禮制中，是嚴格禁止人們在服喪期間食用酒肉等佳肴。

《魏書》卷八六《孝感·楊引傳》載，「楊引，鄉郡襄垣人也。三歲喪父，為叔所養。母年九十三卒，引年七十五，哀毀過禮。三年服畢，恨不識父，追服斬衰，食粥粗服，誓終身命。終十三年，哀慕不改，為郡縣鄉閭三百餘人上狀稱美。有司奏宜旌賞，復其一門，樹其純孝。詔別敕集書標楊引至行，又可假以散員之名。」

《魏書》卷八七《節義·王玄威傳》載，「王玄威，恒農北陝人也。顯祖崩，玄威立草廬於州城門外，衰裳蔬粥，哭踴無時。刺史苟頹以事表聞。詔令問狀，玄威稱：『先帝統御萬國，慈澤被於蒼生，含氣之類莫不仰賴，玄威不勝悲慕，中心知此，不知禮式。』」

〔註1〕 關於古代服喪期間的飲食禁忌，《通典》卷一四〇《凶禮十七》「食飲節」，「父母之喪，食粥，朝一溢米，暮一溢米。不能食粥，則以為飯，菜羹。婦人皆以為飯。諸齊練之喪，蔬食水飲，不食菜果。三月既葬，食肉，不飲酒。」上述記載是關於唐代時期人們在為已故親屬服喪期間的飲食禁忌。北朝時期人們在為故親屬服喪期間的飲食節制亦與此相近。

《周書》卷四六《孝義・皇甫遐傳》載，「皇甫遐……河東汾陰人也。累世寒微，而鄉里稱其和睦。遐性純至，少喪父，事母以孝聞。保定末，又遭母喪，乃廬於墓側，負土爲墳……遐食粥枕塊，櫛風沐雨，形容枯槁，家人不識。」

人們在爲已故親屬服喪期間的食粥之舉，一方面，表明自己謹遵傳統禮儀，以示對故去親屬的哀思；另一方面，「食粥」行爲也爲其獲得社會輿論的稱讚，甚至贏得統治者的褒獎。

三、麵食

北朝時期，由於農業種植技術的發展所帶來的穀物種類的增多、產量的增加，及麵粉加工工具的改進所引起的加工麵粉技術的進步，使麵食在當時社會飲食生活中日益佔有重要地位。根據加工方式，當時的麵食有烤、油炸、煮三種。不可忽視的是，當時人們還應用麵粉發酵技術，《齊民要術》卷九《餅法第八十二》引清河大族崔浩所著《食經》，「作餅酵法：酸漿一斗，煎取七升；用粳米一升著漿，遲下火，如作粥。六月時，溲一石麵，著二升；冬時，著四升作。」「作白餅法：麵一石。白米七八升，作粥，以白酒六七升酵中，著火上。酒魚眼沸，絞去滓，以和麵。麵起可作。」麵粉發酵技術的使用，有利於麵食質量、口感的提高。

（一）烤製麵食

《齊民要術》卷九《餅法第八十二》引《食經》，「作燒餅法：麵一斗。羊肉二斤，葱白一合，豉汁及鹽，熬令熟，炙之。麵當令起。」

「髓餅法：以髓脂、蜜，合和麵。厚四五分，廣六七寸。便著胡餅鑪中，令熟。勿令反覆。餅肥美，可經久。」

由加工燒餅、髓餅所用配料的講究，可見其應爲上層社會的日常食品。

（二）油炸麵食

1、饊子類

《齊民要術》卷九《餅法第八十二》引《食次》，「粲：一名『亂積』。用秫稻米，絹羅之。蜜和水，水蜜中半，以和米屑。厚薄令竹杓中下——先試，不下，更與水蜜。作竹杓：容一升許，其下節，概作孔。竹杓中下瀝五升鐺裏，膏脂煮之。熟，三分之一鐺，中也。」

《齊民要術》卷九《餅法第八十二》載，「膏環：一名『粔籹』。用秫稻

米屑，水、蜜溲之，強澤如湯餅麵。手搦團，可長八寸許，屈令兩頭相就，膏油煮之。」

油炸「膏環」類似於今天的油炸饊子。

《齊民要術》卷九《餅法第八十二》載，「細環餅、截餅：環餅一名『寒具』。截餅一名『蝎子』。皆須以蜜調水溲麵；若無蜜，煮棗取汁；牛羊脂膏亦得；用牛羊乳亦好，令餅美脆。截餅純用乳溲者，入口即碎，脆如凌雪。」

上述「細環餅」、「截餅」也是類似於今天的油炸饊子。以味覺而論，當時的「膏環」、「細環餅」、「截餅」以甜味爲主。

2、油餅類

《齊民要術》卷九《餅法第八十二》載，「餢飳：起麵如上法。盤水中浸劑，於漆盤背上水作者，省脂；亦得十日軟，然久停則堅。乾劑於腕上手挽作，勿著勃。入脂浮出，即急翻，以杖周正之，但任其起，勿刺令穿。熟乃出之，一面白，一面赤，輪緣亦赤，軟而可愛。久停亦不堅。若待熟始翻，杖刺作孔者，洩其潤氣，堅硬不好。法須甕盛，濕布蓋口，則常有潤澤，甚佳。任意所便，滑而且美。」

以加工方式、加工後的形狀而言，「餢飳」應是今天油餅的雛形。

3、糖球類

《齊民要術》卷九《餳餔第八十九》引《食次》載，「白繭糖法：熟炊秫稻米飯，及熱於杵臼淨者舂之爲糍，須令極熟，勿令有米粒。幹爲餅：法，厚二分許。日曝小燥，刀直劃爲長條，廣二分；乃斜裁之，大如棗核，兩頭尖。更曝令極燥，膏油煮之。熟，出，糖聚丸之；一丸不過五六枚。又云：『手索糍，糫細如箭簳。日曝小燥，刀斜截，大如棗核。煮，丸，如上法。丸大如桃核。半奠，不滿之。』」

「黃繭糖：白秫米，精舂，不簸、漸，以栀子漬米取色。炊，舂爲糍；糍加蜜。餘一如白糍。作繭，煮，及奠，如前。」

白繭糖、黃繭糖類似於今天的油炸糖球。

（三）煮製麵食

《齊民要術》卷九《餅法第八十二》載，「水引、餺飥法：細絹篩麵，以成調肉臛汁，待冷溲之。」

「水引：按如箸大，一尺一斷，盤中盛水浸，宜以手臨鐺上，按令薄如

韭葉，逐沸煮。」

「餺飥：按如大指許，二寸一斷，著水盆中浸，宜以手向盆旁按使極薄，皆急火逐沸熟煮。非直光白可愛，亦自滑美殊常。」

《齊民要術》卷九《餅法第八十二》載，「豚皮餅法：一名『撥餅』。湯溲粉，令如薄粥。大鐺中煮湯；以小杓子挹粉著銅鉢內，頓鉢著沸湯中，以指急旋鉢，令粉悉著鉢中四畔。餅既成，仍挹鉢傾餅著湯中，煮熟。令漉出，著冷水中。酷似豚皮。臛澆、麻、酪任意，滑而且美。」

水引、餺飥、豚皮餅應為今天麵條的雛形。

《齊民要術》卷九《餅法第八十二》載，「切麵粥、一名『碁子麵』、餺𪊭粥法：剛溲麵，揉令熟，大作劑，按餅麤細如小指大。重縈於乾麵中，更按如𪊭箸大。截斷，切作方碁。簸去勃，甑裹蒸之。氣餾，勃盡，下著陰地淨席上，薄攤令冷，按散，勿令相黏。袋盛舉置。須即湯煮，別作臛澆，堅而不泥。冬天一作得十日。」

切麵粥類似於今天的嘎達湯。

《齊民要術》卷九《餅法第八十二》載，「粉餅法：以成調肉臛汁，接沸溲英粉，若用𪊭粉，脆而不美；不以湯溲，則生不中食。如環餅麵，先剛溲，以手痛揉，令極軟熟；更以臛汁溲，令極澤鑠鑠然。割取牛角，似匙面大，鑽作六七小孔，僅容𪊭麻綫。若作『水引』形者，更割牛角，開四五孔，僅容韭葉。取新帛細紬兩段，各方尺半，依角大小，鑿去中央，綴角著紬。以鑽鑽之，密綴勿令漏粉。用訖，洗，舉，得二十年用。裹盛溲粉，斂四角，臨沸湯上捩出，熟煮。臛澆。若著酪中及胡麻飲中者，真類玉色，積積著牙，與好麵不殊。一名『捋餅』。著酪中者，直用白湯溲之，不須肉汁。」

從「粉餅法」的「裹盛溲粉，斂四角，臨沸湯上捩出，熟煮」這一加工方法推測，其應為今天內蒙古包頭、呼和浩特等地的餄餎麵的雛形。

第二節　菜　肴

一、肉類

（一）牲畜類菜肴

1、豬

《齊民要術》卷八《羹臛法第七十六》載有豬蹄酸羹、炒豬腸。

《齊民要術》卷八《蒸缹法第七十七》載有蒸仔豬、缹豬肉、缹小豬、蒸豬頭、懸熟（蒸豬肉）。

《齊民要術》卷八《脏、腤、煎、消法第七十八》載有腤白肉（豬肉）。

《齊民要術》卷八《菹綠第七十九》載有白瀹仔豬、酸仔豬。

《齊民要術》卷九《炙法第八十》載有炙仔豬、肝炙（豬肝）、搗炙（仔豬）。

《齊民要術》卷九《腤、奧、糟、苞第八十一》載有奧豬肉、糟豬肉、苞豬肉。

2、羊

《齊民要術》卷八《羹臛法第七十六》載有羊蹄臛、羊腸酸羹、胡羹（羊排骨肉）、羊肺膫、羊血腸。

《齊民要術》卷八《蒸缹法第七十七》載有蒸仔羊、胡炮肉（烤羊肉）、蒸羊肉。

《齊民要術》卷九《炙法第八十》載有腩炙（羊肉）、肝炙（羊肝）、灌腸炙（羊腸、羊肉）。

3、牛

《齊民要術》卷九《炙法第八十》載有捧炙（大牛脊肉、小牛腿肉）、腩炙（牛肉）、肝炙（牛肝）、牛胘炙（老牛百葉）。

（二）野生動物

《齊民要術》卷八《羹臛法第七十六》載有兔臛。

《齊民要術》卷八《蒸缹法第七十七》載有蒸仔雛、蒸大熊。

《齊民要術》卷九《炙法第八十》載有腩炙（獐、鹿）。

（三）家禽類

《齊民要術》卷八《羹臛法第七十六》載有雞羹、筍䈉鴨羹、醋菹鵝鴨羹。

《齊民要術》卷八《蒸缹法第七十七》載有蒸鵝、蒸鴨、缹鵝。

《齊民要術》卷八《脏、腤、煎、消法第七十八》載有腤雞、勒鴨消（油煎鴨肉）、油煎鴨。

《齊民要術》卷九《炙法第八十》載有搗炙（仔鵝）、銜炙（仔鵝）、腩炙（鴨子、仔鵝）。

（四）水產類

《齊民要術》卷八《羹臛法第七十六》載有菰菌魚羹、筍𥱽魚羹、鱧魚臛、鯉魚臛、鱧魚湯、鮑魚臛、裹蒸生魚、毛蒸魚菜（白魚、䱥魚）。

《齊民要術》卷八《脡、腤、煎、消法第七十八》載有脡魚鮓、脡鱧魚、腤鯽魚、蜜油煎鯽魚。

《齊民要術》卷九《炙法第八十》載有餅炙（白魚）、炙蚶、炙蠣、炙車螯、炙魚（小䱥魚、白魚）。

二、蔬菜

《齊民要術》卷八《蒸缹法第七十七》載有蒸藕。

《齊民要術》卷九《素食第八十七》載有葱韭羹、瓠羹、油煎紫菜、蒸薤白、缹瓜瓠（冬瓜、越瓜、瓠）、缹漢瓜、缹茄子、缹蘑菇。

第三節　調味品

北朝時期的調味品，以是否經過深加工而論，分為深加工類調味品和非深加工類調味品兩種。

一、深加工類調味品

（一）醬

以所用主要原料而言，當時的醬有穀物醬、蔬菜醬、肉醬三類。

1、穀物醬

《齊民要術》卷八《作醬等法第七十》載，「《食經》作麥醬法：『小麥一石，漬一宿，炊，臥之，令生黃衣。以水一石六斗，鹽三升，煮作鹵，澄取八斗，著甕中。炊小麥投之，攪令調均。覆，著日中，十日可食。』」

可見麥醬的製作工藝較簡單、製作時間較短。

2、蔬菜醬

（1）豆醬

《齊民要術》卷八《作醬等法第七十》作豆醬法載，「用春種烏豆，春豆粒小而均，晚豆粒大而雜。」

表明當時人們作豆醬時已注意到豆生長季節的早晚與原料整治、豆醬質

量好壞之間的密切關係。

（2）榆子醬

《齊民要術》卷八《作醬等法第七十》載，「作榆子醬法：治榆子人一升，擣末，篩之。清酒一升，醬五升，合和。一月可食之。」

榆子的製作時間較長，其中的糖化、酒化、蛋白質分解、酸化、酯化過程較爲充分，所以，醬的香味、鮮味得到保障。

（3）芥子醬

《齊民要術》卷八《八和齏第七十三》載，「作芥子醬法：先曝芥子令乾；濕則用不密也。淨淘沙，研令極熟。多作者，可碓擣，下絹篩，然後水和，更研之也。令悉著盆，合著掃帚上少時，殺其苦氣——多停則令無復辛味矣，不停則太辛苦。摶作丸，大如李，或餅子，任在人意也。復曝乾。然後盛以絹囊，沈之於美醬中，須則取食。」

製作芥子醬所用原料並沒有經過糖化、酒化、蛋白質分解、酸化、酯化等過程，而是將粉末狀原料加工成丸狀、餅狀，放入其他成品醬中進行一定時間的醃製。

3、肉醬

當時肉醬有牲畜肉類和水產肉類兩種。

（1）牲畜肉類醬

《齊民要術》卷八《作醬等法第七十》載，「肉醬法：牛、羊、麞、鹿、兔肉皆得作。」「作燥脡法：羊肉二斤，豬肉一斤，合煮令熟，細切之。生薑五合，橘皮兩葉，雞子十五枚，生羊肉一斤，豆醬清五合。先取熟肉著甄上蒸令熱，和生肉；醬清、薑、橘和之。」「生脡法：羊肉一斤，豬肉白四兩，豆醬清漬之；縷切。生薑、雞子，春、秋用蘇、蓼，著之。」

《齊民要術》卷九《脟、奧、糟、苞第八十一》載，「作脟肉法：驢、馬、豬肉皆得……煮供朝夕食，可以當醬。」

可見當時牲畜肉類醬種類較爲豐富。

（2）水產肉類醬

魚肉醬

《齊民要術》卷八《作醬等法第七十》載，「作魚醬法：鯉魚、鯖魚第一好；鱧魚亦中。鱭魚、鮊魚即全作，不用切。去鱗，淨洗，拭令乾，如膾法，

披破，縷切之，去骨。大率成魚一斗，用黃衣三升，一升全用，二升作末。白鹽二升，黃鹽則苦。乾薑一升，末之。橘皮一合，縷切之。和令調均，內甕子中，泥密封，日曝。勿令漏氣。熟，以好酒解之。」

當時人對製作魚肉醬所用原料比例、及密封發酵過程有精確的掌握。

蝦醬

《齊民要術》卷三《作醬等法第七十》載，「作蝦醬法：蝦一斗，飯三升為糝，鹽二升，水五升，和調。日中曝之。經春夏不敗。」

製作蝦醬時加入米糝，是利用米飯經糖化分解、之後乳酸菌發酵所產生的乳酸的調和香味及防腐保鮮作用。〔註2〕

（二）醋

北朝時期的醋，以穀物為原料，經澱粉酶的糖化作用使穀物中的澱粉轉化為糖，經酵母菌發酵產生酒精，之後經醋酸菌的氧化作用產生醋酸。

《齊民要術》卷八《作酢法第七十一》載當時的醋有大醋、秫米神醋、粟米醋、秫米醋、大麥醋、燒餅醋、神醋、糟糠醋、酒糟醋、春酒糟醋、大豆千歲醋、小豆千歲醋、水醋、速成醋、烏梅醋、蜜醋、外國蜜醋。

按風味分類，當時的醋有陳醋、甜醋、普通醋三類。

屬於味道醇濃的陳醋有粟米醋、大麥醋、酒糟醋。《齊民要術》卷八《作酢法第七十一》載粟米醋釀造成熟之後，「美釅少澱，久停彌好。」同書同卷載大麥醋，「香美淳嚴，一盞醋，和水一椀，乃可食之。」同書同卷載酒糟醋，「春酒糟則釅。」

屬於甜醋的有糟糠醋、蜜醋。《齊民要術》卷八《作酢法第七十一》載糟糠醋經過初期的糟糠酵解之後，「夏七日，多二七日，嘗酢極甜美，無糟糠氣，便熟矣。」同書同卷載蜜醋，「蜜苦酒法：水一石，蜜一斗，攪使調和，密蓋甕口。著日中。二十日可熟也。」

（三）豉

豉是大豆、小麥等原料經過蒸製、發酵而製成的調味品。

《齊民要術》卷八《作豉法第七十二》載「作豉法」，「用陳豆彌好；新豆尚濕，生熟難均故也。」

〔註2〕（北朝）賈思勰，著：《齊民要術》卷八《作醬等法第七十》，繆啟愉、繆桂龍，譯著，上海：上海古籍出版社，2009年，第471頁。

當時製作豆豉，以陳豆爲最佳原料。

關於麥豉，《齊民要術》卷八《作豉法第七十二》載，「作麥豉法：七月、八月中作之，餘月則不佳。㕮咀治小麥，細磨爲麵，以水拌而蒸之。氣餾好熟，乃下，撣之令冷，手按令碎。布置覆蓋，一如麥麰、黃蒸法。七日衣足，亦勿簸揚，以鹽湯周遍灑潤之。更蒸，氣餾極熟，乃下，撣去熱氣，及暖內甕中，盆蓋，於糞中煨之。二七日，色黑，氣香，味美，便熟。摶作小餅，如神麴形，繩穿爲貫，屋裏懸之。紙袋盛籠，以防青蠅、塵垢之污。用時，全餅著湯中煮之，色足漉出。削去皮粕，還舉。一餅得數遍煮用。熱、香、美，乃勝豆豉。打破，湯浸，研用亦得，然汁濁，不如全煮汁清也。」

製作麥豉前，將所用原料麥磨成粉末，是爲了原料與微生物菌接觸面積增大，有利於微生物菌的充分繁殖。

（四）八和齏

《齊民要術》卷八《八和齏第七十三》載製作八和齏所用原料及製作方法，「蒜一，薑二，橘三，白梅四，熟栗黃五，粳米飯六，鹽七，酢八。」「先搗白梅、薑、橘皮爲末，貯出之。次搗栗、飯使熟；以漸下生蒜，蒜頓難熟，故宜以漸。生蒜難搗，故須先下。舂令熟；次下溳蒜。齏熟，下鹽復舂，令沫起。然後下白梅、薑、橘末復舂，令相得。下醋解之。白梅、薑、橘，不先搗則不熟；不貯出，則爲蒜所殺，無復香氣，是以臨熟乃下之。醋必須好，惡則齏苦。大醋經年釀者，先以水調和，令得所，然後下之。慎勿著生水於中，令齏辣而苦。純著大醋，不與水調醋，復不得美也。」

可見八和齏爲加入蔬菜、水果、米飯，用醋、鹽拌合，成碎末狀的菜類醬。同書同卷又載，「右件法（八和齏），止爲膾齏耳。餘即薄作，不求濃。」表明調和肉類菜肴的齏的口味要濃於其他菜肴所用齏。

（五）油

北朝時期，植物油和動物油在食用油中佔據主要地位。

1、植物油

荏子油，《齊民要術》卷三《荏、蓼第二十六》載，「收子壓取油，可以煮餅。荏油色綠可愛，其氣香美，煮餅亞胡麻油，而勝麻子脂膏。麻子脂膏，並有腥氣。」

在油炸麵食方式，胡麻油（芝麻油）爲上，荏子油次之。

芝麻油，《齊民要術》卷二《種麻第十三》載，「按：今世有白胡麻、八稜胡麻。白者油多，人可以爲飯，惟治脫之煩也。」

蕪菁油，《齊民要術》卷三《蔓菁第十八》載，「一頃收葉三十載。正月、二月，賣作葅菹，三載得一奴……一頃收子二百石，輸與壓油家。」

2、動物油

當時的動物油有豬油、羊油，主要用於燒烤過程。

《齊民要術》卷九《炙法第八十》載烤仔豬過程中，「清酒數塗以發色。色足便止。取新豬膏極白淨者，塗拭勿住。若無新豬膏，淨麻油亦得。」

同書同卷載烤牛肝、羊肝、豬肝過程中，「以羊絡肚臕脂裏，橫穿炙之。」

（六）糖

據《齊民要術》卷九《餳餔第八十九》載，以製糖所用麥芽蘗的種類而言，當時的糖有小麥芽糖、大麥芽糖。

以糖的顏色分類，有白糖、黑糖、水晶糖、琥珀糖。

以製糖所用原料米而論，有粱米糖、稷米糖。

二、非深加工類調味品

（一）鹽

以煮鹽原料產地而言，當時有池鹽、海鹽。

池鹽，分佈於內陸州郡。《魏書》卷四五《柳崇傳》載，「（孝文帝時期）於時河東、河北二郡爭境，其間有鹽池之饒，虞坂之便，守宰及民皆恐外割。」

海鹽，分佈於沿海地區。《魏書》卷一一〇《食貨志》載，「自遷鄴後，於滄、瀛、幽、青四州之境，傍海煮鹽。滄州置竈一千四百八十四，瀛州置竈四百五十二，幽州置竈一百八十，青州置竈五百四十六，又於邯鄲置竈四，計終歲合收鹽二十萬九千七百二斛四升。軍國所資，得以周贍矣。」

以鹽粒的形狀而論，有花鹽、印鹽。《齊民要術》卷八《常滿鹽、花鹽第六十九》載，「好日無風塵時，日中曝令成鹽，浮即接取，便是花鹽，厚薄光澤似鍾乳。久不接取，即成印鹽，大如豆，正四方，千百相似。成印輒沈，漉取之。花、印二鹽，白如珂雪，其味又美。」

（二）白梅

《齊民要術》卷四《種梅杏第三十六》載，「作白梅法：梅子酸，核初成時摘取，夜以鹽汁漬之，晝則日曝。凡作十宿，十浸十曝，便成矣。調鼎和齏，所在多入也。」

（三）蔬菜類調味品

據《齊民要術》卷三、卷四、卷八、卷九所載，當時蔬菜類調味品有薤、蔥、韭、芥、胡荽、蘭香、蓼、薑、胡芹子、花椒、茱萸。

《齊民要術》卷三《種蒜第十九》載，「澤蒜可以香食，吳人調鼎，率多用此，根、葉解菹，更勝蔥、韭。」

可見屬於調味品系列的蔬菜中，蒜在調和味道、去除腥味中所發揮的作用遠超越於蔥、韭。

《齊民要術》卷八《羹臛法第七十六》載製作胡羹（羊排骨肉羹），需要用「蔥頭一斤，胡荽一兩，安石榴汁數合，口調其味。」反映出當時製作一些肉類菜肴時，使用多種調味品以調和口味。

第四章　北朝時期的飲品

第一節　酒──胡漢民族的鍾愛

本節以釀酒所用原料爲分類的標準，來對當時酒的種類進行分析。[註1]

一、糧食酒

糧食酒是當時人們日常消費的主要酒類。據北朝時期文獻《齊民要術》所載，當時的糧食酒主要以黍、秫、稻、粟、穄、梁爲釀造原料。

（一）黍米酒

黍米加不同性質的酒麴發酵釀造的酒。當時有用神麴釀造的黍米酒。《齊民要術》卷七《造神麴並酒第六十四》載：

> 黍米酒，一斗麴，殺米二石一斗。

《齊民要術》卷七《造神麴並酒第六十四》又載：

> 造神麴黍米酒方：細剉麴，燥曝之。麴一斗，水九斗，米三石。
>
> 須多作者，率以此加之。

《齊民要術》卷七《造神麴並酒第六十四》又載：

> 造酒法：用黍米一斛，神麴二斗，水八斗。

《齊民要術》卷七《造神麴並酒第六十四》又載：

神麴酒方。大率麴一斗，春用水八斗，秋用水七斗；秋殺（黍）米三石，春殺（黍）米四石。

除此之外，《齊民要術》卷七《造神麴並酒第六十四》載：

（河東神麴）造酒法：用黍米。麴一斗，殺米一石。

由此可知，當時人們分別用五種不同的神麴釀造黍米酒。

當時還有用笨麴釀造的黍米酒。

《齊民要術》卷七《笨麴並酒第六十六》載：

河東頤白酒法：六月、七月作。用笨麴，陳者彌佳，剗治，細剉。麴一斗，熟水三斗，黍米七斗。麴殺多少，各隨門法。

《齊民要術》卷七《笨麴並酒第六十六》又載：

黍米酎法：亦以正月作，七月熟。淨治麴，搗末，絹簁，如上法。笨麴一斗，殺米六斗；用神麴彌佳，亦隨麴殺多少，以意消息。

《齊民要術》卷七《笨麴並酒第六十六》又載：

浸藥酒法：……用春酒麴及笨麴，不用神麴……大率麴末一斗，用水一斗半。多作依此加之。釀用黍。

《齊民要術》卷七《法酒第六十七》又載：

黍米法酒：預剉麴，曝之令極燥。三月三日，秤麴三斤三兩，取水三斗三升浸麴……然後取黍米三斗三升，淨淘──凡酒米，皆欲極淨，水清乃止；法酒尤宜存意，淘米不得淨，則酒黑──炊作再餾飯。

《齊民要術》卷七《法酒第六十七》又載：

（《食經》）法酒方：焦麥麴末一石，曝令乾，煎湯一石，黍一石，合糅，令甚熟。

可見，當時用笨麴釀造的黍米酒有河東頤白酒、黍米酎酒、浸藥酒、黍米法酒、《食經》法酒。

關於黍米酎酒的品質，《齊民要術》卷七《笨麴並酒第六十六》載，「氛香美釅」，說明黍米酎酒屬於黍米酒中的佳釀。

當時還有以黑黍米和鬱金香草加酒麴釀製而成的鬯酒。關于鬯酒，《漢書》卷八《宣帝紀》引顏師古注，「鬯，香酒，所以祭神。」表明漢代的鬯酒是祭祀神靈時的專用酒。北朝時期依然如此，北齊時期皇帝祭祀宗廟時

的用酒，「鬱鬯惟芬，珪璋惟潔」。〔註2〕除祭祀之外，鬯酒還被統治者用來賞賜。為獎賞作戰有功的于謹，西魏文帝賞賜于謹「秬鬯一卣，珪瓚副焉」。〔註3〕統治者為權臣所加「九錫」之禮中，就有「秬鬯」這一項，「（武定八年）夏五月辛亥，（文宣）帝如鄴。甲寅，進相國，總百揆……加九錫，殊禮，齊王如故。魏帝遣兼太尉彭城王韶、司空潘相樂冊命曰：『……王孝悌之至，通於神明，率民興行，感達區宇，是用錫王秬鬯一卣，珪瓚副焉。』」〔註4〕據此，鬯酒依然是當時皇家祭祀中的專用酒，偶而被統治者用來賞賜朝臣，並沒有成為日常生活中人們飲用的酒類。

（二）秫米酒

秫米加酒麴發酵釀造。當時有用神麴釀造的秫米酒。《齊民要術》卷七《造神麴並酒第六十四》載：

> 秫米酒，一斗麴，殺米二石一斗。

還有用笨麴釀造的秫米酒。《齊民要術》卷七《笨麴並酒第六十六》載：

> 《食經》作白醪酒法：生秫米一石。方麴二斤，細剉，以泉水漬麴，密蓋。再宿，麴浮，起。炊米三斗酘之，使和調，蓋。滿五日，乃好。

《齊民要術》卷七《笨麴並酒第六十六》又載：

> 夏米明酒法：秫米一石。麴三斤，水三斗漬之。炊三斗米酘之，凡三。濟出，炊一斗，酘酒中。再宿，黍浮，便可飲之。

《齊民要術》卷七《笨麴並酒第六十六》又載：

> 作鄿酒法：以九月中，取秫米一石六斗，炊作飯。以水一石，宿漬麴七斤。炊飯令冷，酘麴汁中。覆甕多用荷、箬，令酒香。燥復易之。

《齊民要術》卷七《笨麴並酒第六十六》又載：

> 作夏雞鳴酒法：秫米二斗，煮作糜；麴二斤，擣，合米和，令調。以水五斗漬之，封頭。今日作，明旦雞鳴便熟。

《齊民要術》卷七《笨麴並酒第六十六》又載：

> 柯柂酒法：二月二日取水，三月三日煎之。先攪麴中水。一宿，

〔註2〕《隋書》卷一四《音樂志中》，第322頁。
〔註3〕《北史》卷二三《于栗磾傳附于謹傳》，第847頁。
〔註4〕《北齊書》卷四《文宣帝紀》，第47頁。

乃炊秫米飯。日中曝之，酒成也。

綜上可見，當時的六種秫米酒，笨麴秫米酒就佔有五種，說明當時用笨麴釀造的秫米酒佔據了秫米酒類的主要地位。

（三）稻米酒

當時的稻米酒包括糯米酒和粳米酒兩類。關於糯米酒類。《齊民要術》卷七《造神麴並酒第六十四‧作三斛麥麴》載：

> 作糯米酒，一斗麴，殺米一石八斗。唯三過酘米畢。

《齊民要術》卷七《白醪麴第六十五》載：

> 釀白醪法，一釀一斛（糯）米，一斗麴末，六斗水，六升浸米漿。

可知當時的糯米酒有神麴糯米酒和白醪麴糯米酒兩種。

關於粳米酒類。《齊民要術》卷七《造神麴並酒第六十四》載：

> 神麴粳米醪法：春月釀之。燥麴一斗，用水七斗，粳米兩石四斗。

《齊民要術》卷七《笨麴並酒第六十六》載：

> 笨麴白醪酒法：淨削治麴，曝令燥。漬麴必須累餅置水中，以水沒餅爲候。七日許，搦令破，漉去滓。炊糯米爲黍，攤令極冷，以意酘之。

《齊民要術》卷七《法酒第六十七》載：

> 粳米法酒：糯米大佳。

綜上可見，當時的粳米酒有用神麴釀造的粳米醪，用笨麴釀造的白醪酒、粳米法酒兩大類。

（四）粟米酒

粟米加酒麴發酵釀造。《齊民要術》卷七《笨麴並酒第六十六》載：

> 粟米酒法：唯正月得作，餘月悉不成。用笨麴，不用神麴。粟米皆得作酒，然青穀米最佳。
>
> 貧薄之家，所宜用之，黍米貴而難得故也。

《齊民要術》卷七《笨麴並酒第六十六》又載：

> 又造粟米酒法：預前細剉麴，曝令乾，末之。正月晦日日未出時，收水浸麴。一斗麴，用水七斗。

《齊民要術》卷七《笨麴並酒第六十六》又載：

　　作粟米爐酒法：五月、六月、七月中作之倍美……大率米一石，

殺，麴末一斗，春酒糟末一斗，粟米飯五斗。

當時的粟米酒全部用笨麴釀造。由「貧薄之家，所宜用之，黍米貴而難得故也」，可見粟米酒更適合廣大平民飲用。

（五）穄米酒

穄米粉加酒麴發酵釀造。《齊民要術》卷七《笨麴並酒第六十六》載：

　　穄米酎法：淨治麴如上法。笨麴一斗，殺米六斗；神麴彌勝。

酒色似麻油，甚釅。先能飲好酒一斗者，唯禁得升半。飲三升，大醉。

　　一斗酒，醉二十人。

這說明穄米酎酒屬於當時糧食酒中的高度酒。

（六）粱米酒

粱米加酒麴發酵釀造。《齊民要術》卷七《笨麴並酒第六十六》載：

　　粱米酒法：凡粱米皆得用；赤粱、白粱者佳。春秋冬夏，四時皆得作……笨麴一斗，殺米六斗；神麴彌勝。用神麴，量殺多少，以意消息。

表明粱米酒以用赤粱米和白粱米釀造為最佳。關於粱米酒的品質，《齊民要術》卷七《笨麴並酒第六十六》載：

　　酒色漂漂與銀光一體，薑辛、桂辣、蜜甜、膽苦，悉在其中，芬芳酷烈，輕儁道爽，超然獨異，非黍、秫之儔也。

可見粱米酒集色、香、味於一身，堪稱糧食酒中的佳品。

《齊民要術》所載的其他不能明確確定所用原料米具體名稱的酒有秦州春酒、頤酒、笨麴桑落酒、酴酒、朗陵何公夏封清酒、《食經》七月七日法酒、三九法酒、白墮酒。其中的白墮酒在當時享譽天下，《洛陽伽藍記》卷四《城西》載：

　　河東人劉白墮善能釀酒。季夏六月，時暑赫晞，以罌貯酒，暴於日中，經一旬，其酒不動，飲之香美而醉，經月不醒。京師朝貴多出郡登藩，遠相餉饋，踰於千里，以其遠至，號曰「鶴觴」。亦名「騎驢酒。」

「經一旬，其酒不動」，說明白墮酒品質的優良、酒精含量之高。因此，白墮酒受到眾人的歡迎，成為人們相互餽贈的佳品。〔註5〕

《三國志》卷三○《魏書·鮮卑傳》引《魏書》載曹魏時期鮮卑，「其言語習俗與烏丸同。」同書卷三○《魏書·烏丸傳》引《魏書》載烏丸習俗「能作白酒，而不知作麴糵。米常仰中國。」曹魏時期，鮮卑人釀酒所需原料主要從北方漢地輸入，結合本民族釀酒方式，進行酒的釀造。文獻中的「白酒」應為糧食釀造酒。鮮卑族拓跋氏入主北方，建立政權之後，雖然實行漢化政策，但是一直保持本民族的飲食風俗，所以，其原來在東北地區的釀酒方式及飲用糧食釀造酒的風俗成為當時北方地區釀酒、飲酒風俗的重要組成部分。

二、植物調製酒

根據釀酒原理，釀酒原料中的澱粉先與澱粉酶發生反應，產生葡萄糖。與此同時，酵母菌對葡萄糖進行發酵，產生酒精。由此可知，是否含有澱粉、糖類，是某種物質能否用於釀酒的關鍵。北朝時期人們在釀酒過程中也會使用植物。雖然植物本身並不含有澱粉、糖類物質，不能直接發酵釀酒，但是由於植物本身所含有的香味成分可以用來調節酒的味道，所以，當時人們使用植物原料來生產植物調製酒。

（一）竹葉調製酒

北周庾信《春日離合詩二首》，「田家足閑暇，士友暫流連。三春竹葉酒，一曲《鵾雞》弦。」表明竹葉酒受到志同道合的文人的鍾愛。

（二）松葉調製酒

北周庾信《贈周處士詩》，「籬下黃花菊，丘中白雪琴。方欣松葉酒，自和《遊仙》吟。」說明松葉調製酒為當時隱逸之士所鍾愛的佳釀。

（三）橘酒

橘酒，以經過煮沸、過濾的橘葉和花的混合汁液與酒麴、原料米飯混合

〔註5〕《水經注》卷四《河水注》載，「（河東郡）民有姓劉名墮者，宿擅工釀，採挹河流，醞成芳酎，懸食同枯枝之年，排於桑落之辰，故酒得其名亦。然香醑之色，清白若滌漿焉，別調氛氳，不與它同，蘭薰麝越，自成馨逸，方土之貢，選最佳酌亦。自王公庶友，牽拂相招者，每云『索郎有顧，思同旅語。』」上述描述讓人彷彿有垂涎欲滴之感。據此可知，《水經注》所載之桑落酒與《洛陽伽藍記》所載應出於同一工匠。

發酵釀造而成。檲葉和花的混合汁液在釀造過程中起到調節發酵液體氣味的作用。《齊民要術》卷七《笨麴並酒第六十六》載,「作檲酒法:四月取檲葉,合花采之,還,即急抑著甕中。六七日,悉使烏熟,曝之,煮三四沸,去滓,內甕中,下麴。炊五斗米,日中可燥,手一兩抑之。一宿,復炊五斗米酘之。便熟。」由此可見檲酒屬於速成酒。

(四)花葉調製酒

當時的菊花酒就是一種花葉調製酒。菊花酒以其獨特的芳香氣味,成為當時人們禮尚往來中相互饋贈的佳品。北周庾信《衛王贈桑落酒奉答》,「跂窗催酒熟,停杯待菊花」。〔註6〕庾信《同會河陽公新造山池聊得寓目》,「菊寒花正合,杯香酒絕濃」。〔註7〕說明菊花調製酒應是以成酒作為酒基,加菊花花葉,採用浸泡工藝調製而成,利用其濃鬱的花香來調節酒香,使成酒具有清香的味道。

當時的植物調製酒,還處於小規模生產階段,沒有形成像糧食酒那樣的規模化生產。所以在當時的市場上,此種酒所佔的消費比例是較為有限的,而消費群體則集中於社會上層,平民飲用植物調製酒則較少。

三、水果酒

葡萄酒是當時人們消費的主要水果酒。葡萄酒因其「(葡萄)釀以為酒,甘於麴米」〔註8〕的品質特點而受到人們的鍾愛。不僅統治者喜飲葡萄酒,而且,在當時北朝與南朝的外交往來中,葡萄酒成為北朝統治者贈予南朝官員的主要禮物。北魏太武帝率軍南征劉宋,在彭城與劉宋官員進行談判時,就曾賜予彭城官員大量葡萄酒,「虜使云:『貂裘與(劉義恭)太尉,駱駝、騾與安北,蒲陶酒雜飲,(張暢)叔侄共享』。」〔註9〕北周庾信《燕歌行》「葡桃一杯千日醉,無事九轉學神仙。」表明葡萄酒成為深受當時人們喜愛的佳釀,在日常酒類消費中佔有重要的地位。但是需要注意的是,自漢代,西域的葡萄種植、葡萄酒釀造法傳入中原,至北朝時期,當時北方地區的葡萄酒

〔註6〕 參看(北周)庾信撰:《庾子山集》卷四,(清)倪璠注,許逸民校點,中華書局,1980年版,第344頁。

〔註7〕 參看(北周)庾信撰:《庾子山集》卷三,(清)倪璠注,許逸民校點,中華書局,1980年版,第273頁。

〔註8〕 《藝文類聚》卷八七《果部下·蒲萄》引北周庾信《燕歌行》,第1495頁。

〔註9〕 《宋書》卷五九《張暢傳》,第1601頁。

消費，是一直依靠從西域地區輸入葡萄酒爲主，還是當時北方地區已掌握並熟練應用葡萄酒釀造技術，開始逐漸自產自銷？這是需要深入探討的問題。關於這一問題，目前有兩種看法。有學者分析北朝時期的北方部分地區已經有了葡萄酒的釀造。〔註 10〕但是有學者則認爲當時北方地區主要從西域地區輸入葡萄酒，當時的北方地區並沒有掌握葡萄酒釀造技術。〔註 11〕這需要結合當時歷史文獻記載進行分析。

　　《齊民要術》卷七、卷九記載有各種釀酒法，唯不見釀製葡萄酒法。《齊民要術》卷四《種桃奈第三十四》載有葡萄種植、收穫、深加工、保鮮的方法，也不見有關釀造葡萄酒的記載。〔註 12〕但這並不能說明當時北方地區不存在葡萄酒的釀造活動。因爲賈思勰所著《齊民要術》記載的主要是當時北方黃河中下游地區的生產情況，其時間段限至東魏時期。而北周庾信《春賦》，「移戚里之家富，入新豐而酒美。石榴聊泛，蒲桃醱醅。芙蓉玉碗，蓮子金杯」。〔註 13〕所言之「新豐」，北魏時期屬雍州、後入北齊，北周武帝時期，入於北周。「蒲桃醱醅」指味道醇厚的葡萄酒。〔註 14〕表明當時北方除山西地區之外，部分地區已有葡萄酒釀造的存在。所以，認爲當時北方地區葡萄酒

〔註10〕　參看陶習剛：《中國古代葡萄、葡萄酒及葡萄文化經西域的傳播（一）——兩宋以前葡萄和葡萄酒產地》，載《新疆師範大學學報》（哲學社會科學版），2006 年第 3 期，第 7 頁。

〔註11〕　參看芮傳明：《葡萄與葡萄酒傳入中國考》，載《史林》，1991 年第 3 期，第48～49 頁。

〔註12〕　法國學者童丕在《中國北方的粟特遺存——山西的葡萄種植業》一文中，根據《魏書》記載的有關北魏政權從西北地區移民（其中包括粟特人在內）、粟特商人在北方地區經商、活動的資料，同時援引出土的關於北朝時期粟特人墓葬屏風、壁畫中貫穿「葡萄樹」、「葡萄酒」這一主題的情況，認爲北朝時期北方的粟特人保持了其在粟特故鄉的風俗，所以，種植葡萄這一活動得以在山西等少數地區推廣。根據童丕的推測，我們可以認爲，粟特人在把葡萄種植技術帶到北方的同時，釀製葡萄酒的技術也應隨之傳入北方地區。否則，在葡萄種植尚未在北方廣泛普及的情況下，北魏初期的統治者把視爲珍品的葡萄酒大量贈予南朝官員便是不可能的事情了。

〔註13〕　《藝文類聚》卷三《歲時上·春》引北周庾信《春賦》，第 45 頁。

〔註14〕　（五代）蒲虔貫《保生要錄·論藥食門》載，「蒲萄熟時，先於根底著羊肉汁、米泔汁各一斗，如是經宿揀熟者摘之，納新白瓶中令滿稍實，密封百日，自然成漿，去滓，飲之味過醇酎，甚益人。」據此可以推測，北朝時期的葡萄酒應是通過將熟蒲萄放置於容器中、然後密封容器、經過一定時間的發酵這些過程釀造而成。其原理是利用釀酒原料、釀酒工具、釀酒環境本身所帶有的酵母菌等微生物完成對蒲萄酒化即發酵。

的消費全部依靠從西域輸入、並未掌握葡萄酒釀造技術的認識未免失之偏頗。庾信《燕歌行》所描述的是北周西北部邊塞的情況。北周西北部邊塞地區臨近西域與中原地區的交通線上，這裡的葡萄酒消費來源，應有部分從西域輸入的可能。根據現有記載，可以認為，北朝時期北方地區已經掌握了葡萄酒的釀造技術，實現葡萄酒消費的自給。同時，由於北方地區與西域的商業往來，西域所產的葡萄酒也會成為西域向北方輸入商品的重要組成部分。所以，西域地區所產的葡萄酒也是當時北方地區，尤其是邊疆地區人們日常葡萄酒消費的另一來源。

第二節　乳　品

鮮卑族拓跋氏入主北方，建立政權之後，其「食肉飲酪」的風俗隨之進入北方地區，並影響著北方漢族社會的飲食生活習慣。如《魏書》卷九四《閹官‧王琚傳》載長期服侍孝文帝的閹官王琚，「常飲牛乳。」又《洛陽伽藍記》卷三《城南》載由南朝投奔到北魏的漢族士人王肅在飲食方面的變化，「肅初入國，不食羊肉及酪漿等物，常飯鯽魚羹，渴飲茗汁。京師士子，道肅一飲一斗，號為『漏卮』。經數年已後，肅與高祖殿會，食羊肉酪粥甚多。」

關於當時酪的種類，《齊民要術》卷六《養羊第五十七》載：

作酪法：牛羊乳皆得。別作、和作隨人意。

作乾酪法：七月、八月中作之。日中炙酪，酪上皮成，掠取。更炙之，又掠。肥盡無皮，乃止。得一斗許，於鐺中炒少許時，即出於盤上，日曝。浥浥時作團，大如梨許。又曝使乾。得經數年不壞，以供遠行。

作粥作漿時，細削，著水中煮沸，便有酪味。亦有全擲一團著湯中，嘗有酪味，還漉取，曝乾。一團則得五遍煮，不破。看勢兩漸薄，乃削研，用倍省矣。

由上述可見，當時的初級乳品有牛乳、羊乳、牛羊混合乳；深加工乳品有酪粥、酪漿。《洛陽伽藍記》卷三《城南》所載王肅在北魏宮廷宴會所食酪粥應為乾酪經熱湯煮製而成。

第三節　沖製飲品

北朝時期的沖製飲品，為乾製的水果粉末經熱水沖製而成。

《齊民要術》卷四《種棗第三十三》載，「作酸棗麨法：多收紅軟者，箔上日曝令乾。大釜中煮之，水僅自淹。一沸即漉出，盆研之。生布絞取濃汁，塗盤上或盆中。盛暑日曝使乾，漸以手摩挲，散為末。以方寸匕投一椀水中，酸甜味足，即成好漿。遠行用和米麨，飢渴俱當也。」

《齊民要術》卷四《種梅杏第三十六》載，「作杏李麨法：杏李熟時，多收爛者，盆中研之，生布絞取濃汁，塗盤中，日曝乾，以手摩刮取之。可和水為漿，及和米麨，所在入意也。」

《齊民要術》卷四《奈、林檎第三十九》載，「作奈麨法：拾爛奈，內甕中，盆合口，勿令蠅入。六七日許，當大爛，以酒淹，痛挼之，令如粥狀。下水，更挼，以羅漉去皮、子。良久，清澄，瀉去汁，更下水，復挼如初，嗅看無臭氣乃止。瀉去汁，置布於上，以灰飲汁，如作米粉法。汁盡，刀鄘，大如梳掌，於日中曝乾，研作末，便成。甜酸得所，芳香非常也。」「作林檎麨法：林檎赤熟時，擘破，去子、心、蒂，日曬令乾。或磨或擣，下細絹篩；麤者更磨擣，以細盡為限。以方寸匕投於椀水中，即成美漿。不去蒂則大苦，合子則不度夏，留心則大酸。若乾啖者，以林檎麨一升，和米麨二升，味正調適。」

當時沖製飲品有酸棗麨、杏麨、李麨、奈麨、林檎麨五種，具有酸甜可口的特點；酸棗麨、林檎麨和米麨混合沖製，兼具解渴、充飢的優勢，適合遠行攜帶。

第四節　茶

《洛陽伽藍記》卷三《城南》載北朝時北方地區的飲茶習慣，「（王）肅初入國，不食羊肉及酪漿等物，常飯鯽魚羹，渴飲茗汁……經數年已後，肅與高祖殿會，食羊肉酪粥甚多。高祖怪之，「謂肅曰：『卿中國之味也。羊肉何如魚羹？茗飲何如酪漿？』肅對曰：『羊者是陸產之最，魚者乃水族之長。所好不同，並各稱珍。以味言之，甚是優劣。羊比齊、魯大邦，魚比邾、莒小國。唯茗不中，與酪作奴。』……彭城王謂肅曰：『卿不重齊魯大邦，而愛邾莒小國。』肅對曰：『鄉曲所美，不得不好。』彭城王重謂曰：『卿明日顧

我，爲卿設邾莒之食，亦有酪奴。』因此復號茗飲爲酪奴。時給事中劉縞慕
蕭之風，專習茗飲，彭城王謂縞曰：『卿不慕王侯八珍，好蒼頭水厄。海上有
逐臭之夫，里內有學顰之婦，以卿言之，即是也。』其彭城王家有吳奴，以
此言戲之。自是朝貴讌會，雖設茗飲，皆恥不復食，唯江表殘民遠來降者好
之。」

以上反映出，首先，北魏鮮卑貴族非常注重本族飲食風俗、結構與漢族
的差異，並刻意的以政治身份的尊與卑來區分不同民族、不同地區食物的優
劣。其次，由於北魏鮮卑貴族對漢族尤其是南方地區飲食風俗、結構的輕視，
導致了包括茶飲在內的一些南方地區漢族食物在北方的流行受到影響，不僅
鮮卑貴族不喜茶飲，而且北方的漢人貴族也以飲茶爲恥，進而使當時北方地
區的飲茶人群規模與飲酒人群相比較，要有限的多，「唯江表殘民遠來降者好
之」。北魏後期，北方地區的部分漢族士人對飲茶等江南地區的飲食仍持有輕
視的態度，如《洛陽伽藍記》卷二《城東》載北魏後期，出身弘農大族的楊
元愼對投奔北方、仍保持南方飲食風俗的南朝士人的態度，「吳人之鬼，住居
建康……菰稗爲飯，茗飲作漿，呷啜蓴羹，唼嗍蠏黃，手把豆蔻，口嚼檳榔。
乍至中土，思憶本鄉。急手速去，還爾丹陽。若其寒門之鬼，□頭猶脩，網
魚漉鼈，在河之洲。咀嚼菱藕，捃拾雞頭，蛙羹蚌臛，以爲膳羞。布袍芒履，
倒騎水牛，洗（沔）、湘、江、漢，鼓棹遨遊。隨波溯浪，噞喁沉浮，白苧起
舞，揚波發謳。急手速去，還爾揚州。」這必然要影響到北朝後期，茶飲在
北方地區的流行。

附第四章　北朝時期的飲食經營行業

一、糧食行業

北朝時期，糧食經營行業在市場經營中佔有重要地位。如《洛陽伽藍記》
卷一《城內》載洛陽糧食市場，「東陽門內道北太倉、導官二署。東南治粟里，
倉司官屬住其內。」由此可見，一方面，北魏在首都洛陽地區市場中，劃分
出專門區域用於糧食經營；另一方面，首都地區的糧食供應涉及京畿的民生
及社會的穩定，所以，官府會給予特別重視。

當時的糧食經營，除官府一途外，一些富商大賈也積極參與其中。《洛陽
伽藍記》卷四《城西》載，「（洛陽大）市東有通商、達貨二里。里內之人，

盡皆工巧，屠販爲生，資財鉅萬。有劉寶者，最爲富室。州郡都會之處，皆立一宅，各養馬一疋，至於鹽粟貴賤，市價高下，所在一例。舟車所通，足迹所履，莫不商販焉。是以海內之貨，咸萃其庭，產匹銅山，家藏金穴。宅宇踰制，樓觀出雲，車馬服飾，擬於王者。」表明洛陽糧食經營者經營規模之大、區域之廣，獲利之豐厚。正由於此，劉寶才能享受「擬於王者」的奢華生活。

二、肉類行業

北朝時期，家庭養殖業逐漸發展起來；更爲重要的是游牧民族入主北方，使游牧經濟、畜牧生產在北方地區的經濟生產中佔據一定的地位。上述因素促使肉類在社會各階層的飲食生活中佔有不可忽視的比例，進而促進了肉類經營的繁榮。

肉類經營首先受到以「食肉飲酪」爲主的鮮卑族統治者的重視。《南齊書》卷五七《魏虜傳》載平城時期，鮮卑族統治者驅使宮中之人「織綾錦販賣，酤酒，養猪羊，牧牛馬，種菜逐利。」反映出來自於肉類經營之利成爲北魏宮廷收入的重要組成部分。

北魏統治者還積極鼓勵民間經營肉類行業。《魏書》卷六○《韓麒麟傳附韓顯宗傳》載，「太祖道武皇帝創基撥亂，日不暇給，然猶分別士庶，不令雜居，伎作屠沽，各有攸處。但不設科禁，賣買任情，販貴易賤，錯居混雜。」可見民間是在市場中的特定區域進行肉類經營。北魏遷都洛陽後，平城時期屠沽「各有攸處」的政策繼續實施。《洛陽伽藍記》卷四《城西》載，「（洛陽大）市東有通商、達貨二里。里內之人，盡皆工巧，屠販爲生，資財鉅萬。」同書卷二《城東》載，「孝義里東市北殖貨里，里有太常民劉胡，兄弟四人，以屠爲業。」表明當時出現家族性肉類經營業的現象。由《魏書》卷一一四《釋老志》洛陽地區「（寺廟）或比滿城邑之中，或連溢屠沽之肆」這一記載，可見京畿之地肉類經營行業的繁榮。

地方州郡也有肉類經營市場的存在。如《太平廣記》卷三二七《鬼十二》引《五行記》載，「後魏胡太后末年，澤州田參軍蕭摩侯家人，浣一黃衫，曬之庭樹……夜半，摩侯家起出，見此衣爲風所動，彷彿類人，謂是竊盜，持刀往擊，就視乃是衣。自此之後，內外恐懼……家人惶懼，不知何方禦之。有一人云：『按藥方，燒殺羊角，妖自絕。』即於屠肆得之。」

三、水產行業

北魏遷都洛陽後，由南朝投奔洛陽的漢族士人逐漸增多，北來的漢族士人將食魚之風帶入洛陽，促進洛陽水產市場的繁榮。《洛陽伽藍記》卷二《城東》載，「孝義里東即是洛陽小寺（市）北有……歸正里，民間號爲吳人坊，南來投化者多居其內。近伊洛二水，任其習御。裏三千餘家，自立巷市，所賣口味，多是水族，時人謂爲魚鼈寺（市）也。」同書卷三《城南》載，「樂中國土風，因而宅者，不可勝數。是以附化之民，萬有餘家……天下難得之貨，咸悉在焉。別立市於樂（洛）水南，號曰四通市，民間謂永橋市。伊、洛之魚，多於此賣，士庶須膾，皆詣取之。魚味甚美，京師語曰：『洛鯉伊魴，貴於牛羊。』」北魏統治者特設水產市場，以方便嗜魚的南方士人，是對其顯示恩寵的體現。

四、蔬菜行業

北魏初期，統治者間接參與到蔬菜經營業中。《南齊書》卷五七《魏虜傳》載，「婢使千餘人……種菜逐利。」表明種菜、經營蔬菜之利在北魏宮廷收入中佔有不可忽視的地位。

《太平御覽》卷九七六《菜茹部一》引《三國典略》，「北齊王以鄴清風園竿穆提婆，於是官無蔬菜，賒買於人，負錢三百萬。其人訴焉，斛律光曰：『杆園竿提婆，一家足；不賜提婆，百官足。』」由北齊鄴城官府所欠菜商菜款之多，可見鄴城從事蔬菜經商人規模之大。

地方州郡也有規模不同的蔬菜市場的存在。《北齊書》卷一〇《高祖十一王・彭城景思王淯傳》載高淯任定州刺史期間所裁定的案件，「有老母姓王，孤獨，種菜三畝，數被偷。淯乃令人密往書菜葉爲字，明日市中看菜葉有字，獲賊。」

北朝時期，更爲普遍的情況是菜農個人種植、出售蔬菜。《齊民要術》卷三《種葵第十七》載，「冬種葵法：近州郡都邑有市之處，負郭良田三十畝，九月收菜後即耕，至十月半，令得三遍。」「三月初，葉大如錢，逐概處拔大者賣之。一升葵，還得一升米。」「九月，指地賣，兩畝得絹一匹。」同書卷三《種蔓菁第十八》載，「多種蕪菁法：近市良田一頃，七月初種之。擬賣者，純種『九英』。」「一頃收子二百石，輸與壓油家，三量成米，此爲收粟米六百石，亦勝穀田十頃。」「種菘、蘆菔法，與蕪菁同。取子者，以草覆之，不

覆則凍死。秋中賣銀，十畝得錢一萬。」同書卷三《種胡荽第二十四》載，「（胡荽）種法：近市負郭田，一畝用子二升，故概種，漸鋤取，賣供生菜也。」「菜生三二寸，鋤去概者，供食及賣。」「一畝收十石，都邑糶賣，石堪一匹絹。」同書卷四《種椒第四十三》載，「青州有蜀椒種，本商人居椒爲業，見椒中黑實，乃逐生意種之。凡種數千枚，止有一根生。數歲之後，便結子，實芬芳，香、形、色與蜀椒不殊，氣勢微弱耳。遂分布栽移，略遍州境也。」可見，一方面，菜農個人所從事的蔬菜種植、經營達到了一定規模；另一方面，蔬菜的種植、經營成爲自耕農增加收入的重要來源。

五、調味品行業

由《齊民要術》卷八有關北朝時期的烹飪技術記載可知當時烹飪技術較前代有了很大的提高，促進了社會各階層對調味品的講求及消費量的逐步提升。而以鹽爲代表的調味品經營，不僅利潤豐厚，還涉及國計民生、國家財政收入，所以，當時國家對部分調味品的生產與經營權的管理是非常重視的，一些富商大賈也在厚利的驅使下參與到調味品行業的經營中。

（一）鹽業經營

從北魏初期開始，國家實行榷鹽政策，期間市場上的鹽業經營爲國家所壟斷。北魏中期以後，國家對榷鹽政策進行了部分調整，形成了國家控制與鹽商運營並行的局面。《魏書》卷七下《孝文帝紀下》載太和二十年，孝文帝「開鹽池之禁，與民共之。」《魏書》卷一一三《官氏志》載孝文帝太和年間改革官制之後，設有司鹽都尉。孝文帝「開鹽池之禁」爲民間經營鹽業創造了良好的政策環境；設置「司鹽都尉」，表明國家在向民間開放鹽業經營權的同時，還保留一定程度的管理權，以保障國家的財政收入。

《魏書》卷八《宣武帝紀》載景明四年七月，宣武帝「詔還收鹽池利以入公。」表明北魏後期，國家一度實行食鹽專賣，這必然會影響到民間鹽業經營的發展。之後，大臣甄琛上書請求「開放鹽禁」，〔註15〕正始三年四月，宣武帝「詔罷鹽池禁」。〔註16〕民間的鹽業經營逐漸發展、繁榮，進而出現《洛陽伽藍記》卷四《城西》所載「鹽粟貴賤，市價高下，所在一例。舟車所通，足迹所履，莫不商販」這樣的大鹽商。北魏宣武帝以後，北朝國家實行稅鹽

〔註15〕《魏書》卷六八《甄琛傳》，北京：中華書局，1974 年，第 1511 頁。
〔註16〕《魏書》卷八《宣武帝紀》，北京：中華書局，1974 年，第 202 頁。

政策，實際上是對民間經營鹽業的鼓勵。《魏書》卷一一一《前廢帝紀》載普泰元年，前廢帝下詔「其稅市及稅鹽之官，可悉廢之。」《北齊書》卷八《後主紀》載武平六年，後主「以軍國資用不足，稅關市、舟車、山澤、鹽鐵、店肆，輕重各有差。」

（二）食用油業

《齊民要術》卷三《蔓菁第十八》載，種植蔓菁之人「一頃收子二百石，輸與壓油家，三量成米，此爲收粟米六百石，亦勝穀田十頃。」「壓油家」應兼具經營食用油的商人的角色。

六、酒業

北朝時期的酒業經營有官方經營和民間經營之分。官營酒業是指國家設置專門機構進行酒的釀造，其所釀造之酒專供宮廷消費，一般情況下並不投放於市場中。民間酒業經營者經營著不同規模的釀酒作坊。其產品直接投放到市場中，是社會中酒類消費的主要來源。在此，對北朝的民間釀酒業進行詳細分析。

《魏書》卷六〇《韓麒麟傳附韓顯宗傳》載，「太祖道武皇帝創基撥亂，日不暇給，然猶分別士庶，不令雜居，伎作屠沽，各有攸處。但不設科禁，賣買任情，販貴易賤，錯居混雜。」表明北魏初期，民間的酒業經營是在非常寬鬆的環境中發展，並逐漸呈現繁榮趨勢。

北魏中期，以京畿地區爲代表的酒業市場繼承了北魏前期的繁榮，經營規模進一步擴大。《洛陽伽藍記》卷四《城西》載，「（洛陽大）市西有退酤、治觴二里。里內之人多醞酒爲業。」北魏首都洛陽的眾多民間釀酒作坊集中於洛陽大市，採取個體釀造方式進行生產，滿足洛陽城眾多人口的酒類消費需求。

由於一些家庭釀酒作坊世代傳承了家族先進的釀酒技術，釀造出享譽天下的佳釀，使家庭釀造酒成爲商品酒在市場中出售，受到眾人的歡迎。《洛陽伽藍記》卷四《城西》載，「河東人劉白墮善能釀酒。季下六月，時暑赫晞，以罍貯酒，暴於日中，經一旬，其酒不動，飲之香美而醉，經月不醒。京師朝貴多出郡登藩，遠相餉饋，踰於千里，以其遠至，號曰『鶴觴』。亦名『騎驢酒』。」

除像首都這樣規模龐大的酒業經營市場，當時北方各地也有規模不同的

酒業市場的分佈。王褒《日出東南隅行》載北周邊疆地區的酒肆場面,「採桑三市路,賣酒七條衢。」〔註17〕甚至當時鄉間山村也有酒店的分佈,庾信《山齋詩》載,「石影橫臨水,山雲半繞峰。遙想山中店,懸知春酒濃。」〔註18〕酒業市場的林立,爲人們買酒、飲酒提供了便利。

　　從北朝國家對民間市場酒業經營征稅的情況,也可看出當時民間酒業的規模。《魏書》卷九《孝明帝紀》載,「(孝昌二年)閏月,稅市人出入者各一錢,店舍爲五等。」《魏書》卷一一《前廢帝紀》載,「詔曰:『朕以寡薄,撫臨萬邦,思與億兆同茲慶泰。可大赦天下,以魏爲大魏,改建明二年爲普泰元年。其稅市及稅鹽之官,可悉廢之。』據《洛陽伽藍記》前述所載,北魏首都洛陽的市場中就有「退酤」與「治觴」二里,進行酒的釀造與買賣。其他地區的市場中,也有不同規模酒業經營的存在。所以,稅市之官所管轄的市場範圍,自然包括酒業經營在內。北齊後主時期,「(武平六年)以軍國資用不足,稅關市、舟車、山澤、鹽鐵、店肆,輕重各有差,開酒禁。」〔註19〕北齊國家解除酒禁,恢復民間酒業經營活動,並對店肆進行征稅,自然應包括酒業經營在內。從北朝國家對民間酒業經營徵收賦稅的重視及酒稅在當時國家賦稅收入中所佔據一定比例,可見北朝民間酒業經營的規模是較爲龐大的。

七、乳品業

　　《齊民要術》卷六《養羊第五十七氈及酥酪、乾酪法》載製作酪所用發酵劑,「若去城中遠,無熟酪作酵者,急揄醋飧,研熟以爲酵——大率一斗乳,下一匙飧——攪令均調,亦得成。」

　　表明城市中也有經營乳品的市場,這應和游牧民族「食肉飲酪」風俗的影響有關。

〔註17〕參看逯欽立輯校:《先秦漢魏晉南北朝詩·北周詩》卷一,中華書局,1983年版,第2335頁。

〔註18〕參看逯欽立輯校:《先秦漢魏晉南北朝詩·北周詩》卷四,中華書局,1983年版,第2404頁。

〔註19〕《北齊書》卷八《後主紀》,第108頁。

第五章 北朝時期食物加工及 菜肴烹飪技術

北朝時期，主食加工、菜肴烹飪、釀酒、釀醋、製糖、乳品製作技術有很大的發展，促進當時食物種類日益豐富。這一時期，由於鮮卑等游牧民族進入北方地區，以烤製肉類、製作乳品爲代表的游牧民族飲食加工技術又影響著北方漢族社會，在飲食加工技術方面出現了漢族與游牧民族風俗相互融合的現象。

第一節 主食加工技術——以米飯加工爲中心的探討

麵食、米飯爲當時主食的主要構成。關於麵食的加工技術，前述第三章第一節主食——米麵食物種類中已作探討，這裡不再贅述。在此僅就米飯加工進行簡要分析。

當時米飯主要通過蒸製、浸泡、曬製三種方式加工而成。

一、蒸製

當時人採用直接蒸熟飯、蒸沃饋、再餾飯三種方法加工米飯。

（一）直接蒸熟飯

《齊民要術》卷七《造神麴並酒第六十四》載用第一種神麴釀造秫米酒、黍米酒之前對原料米的炊製，「其酒飯，欲得弱炊，炊如食飯法，舒使極冷，然後納之。」直接蒸熟米飯的具體操作是在蒸汽初次上甑之後，繼續用後續的蒸汽蒸製，直到米飯熟透。

（二）蒸沃饋

關於「饋」，《玉篇》釋爲，「半蒸飯。」

《齊民要術》卷九《飧、飯第八十六》載，「作粟飧法：舂米欲細而不碎。碎則濁而不美。舂訖即炊。經宿則澀。淘必宜淨。十遍以上彌佳。香漿和暖水浸饋，少時，以手按，無令有塊。復小停，然後壯。凡停饋，冬宜久，夏少時，蓋以人意消息之。若不停饋，則飯堅也。」

《齊民要術》卷七《造神麴並酒第六十四》又載用第一種神麴釀造糯米酒之前對米飯的炊製，「其炊飯法，直下饋，不須報蒸。其下饋法：出饋甕中，取釜下沸湯澆之，僅沒飯便止。」

表明「沃饋」就是在水蒸氣初次上甑之後，就把米飯取出，使其不再經水蒸氣蒸治，而是採用沸水浸泡的方式進行加工以達到熟透的目的。

（三）再餾飯

《齊民要術》卷七《造神麴並酒第六十四》載用第四種神麴釀造黍米酒過程中對米飯的炊製，「初下釀，用黍米四斗，再餾弱炊，必令均熟，勿使堅剛、生、減也。」可見，「再餾飯」就是當水蒸氣初次上甑之後，繼續加水，再經過水蒸氣的蒸治，使米飯完全熟透。當時人食用再餾飯的較少，再餾飯主要用於釀酒過程中。

二、浸泡

《齊民要術》卷九《飧、飯第八十六》載，「作粟飧法：舂米欲細而不碎。碎則濁而不美。舂訖即炊。經宿則澀。淘必宜淨。十遍以上彌佳。香漿和暖水浸饋，少時，以手按，無令有塊。復小停，然後壯。凡停饋，冬宜久，夏少時，蓋以人意消息之。若不停饋，則飯堅也。投飧時，先調漿令甜酢適口，下熱飯於漿中，尖出便止。宜少時住，勿使撓攪，待其自解散。然後撈盛，飧便滑美。若下飯即攪，令飯澀。」

表明當時人們對用於浸泡的米飯性狀、浸泡時間、酸漿水的酸甜度有精確的掌握。

三、曬製

《齊民要術》卷九《飧、飯第八十六》載，「作粳米糗糒法：取粳米，汏灑，作飯，曝令燥。擣細，磨，麤細作兩種折。」「粳米棗糒法：炊飯熟爛，

曝令乾，細篩。用棗蒸熟，迮取膏，溲糒。率一升糒，用棗一升。」

曬製米飯，就是先將米飯蒸熟，然後曬乾、磨細。據此，曬製米飯應具有適於長期保存的特點。

第二節　菜肴烹飪技術

一、鮓

《玉篇》釋「鮓」為「藏魚也」。即採用醃、糟等方法加工魚類食品。

當時人們製作魚鮓，首先注意到製作季節的選擇。《齊民要術》卷八《作魚鮓第七十四》載，「凡作鮓，春秋為時，冬夏不佳。寒時難熟。熱則非鹹不成，鹹復無味，兼生蛆；宜作裹鮓也。」

可見當時人選擇較涼爽的春秋季進行魚鮓的製作。這是因為冬季的低氣溫，抑制了乳酸菌等菌種的活動；夏季氣溫高，加工環境及空氣中有害菌大量繁殖，容易產生高溫酸敗現象。

其次，在製作魚鮓中加入熟米飯。《齊民要術》卷八《作魚鮓第七十四》載，「炊粳米飯為糝，飯欲剛，不宜弱；弱則爛鮓。」

當時注意到米飯的加工性狀對魚鮓質量的影響。另據製鮓原理，魚鮓的製作是利用乳酸菌的發酵作用產生乳酸進而有酸香味的產生，乳酸菌及乳酸不僅能調節味道，還有抑制酸敗菌等有害微生物的防腐作用。乳酸菌的充分繁殖必須有大量的碳水化合物，而魚肉本身所含碳水化合物不足以滿足乳酸菌繁殖的需要，所以，必須加入含有大量碳水化合且物炊製乾硬的熟米飯。[註1]

第三，當時任注意到魚鮓製作過程中的衛生保障並掌握促使魚鮓早熟的技術。《齊民要術》卷八《作魚鮓第七十四》載，「炊粳米飯為糝……並茱萸、橘皮、好酒，於盆中合和之……酒，闢諸邪惡，令鮓美而速熟。率一斗鮓，用酒半升；惡酒不用。」

在製作魚鮓過程中加入適當的酒，是為了「闢諸邪惡」即利用酒抑制有害細菌；「令鮓美而速熟」，表明酒還具有調節味道與加速魚鮓成熟的作用。

〔註1〕　參看（北朝）賈思勰著：《齊民要術》卷八《作魚鮓第七十四》，繆啟愉、繆桂龍譯注，上海古籍出版社，2009年版，第500頁。

二、脯臘

《說文解字》釋「脯」為「乾肉也。」《玉篇》釋「臘」為「乾肉也。」當時的脯臘就是經過醃製、曬製等程序將牲畜、魚類的肉製成乾肉。

《齊民要術》卷八《脯臘第七十五》載,「作五味脯法:正月、二月、九月、十月為佳。用牛、羊、麞、鹿、野豬、家豬肉。或作條,或作片罷。凡破肉,皆須順理,不用斜斷。各自別捶牛羊骨令碎,熟煮取汁,掠去浮沫,停之使清。取香美豉,別以冷水淘去塵穢。用骨汁煮豉,色足味調,漉去滓。待冷,下:鹽;適口而已,勿使過鹹。細切蔥白,擣令熟;椒、薑、橘皮,皆末之,量多少。以浸脯,手揉令徹。片脯三宿則出,條脯須嘗看味徹乃出。皆細繩穿,於屋北簷下陰乾。條脯浥浥時,數以手搦令堅實。脯成,置虛靜庫中,著煙氣則味苦。紙袋籠而懸之。置於甕則鬱浥;若不籠,則青蠅、塵污。臘月中作條者,名曰『瘃脯』,堪度夏。每取時,先取其肥者。肥者膩,不耐久。」

由上可見,首先:當時人們特別注意脯臘製作時間的選擇,「正月、二月、九月、十月為佳」,表明當時多選擇氣候寒冷或氣溫較涼爽的冬季、秋季來製作脯臘,因為上述時節的較低氣溫,對加工環境及空氣中的有害菌有抑製作用,進而避免了有害菌對脯臘加工的入侵;而夏季氣溫較高,易滋生有害菌,脯臘加工過程容易受到有害菌的侵蝕。所以,當時人多選擇氣溫較低的時節製作脯臘。

其次,當時也注重脯臘成品的儲存環境。「脯成,置虛靜庫中,著煙氣則味苦」,當時多選擇沒有人進出的房屋作為儲藏地,這是因為,人員頻繁進出的房屋中必然存在大量細菌,使脯臘容易受到侵蝕。「紙袋籠而懸之。置於甕則鬱浥;若不籠,則青蠅、塵污」,用紙袋包裹脯臘儲藏,既可以減少灰塵對脯臘的污染,又可以保持適度的通風;如果儲存於翁中,會逐漸產生高溫環境,進而滋生有害細菌,污染脯臘。

三、羹臛

羹、臛為用肉類、蔬菜等製成的帶濃汁的食物。

作表 5.1,以簡要說明當時羹、臛的種類及所用原料。

表5.1　《齊民要術》所載羹、臛種類及用料

菜肴名稱	所　用　原　料
芋子酸臛	豬、羊肉各一斤，水一斗，芋子一升，葱白一升，粳米三合，鹽一合，豉汁一升，醋五合，生薑十兩。
鴨臛	小鴨六頭，羊肉二斤，大鴨五頭，葱三升，芋頭二十個，橘皮三片，木蘭皮五寸，生薑十兩，豉汁五合，米一升，酒八升。
鼈臛	鼈一隻，羊肉一斤，葱三合，豉五合，粳米半合，生薑五兩，木蘭皮一寸，酒二升，鹽、醋若干。
豬蹄酸羹	豬蹄三具，葱、豉汁、醋、鹽若干。
羊蹄臛	羊蹄七具，羊肉十五斤，葱三升，豉汁五升，米一升，生薑十兩，橘皮三片。
兔臛	兔一頭，水三升，酒一升，木蘭皮五分長，葱三合，米一合，鹽、豆豉、醋若干。
酸羹	羊腸兩具，飴糖六斤，瓠葉六斤，葱頭二升，小蒜三升，麵粉三升，豉汁、生薑、橘皮若干。
胡羹	羊排骨肉六斤，羊肉四斤，水四升，葱頭一斤，胡荽子一兩，安石榴汁數合。
芝麻羹	芝麻一斗，芝麻汁三升，葱頭二升，米二合。
瓠葉羹	瓠葉五斤，羊肉三斤，葱二升，鹽豉五合。
雞羹	雞一頭，葱頭二升，棗三十個。
筍䈆鴨羹	肥鴨一隻，筍䈆四升，小蒜白、葱白、豉汁、水若干。
肺䐑	羊肺一副，粳米二合，生薑若干。
羊盤腸解	羊血五升，羊油二升，生薑一斤，橘皮三片，花椒末一合，豆醬清一升，豉汁五合，麵粉一升五合，米飯一升，水三升，酒若干、羊腸若干。
羊節解	羊百葉一個，生米三升，水、葱若干，肥鴨肉一斤，羊肉一斤，豬肉半斤，蜜若干。
羌煮	鹿頭一個、豬肉二斤，葱白若干，生薑半合，橘皮半合，醋、鹽、豆豉若干。
膾魚蒪羹	魚、蒪（或者蕪菁、菘葉），水、豉汁、鹽若干。
酸菜鵝鴨羹	鴨肉、鵝肉、豉汁、酸菜、鹽。
菰蕈魚羹	魚、菰、肥肉、鹽。
筍䈆魚羹	筍䈆、魚、鹽、豆豉。
鱧魚臛	鱧魚，豉汁，鹽，生薑，橘皮，花椒末，酒。
鯉魚臛	鯉魚，豉汁，鹽，生薑，橘皮，花椒末，米飯，酒。
臉臘	豬腸，葱，生薑，花椒，胡芹，小蒜，芥菜，鹽，醋。

鱧魚湯	鱧魚，豉汁，米飯，鹽，生薑，花椒，橘皮末。
鮀魚臛	鮀魚，豉汁，米汁，蔥，生薑，橘皮，胡芹，小蒜，鹽，醋。
蒸淡	肥鵝肉，肥鴨肉，羊肉，鹽，豆豉，胡芹，小蒜末，菇。
損腎	牛百葉，羊百葉，蘇葉，生薑末。
爛肉	牲畜肉，蔥，生薑，花椒，橘皮，胡芹，小蒜，鹽，醋。

由表 5.1 中的胡羹、羊盤腸解、羌煮所用原料及製作方法，顯示出其為具有濃厚胡風的北方游牧民族飲食；但由所加生薑、橘皮、豆醬清等去除腥膻的調味品，又體現出明顯的漢族烹飪風俗。這反映出，在當時的菜肴烹飪中，北方游牧民族與漢族風俗的相互融合。

關於羊盤腸解，《齊民要術》卷八《羹臛法第七十六》載，「作羊盤腸雌解法：取羊血五升，去中脈麻跡，裂之。細切羊胳肪二升，切生薑一斤，橘皮三葉，椒末一合，豆醬清一升，豉汁五合，麵一升五合和米一升作糝，都合和，更以水三升澆之。解大腸，淘汰，復以白酒一過洗腸中，屈申以和灌腸。屈長五寸，煮之，視血不出，便熟。寸切，以苦酒、醬食之也。」

上述羊盤腸解製作所用原料、製作方式及食用與今天內蒙古地區羊血腸的製作、食用極為相似。可見，當時兼容胡漢風俗的烹飪加工技術影響到現代的飲食。

四、蒸焦

蒸、焦，指用蒸汽的熱力使食物成熟。

將《齊民要術》中所記載用蒸、焦方法加工的菜肴列於表 5.2。

表 5.2　《齊民要術》所載蒸、焦菜肴種類及用料

菜肴名稱	所　　用　　原　　料
蒸熊	仔熊一頭，濃豉汁，二升糯米飯，蔥白一升，生薑二升，橘皮二升，鹽三合。
蒸羊、豬、鵝、鴨	蒸製方法及所用調味原料同蒸熊法。
蒸仔豬	仔豬一頭，一升糯米飯，豉汁，生薑一升，橘皮一升，蔥白四升，橘葉一升，豬油三升，鹽。
蒸仔鵝、仔羊	蒸製方法與所用調味原料同蒸仔豬法。
蒸雞	肥雞一頭，豬肉一斤，香豆豉一升，鹽五合，蔥白，紫蘇葉，豉汁三升。

蒸豬肉	豬肉，酒二升，葱白，豆豉，鹽，生薑，花椒，冬瓜子，甜瓜子。
蒸小豬	肥小豬一頭十五斤重，甜酒三升，稻米飯四升，生薑一升，橘皮兩片，葱白三升，豉汁，醬清汁。
蒸鵝	肥鵝肉十五斤，秫米飯四升，豉汁，橘皮，葱白，醬清汁，生薑。
胡炮肉	肥白羊，豆豉，鹽，葱白，生薑，花椒，蓽撥，胡椒。
蒸羊肉	羊肉，豉汁，葱白。
蒸豬頭	新鮮豬頭，酒，鹽，豉，乾薑，花椒。
懸熟	豬肉十斤，葱白一升，生薑五合，橘皮兩片，秫米三升，豉汁五合。
裹蒸鮮魚	鮮魚，豉汁，糯米飯，生薑，橘皮，胡芹，小蒜，鹽。
毛蒸魚菜	白魚，鱭魚，鹽，豆豉，胡芹，小蒜，蔬菜。
蒸藕	藕，蜜，蘇油，麵粉。

其中胡炮肉的製作，《齊民要術》卷八《蒸魚法第七十七》載，「胡炮肉法：肥白羊肉——生始週年者，殺，則生縷切如細葉菜，脂亦切。著渾豉、鹽、擘葱白、薑、椒、蓽撥、胡椒，令調適。淨洗羊肚，翻之。以切肉脂內於肚中，以向滿為限，縫合。作浪中坑，火燒使赤，卻灰火。內肚於坑中，還以灰火覆之，於上更燃火，炊一石米頃，便熟。香美異常，非煮、炙之例。」

又《玉篇》釋「炮」為「炙肉也。」進而言之，古代的炮為以泥塗於待烤之肉上，以火煨熟。

將裝有原料的羊肚放入坑中，「以灰火覆之，於上更燃火」，類似於今天以泥塗於雞、鴨身上以火煨熟的土匪雞、土匪鴨的做法。

五、胚、腤、煎、消

胚，為雜合魚肉膾煮。腤，為烹煮食物。煎，把食物置於沸油炸使變焦黃。消，把肉剁碎後煎炒。

作表 5.3，說明當時胚、腤、煎、消菜肴種類及用料。

表 5.3　《齊民要術》所載胚、腤、煎、消菜肴種類及用料

菜肴名稱	所　用　原　料
胚魚鮓	水，鹽，豆豉，葱，豬肉，羊肉，牛肉，魚鮓，雞蛋。
胚鮓	雞蛋，豉汁，鮓。

五侯胚	零碎肉，鮓。
純胚魚	鱧魚，豆豉，葱，生薑，橘皮。
腤雞	雞，鹽，豆豉，葱白，乾蘇葉（或鮮蘇葉）。
腤白肉	鹽，豆豉，肉，葱白，小蒜，豉汁。
腤豬肉	同上
腤魚	鯽魚，豆豉，葱，生薑，胡芹，小蒜，醋（或花椒）。
蜜純煎魚	鯽魚，醋，蜜，鹽。
勒鴨（兔，野雞）消	鴨肉（兔，野雞），生薑，橘皮，花椒，胡芹，小蒜。
鴨煎	鴨肉，葱白，鹽，豉汁，花椒，生薑末。

六、炙

炙，將食物烤製成熟。

表 5.4　《齊民要術》所載炙菜肴種類及用料

菜肴名稱	所　　用　　原　　料
炙仔豬	仔豬，酒，豬油（或打麻油）。
捧炙	大牛脊肉（或小牛腿肉）。
腩炙	羊肉（或牛肉，獐，鹿肉），鹽，豉汁。
肝炙	牛肝（或羊肝，豬肝），葱，鹽，豉汁，羊油。
牛胘炙	老牛百葉。
灌腸炙	羊腸，羊肉，葱白，鹽，豉汁，生薑，花椒末。
跳丸炙	羊肉十斤，豬肉十斤，生薑三升，橘皮五片，醃瓜二升，葱白五升。
膊炙豚	小豬一隻，肥豬肉三斤，肥鴨肉二斤，醬魚汁三合，葱白二升，生薑一合，橘皮半合，蜜一升。
搗炙	肥仔鵝肉二斤，醋三合，醃瓜一合，葱白一合，生薑半合，橘皮半合，花椒二十顆（研成末），雞蛋二十個。
銜炙	肥仔鵝一隻，大豆醋五合，醃瓜三升，生薑半合，橘皮半合，小蒜一合，魚醬汁二合，花椒數十顆（研成末），白魚。
餅炙	白魚，肥豬肉一升，醋五合，葱二合，醃瓜二合，生薑半合，橘皮半合，魚醬汁三合，鹽若干。
釀炙白魚	白魚，肥仔鵝一隻，醋一升，醃瓜五合，魚醬汁三合，橘皮一合，葱二合，豉汁一合。

腩炙	肥鴨一隻，酒五合，魚醬汁五合，生薑半合，葱半合，橘皮半合，豉汁五合。
脂炙	鵝肉、鴨肉、羊肉、牛肉、獐肉、鹿肉、豬肉（瘦肉、肥肉各一般），酸醃瓜，酸醃筍，生薑，花椒，橘皮，葱，胡芹，鹽，豉汁，羊油（或豬油）。
搗炙（筒炙、黃炙）	鵝肉、鴨肉、獐肉、鹿肉、豬肉、羊肉，鴨蛋黃（或雞蛋黃）。
餅炙	鮮魚，生薑，花椒，橘皮，鹽，豆豉。
炙蚶	蚶
蠣	蠣

　　據《齊民要術》卷九《炙法第八十》所載，在對原料加工方面，有直接將生食物置於火上烤熟，也有先將生食物經過一定時間的醃製，再置於火上烤熟者；當時人們烤製食物時，注意對食物口感的講求，《齊民要術》卷九《炙法第八十》載，「牛胘炙：老牛胘，厚而脆。剗穿，痛蹙令聚，逼火急炙，令上劈裂，然後割之，則脆而甚美。若挽令舒申，微火遙炙，則薄而且肕。」表明加工、烤製時的性狀不同，影響到烤製後的口感。

七、脺、奧、糟

　　脺，將牲畜肉加麴如甕密封發酵製成的肉醬。

　　奧，將牲畜肉置於熱油中熰製。

　　糟，用酒或糟醃製食物。

　　作表 5.5，簡要說明當時脺、奧、糟種類及用料

表5.5　《齊民要術》所載脺、奧、糟種類及用料

菜肴名稱	所　用　原　料
脺肉	驢肉（或馬肉、豬肉），鹽，麴，麥麩。
奧肉	肥豬肉，油，酒，鹽。
糟肉	肉，水，酒糟，鹽。
犬膌	狗肉三十斤，小麥九升，酒九升，雞蛋三十個。
苞膌（第一種製法）	牛頭，鹿頭，豬蹄子，雞蛋，鴨蛋，生薑，花椒，橘皮，鹽。
苞膌（第二種製法）	牛肉，豬肉，雞蛋白。
苞膌（第三種製法）	鮮肉，雞蛋，生薑，橘皮。

當時人們製作脾、奧、糟類菜肴時，首先，對製作時間的選擇是非常謹慎的。如《齊民要術》卷九《作脾、奧、糟、苞第八十一》載，「作脾肉法：驢、馬、豬肉皆得。臘月中作者良，經夏無蟲；餘月作者，必須覆護，不密則蟲生。」製作脾肉，就是將牲畜肉加麴、鹽等入甕密封、經過一定時間的發酵而成。冬季氣溫低，對空氣中的有害菌有抑制作用，選擇冬季製作脾肉，可以避免有害菌對原料及製作過程的侵蝕。而春夏季氣溫逐漸升高，空氣中的有害菌增多，容易侵蝕原料及製作過程。

其次，當時人對食材的選用也是非常重視的。如《齊民要術》卷九《作脾、奧、糟、苞第八十一》載，「作奧肉法：先養宿豬令肥……其二歲豬，肉未堅，爛壞不任作也。」只有較老的肉才能經過長時間的油燜。

八、菹

北朝時期的菹有肉類菹和菜類菹兩種。肉類菹指肉類經過醋、及發酵酸性物質的浸漬所加工成的菜肴。菜類菹指蔬菜經過醃製所製成的菜肴。

《齊民要術》卷八《菹綠第七十九》載當時的肉類菹有白菹（主料為鵝、鴨、雞）、菹消（主料為肥質的豬肉、羊肉、鹿肉）、蟬脯菹（主料為經過烤製的蟬脯）、綠肉（主料為豬肉、肌肉、鴨肉）。

作表 5.6，同時以製菹工藝為分類標準，簡要說明當時菜菹的種類及用料。

表5.6 《齊民要術》所載菜菹種類及用料

名　稱	種　類	是否經過發酵	用　　　　料
蓼菹	醬漬	否	蓼菜，醬。
藏蘘荷	醋漬	是	蘘荷，醋，鹽，乾梅。
葵菜菹	鹽漬	否	葵菜，鹽，水。
菘菜菹	鹽漬	否	菘菜，鹽，水。
蕪菁葉菹	麴發酵	是	蕪菁葉，黍米粉，麥麩末，鹽，水。
蜀芥菹	麴發酵	是	蜀芥，黍米粉，麥麩末，鹽，水。
菘菜湯菹	醋漬	否	菘菜，鹽、醋，芝麻油。
蕪菁葉湯菹	醋漬	否	蕪菁葉，鹽，醋，芝麻油。
釀菹	麴發酵	是	菘菜，鹽，水，黍米粉，麥麩末。

速成菹	酸漿漬	是	葵菜葉，酸漿水。
葵菹	乳酸發酵	是	幹葵菜（5斛），鹽（2斗），水（5斗），大麥乾飯（4斗）。
菘菜鹹菹(1)	鹽漬	否	菘菜，水（4斗），鹽（3升）。
菘菜鹹菹(2)	麴發酵	是	菘菜，女麴。
酸菹	乳酸發酵	是	蔬菜，米，青蒿，薤白。
蒲菹	醋漬	否	蒲嫩芽，醋。
藏瓜(1)	乳酸發酵	是	米（1斗），鹽（少許），瓜。
藏瓜(2)	鹽漬	否	小瓜（100個），豆豉（5升），鹽（3升）。
藏越瓜	酒糟漬	是	酒糟（1斗），鹽（3升），越瓜。
烏梅藏瓜	汁漬	否	多瓜，杬皮和烏梅混合汁，酸石榴子。
瓜菹(1)	酒糟漬	是	越瓜，白醪酒酒糟，鹽，大酒酒糟，蜜，女曲。
瓜菹(2)	麴發酵	是	越瓜，酒醅，鹽，女麴，蜜。
瓜菹(3)	酒糟漬	是	越瓜，鹽，酒糟。
瓜芥菹	醋漬	是	多瓜，芥子，胡芹子，醋，鹽。
湯菹	醋漬	是	菘菜，蕪菁，鹽，醋，菜汁。
苦笋紫菜菹	醋漬	是	笋，紫菜，鹽，醋。
竹菜菹	醋漬	是	竹菜，胡芹，小蒜，鹽，醋。
蕺菜菹	醋漬	是	蕺菜，鹽，醋。
菘根榼菹	醋漬	是	菘菜，鹽，醋，橘皮。
熯菹	醋漬	是	熯菜，鹽，醋，胡芹子。
胡芹小蒜菹	醋漬	是	胡芹，小蒜，鹽，醋。
菘根蘿蔔菹	醋漬	是	菘菜，蘿蔔，鹽，醋。
紫菜菹	醋漬	是	紫菜，蔥，鹽，醋。
蜜姜	蜜漬	否	生薑，酒糟，蜜。
木耳菹	豆豉汁、醬清汁、醋混合浸漬	否	木耳，酸漿，胡荽，蔥白，豆豉汁，醬清汁，醋，生薑，花椒末。
藏蕨	糟漬	是	蕨菜，酒糟。
蕨菹	醋漬	是	蕨菜，鹽，醋。
荇菹	醋漬	否	荇菜，醋。

由上表可見，北朝時期醃製蔬菜的種類增多，反映出當時醃製工藝已有很大發展。尤其是當時人多採用乳酸菌發酵技術製作菜菹（醋漬也屬於利用乳酸菌發酵），起到抑制有害細菌繁殖、延長醃製蔬菜的保存時間、增加醃製蔬菜口感的作用。

第三節　製麴、釀酒技術——以微生物發酵技術為中心的考察

《齊民要術》，為北朝時期賈思勰所著。這部著作是中國現存最早、最完整的古代綜合性農業著作。全書共九十二篇，十卷。內容涉及到農、林、牧、副、漁五個方面。《齊民要術》一書中的第七卷及第九卷的一部分記載了北朝時期的製麴和釀酒技術，是古代中國最早的記述釀酒科技的著作。書中系統記載了當時十種酒麴的製作方法，並按照發酵力的不同，科學地將酒麴分為神麴、白醪麴、笨麴、白墮麴和女麴五大類。其中各種類型的神麴、白醪麴和笨麴為麥麴，白墮麴為穀物麴，女麴為糯米麴。除此之外，書中還詳細記載了黍、粟、稻、秫、穄、粱六大類糧食酒和不同藥酒的釀製方式，同時詳盡說明了酒麴與原料的比例、釀造的時間、釀造過程（選水、淘米、蒸飯、浸麴、下釀、溫度控制、判斷酒的成熟、酒的壓榨和儲存）。《齊民要術》一書中有關製麴、釀酒的系統論述，體現了北朝製麴、釀酒技術的發展。所以，本部分主要以《齊民要術》為資料來源，從微生物發酵技術角度開展對北朝時期製麴、釀酒技術的探討。〔註2〕

一、酒麴種類及製麴技術——以《齊民要術》為中心的探討

（一）酒麴的種類

《齊民要術》記載了十種酒麴。關於第一種酒麴，《齊民要術》卷七《造神麴並酒第六十四》所載，「作三斛麥麴法：蒸、炒、生，各一斛。炒麥：黃，莫令焦。生麥：擇治甚令精好。種各別磨。磨欲細。磨訖，合和之。」第二種酒麴，同書卷七《造神麴並酒第六十四》載，「又造神麴法：其麥蒸、炒、

〔註2〕本節採用本書作者已出版書籍《北朝時期釀酒、飲酒及對社會的影響研究》一書中第一章第二節《酒麴的製作技術》、第三節《釀酒技術》的內容，並對所用章節的部分內容進行修改。

生三種齊等，與前同。」第三種酒麴，同書卷七《造神麴並酒第六十四》
載，「又神麴法：以七月上寅日造……看麥多少，分爲三分：蒸、炒二分正
等；其生者一分，一石上加一斗半。各細磨，和之。」第四種酒麴，同書卷
七《造神麴並酒第六十四》載，「又作神麴方：……大率小麥生、炒、蒸三種
等分，曝蒸者令乾，三種合和，磑䂮。」第五種酒麴，同書卷七《造神麴並
酒第六十四》載，「河東神麴方：七月初治麥，七日作麴……麥一石者，六斗
炒，三斗蒸，一斗生；細磨之。」第六種酒麴，同書卷七《白醪麴第六十五》
載，「作白醪麴法：取小麥三石，一石熬之，一石蒸之，一石生。三等合和，
細磨作屑。」第七種酒麴，同書卷七《笨麴並酒第六十六》載，「作秦州春酒
麴法：……用小麥不蟲者，於大鑊釜中炒之。」第八種酒麴，同書卷七《笨
麴並酒第六十六》載，「作頤麴法：斷理麥、艾、布置法，悉與春酒麴同。」
第九種酒麴，同書卷七《法酒第六十七》載，「大州白墮麴方餅法：谷三石：
蒸兩石，生一石，別磑之令細，然後合和之也。」第十種酒麴，同書卷九
《作菹、藏生菜法第八十八》載，「女麴：秫稻米三斗，淨淅，炊爲飯——軟
炊。停令極冷，以麴範中用手餅之。以青蒿上下奄之，置床上，如作麥麴法。」
爲方便文中的論述，將前四種酒麴分別稱爲第一種神麴、第二種神麴、第三
種神麴和第四種神麴。

　　若以製作酒麴所用的主要原料分類，有麥麴、穀物麴和稻米麴三大類酒
麴。其中麥麴有八種：五種神麴、白醪麴、秦州春酒麴和頤麴；穀物麴有大
州白墮麴；稻米麴有女麴。這表明，當時製麴原料以小麥爲主。以小麥製
麴，可以利用小麥中所含的黏力較強、營養豐富的麵筋質，促進微生物菌的
繁殖。〔註3〕提高酒麴本身的糖化、發酵力。〔註4〕

〔註3〕參看李華瑞：《宋代酒的生產與征榷》，河北大學出版社，1995年版，第11
　　　頁。
〔註4〕汪建國先生在《解讀〈齊民要術〉的製麴和釀酒工藝》中認爲，「根據長期實
　　　踐證實，小麥是製麴的最佳原料，（1）小麥種營養豐富全面，尤其是澱粉、
　　　蛋白質含量高，适合多種微生物生長繁殖，同時麴料的疏鬆，有利微生物繁
　　　殖，從而提高酒麴質量；（2）小麥成分複雜，製麴過程中，在較高溫度下能
　　　產生多種香氣代謝物質，對酒的賦香作用強；（3）小麥的皮層中含有纖維
　　　素，能滯留較多空氣，构筑複雜的微生物環境，供不同微生物富集、生長、
　　　繁殖、培養和代謝；（4）小麥種含有豐富的面筋質（醇溶蛋白和穀蛋白）黏
　　　著力強，能相互連接，构成各種規範的形態，适合於麴霉菌生長；（5）小麥
　　　中的揮發性微量成分有醛、酯、醇、酚等20多種物質，其中含有木質素，可
　　　生成4－乙基愈瘡木酚，是構成酒香的重要成分之一。」雖然當時人們製麴所

　　若以酒麴的糖化與發酵力的強弱來分，有神麴、白醪麴、笨麴、白墮麴和女麴五類。（本章主要以酒麴糖化與發酵力的強弱爲劃分標準，展開對酒麴種類、製麴技術、釀酒技術的探討。關於北朝時期酒麴種類及製作情況，見本節後附表 5.7）

　　關於神麴與笨麴之間的糖化、發酵力的強弱，《齊民要術》卷七《造神麴並酒第六十四》載第二種神麴，「此麴一斗，殺米三石；笨麴一斗，殺米六斗。省費懸絕如此。」由此可知，神麴、笨麴在釀酒過程中對原料米的糖化、發酵力差別的懸殊。這是神麴與笨麴的本質區別。神麴對米飯的酵解能力較高，一般一斗神麴能酵解一石至四石的米飯。《齊民要術》卷七《造神麴並酒第六十四》載用第一種神麴釀造黍米酒的原料比例，「一斗麴，殺米二石一斗」；同書卷七《造神麴並酒第六十四》載用第二種神麴釀造黍米酒的原料比例，「此麴一斗，殺米三石」。笨麴的酵解能力則要遠遜於神麴，一般一斗笨麴只能酵解一石以下的米飯。《齊民要術》卷七《笨麴並酒第六十六》載釀造春酒的原料比例，「大率一斗麴，殺米七斗」；同書卷七《笨麴並酒第六十六》載釀造稬米酏酒的原料比例，「笨麴一斗，殺米六斗」。可見，在發酵一定單位的原料米方面，笨麴用量通常是神麴的三倍至五倍。

　　關於白醪麴的糖化、發酵力，《齊民要術》卷七《白醪麴第六十五》載，「一釀一斛米，一斗麴末，六斗水，六升浸米漿。」說明白醪麴的糖化與發酵力介於神麴與笨麴之間。

　　關於女麴的糖化、發酵力，《齊民要術》卷九《作菹、藏生菜法第八十八》引《食次》「釀瓜菹酒法」載，「秫稻米一石，麥麴成剉隆隆二斗，女麴成剉平一斗。釀法：須消化，復以五升米酘之；消化，復以五升米酘之。再酘酒熟，則用，不迮出。」表明女麴在與麥麴混合使用之後，糖化與發酵力得到了提高。據學者研究，女麴還是現代高粱酒麴的雛型。〔註5〕

（二）酒麴中所含微生物

　　對釀酒所用原料米飯進行糖化、發酵的動力來自於酒麴中所含的各種微

用原料較爲單一，但是，由於小麥本身所具有的優勢，及人們在製麴過程採用的不同製麴方式。所以，仍能夠製成糖化力、發酵力各異的酒麴，進而釀造出品質卓越、種類眾多的佳釀。

〔註5〕參看洪光住：《中國釀酒科技發展史》第一篇《釀造黃酒科技發展史》第四章《製黃酒麴藥科技發展史》，中國輕工業出版社，2001年版，第55頁。

生物。這些不同種類微生物是否適宜繁殖、繁殖的數量、質量不僅影響酒麴的質量，還影響釀酒過程的進行、釀酒質量。而微生物是否適宜繁殖、繁殖的數量、質量和製麴所用原料、操作技術、溫度控制具有緊密的聯繫。所以，首先對北朝時期酒麴中微生物的種類進行簡要的分析是必要的。

　　據現代製麴研究，古代與現代的酒麴中一般都含有黴菌、酵母菌和細菌等微生物。〔註6〕在釀酒中，黴菌起糖化作用，酵母菌起發酵作用，一些細菌保障釀酒的順利進行。其中的黴菌主要為根黴、麴黴、毛黴。細菌主要有球菌、乳酸菌、醋酸菌和芽孢桿菌。〔註7〕

　　細菌中的乳酸菌通過酯化作用所產生的乳酸乙酯是構成酒微香的重要成分，〔註8〕由乳酸菌產生的有機酸等物質能夠能夠促進酵母菌的繁殖，抑制有害細菌。〔註9〕所以，對釀酒過程來說，乳酸菌是有益微生物。而醋酸菌在釀酒中所起的作用則大不相同，由少量的醋酸菌所生成的酯類物質是構成酒香的物質，但是醋酸菌在溫度適宜的條件下會大量繁殖，使酒產生酸敗。〔註10〕對於整個釀酒過程來說，醋酸菌是有害微生物。

　　酒麴在培養過程中，微生物菌對水的需求量呈現出以下趨勢，細菌＞酵母菌＞根黴＞麴黴，所以，隨著酒麴培養的進行，酒麴本身的水分不斷蒸發，必然使各種微生物菌的繁殖力在最後培養階段有不同的變化。〔註11〕大體而言，黴菌的繁殖力逐漸變強，進而使其在酒麴菌種中所佔比例較高；細菌、酵母菌的繁殖力逐漸變弱，在酒麴菌種中所佔比例較低，而酵母菌是起發酵作用的主要菌種，要保障其在酒麴最後培養階段中在諸菌種中佔有一定比例。因此，對酒麴培養過程中的水分調節是有必要的。

　　北朝時期人們在製麴過程中對操作技術、濕度、溫度控制的重視，就是

〔註6〕　參看黃平主編：《中國酒麴》第二章《酒麴的分類及主要微生物》，中國輕工業出版社，2000 年，第 22 頁。

〔註7〕　參看黃平主編：《中國酒麴》第二章《酒麴的分類及主要微生物》，中國輕工業出版社，2000 年，第 26 頁。

〔註8〕　參看黃平主編：《中國酒麴》第二章《酒麴的分類及主要微生物》，中國輕工業出版社，2000 年，第 28 頁。

〔註9〕　參看洪光住：《中國釀酒科技發展史》第一篇《釀造黃酒科技發展史》第五章《釀造黃酒工藝發展史》，中國輕工業出版社，2001 年，第 115 頁。

〔註10〕　參看黃平主編：《中國酒麴》第二章《酒麴的種類及主要微生物》，中國輕工業出版社，2000 年，第 28 頁。

〔註11〕　參看周恒剛：《製麴水分》，載《釀酒科技》，2004 年第 6 期，第 25 頁。

爲了保障有益微生物的繁殖、抑制有害微生物，保障酒麴、釀酒的質量。

（三）製麴工藝

爲了詳細探討當時酒麴的製作技術、清晰地展示酒麴的製作過程，現以神麴與笨麴中具有代表性的酒麴爲例進行分析。

1、《齊民要術》中所載第二種神麴

《齊民要術》卷七《造神麴並酒第六十四》載第二種神麴的製作：

> 又造神麴法：其麥蒸、炒、生三種齊等，與前同；但無復阡陌、酒脯、湯餅、祭麴王及童子手團之事矣。
>
> 預前事麥三種，合和細磨之。七月上寅日作麴。溲欲剛，搗欲精細，作熟。餅用圓鐵範，令徑五寸，厚一寸五分，於平板上，令壯士熟踏之。以杙剌作孔。
>
> 淨掃東向開戶屋，布麴餅於地；閉塞窗戶，密泥縫隙，勿令通風。滿七日翻之，二七日聚之，皆還密泥。三七日出外，日中曝令燥，麴成矣。任意擧、閣，亦不用甕盛。甕盛者則麴烏腸──烏腸者，繞孔黑爛。若欲多作者，任人耳，但須三麥齊等，不以三石爲限。

現根據上述記載製成「第二種神麴製作工藝圖」（圖5.1），以清晰展示第二種神麴的製作過程。

據《齊民要術》卷七製作第二種神麴的記載及上圖，對第二種神麴的製作工藝分析如下：

（1）製麴時間

《齊民要術》卷七《造神麴並酒第六十四》載第二種神麴的製作時間，「七月上寅日作麴。」除此之外，《齊民要術》還載第一種神麴，「七月取中寅日」。第三種神麴，「七月上寅日造。」第四種神麴，「以七月中旬以前作麴爲上時，亦不必要寅日；二十日以後作者，麴漸弱。」河東神麴，「七月初治麥，七日作麴。七日未得作者，七月二十日前亦得。」由此可知，五種神麴的製作時間都在七月，而且多在七月上旬。這反映出當時人們對製麴時間的精確掌握，還表明當時人們已注意到氣溫對酒麴質量的影響。據學者研究，當時人們多選擇在七月上旬製麴和不同微生物菌的適溫繁殖有關，「從空氣微生物學觀點看，高溫高濕的七月上中旬，對空氣微生物的組成有嚴格的選擇

圖 5.1　第二種神麴製作工藝圖

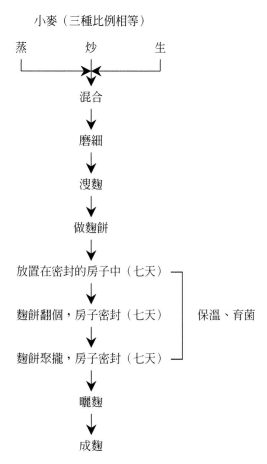

性，具豐富蛋白酶的芽孢桿菌和糖化力較高的某些黴菌孢子能夠被保留下來。這正是質量較高的麴子中所含的微生物組成」。〔註12〕

（2）製麴原料的加工

　　當時製作不同種類的酒麴，先是將製麴原料進行蒸、炒等方式的加工，之後對蒸、炒、生這些不同性質的原料按一定比例進行粉碎（原料經粉碎後的性狀爲粉末狀或小顆粒狀）、拌製，最後經過人工成型，製成麴餅。

　　《齊民要術》卷七載製作第二種神麴時對小麥的加工，「麥蒸、炒、生三種齊等」。表明製作第二種神麴是以蒸、炒、生三種不同性質的小麥按相等

〔註12〕參看羅志騰：《古代中國對釀酒發酵化學的貢獻》，載《西北大學學報》（自然科學版），1979 年第 2 期，第 103 頁。

比例混合製作而成。把生、熟不同的小麥混合製麴，有利於微生物的繁殖，可以提高酒麴的糖化與發酵力，並可增強酒的香氣。〔註13〕此種加工方式還可以使酒麴中水份得到很好的調節，適度的濕度有利於「促進天然接種」。〔註14〕這是神麴類酒麴在糖化與發酵方面的能力遠勝於笨麴類酒麴的重要原因。拌合酒麴原料時使用水，不僅要爲微生物菌的繁殖提供適當的溫度、適度，更爲重要的是，利用水作爲調節酒麴在麴室中培養時自身溫度的媒介。因爲水的比熱容爲 $4.2 \times 10^3 J / kg \cdot ℃$，比熱容值較高，能有效地吸收酒麴培養過程中微生物菌所釋放的熱量，避免微生物被其細胞內驟然上昇的溫度灼傷；水又是蒸發散熱的導體，能有效地調節酒麴各個部分的溫度。〔註15〕

《齊民要術》卷七載製作第二種神麴時對小麥的加工，不僅要「麥蒸、炒、生三種齊等」，還要「預前事麥三種，合和細磨之……溲欲剛，搗欲精細，作熟」。說明不僅要將蒸、炒、生三種不同性質的小麥以等比例混合、磨細，拌料時還要拌得乾硬、均勻，不可生熟不均。

關於此種酒麴麴胚的成型。《齊民要術》卷七載，「餅用圓鐵範，令徑五寸，厚一寸五分，於平板上，令壯士熟踏之。」可見，當時人們製麴不僅使用專門的麴模，對酒麴還進行人工踩踏。據現代製麴原理，麴餅經過擠、踏，可以擠出一些麴料中的澱粉漿並附著於麴餅表面，有利於微生物菌的繁殖。〔註16〕

（3）酒麴的培養

關於此種酒麴的培養，據《齊民要術》卷七所載，可以分爲置麴、翻麴、聚攏麴餅等步驟。

〔註13〕 參看洪光住：《中國釀酒科技發展史》第一篇《釀造黃酒科技發展史》第四章《制黃酒麴藥科技發展史》，中國輕工業出版社，2001年版，第75頁。
汪建國在《解讀〈齊民要術〉的製麴和釀酒工藝》中認爲，「蒸以增加黏度和澱粉變性及起到殺菌功能，炒以提高麴的香氣和高沸點成分，生以達到接種繁殖和保留原料中所含有的豐富有益活性成分。三者有機結合得以優勢互補。」由此也可知，以只是對原料進行單一炒製的笨麴來說，其澱粉黏度、性能、原料中所含有的有益活性成分，與神麴相比，明顯遜色。所以，神麴與笨麴的糖化、發酵力之間存在明顯差別是自然的事情了。
〔註14〕 參看李亞東：《中國古代釀酒專家賈思勰與釀酒技術》，載《釀酒科技》，1984年第2期，第23頁。
〔註15〕 參看周恒剛：《製麴水分》，載《釀酒科技》，2004年第6期，第24頁。
〔註16〕 參看汪建國：《我國生麥製麴特徵和操作技藝》，載《江蘇調味副食品》，2007年第5期，第41頁。

　　關於置麴。《齊民要術》卷七載此種酒麴的放置，「布麴餅於地」。就是把麴餅單層排列於麴房地面上。這說明當時人們對麴房的利用率較低。

　　密封麴房。《齊民要術》卷七載，「淨掃東向開戶屋，布麴餅於地，閉塞窗戶，密泥縫隙，勿令通風。滿七日翻之，二七日聚之，皆還密泥。」將麴房封閉，是要創造一個恒溫的環境，讓酒麴中的微生物在溫度恒定的條件下進行繁殖。

　　翻麴。《齊民要術》卷七載，「滿七日翻之，二七日聚之，皆還密泥。三七日出外，日中曝令燥，麴成矣」。可知此種酒麴的整個培養過程需要「三七日」。當時酒麴在放入麴室後，滿七日進行第一次翻麴，再滿七日進行第二次翻麴。在兩次翻麴之後，「皆還密泥」，說明兩次翻麴之後要及時保溫。目的是避免麴室與外界長時間的空氣流通所帶來的溫度驟然下降，影響麴中微生物的生長。再經過七日的培養，酒麴達到成熟狀態，可以把酒麴置於日光下曬乾。

　　酒麴在保溫、育菌過程中，由於微生物進行呼吸釋放出熱量，酒麴本身也有熱量和水分從內部向外散發，酒麴上、下等部位的溫度與濕度處於不均勻狀態中。〔註 17〕所以，需要進行多次翻置酒麴，加快酒麴原貼地面一側熱量的散發與水分的蒸發，使酒麴各個部位的溫度與濕度趨於一致，保障微生物的均勻、旺盛繁殖。具體操作方法為將酒麴上部、下部的位置進行變動。

　　酒麴在培養過程中的多次打開麴室大門、翻麴，除起到局部增溫、局部降溫、調節潮濕度作用之外，還具有排除麴室中過多 CO_2、適度通風及供氧的作用。因為麴室中 CO_2 濃度過高，會影響到黴菌、酵母菌、細菌這些微生物的繁殖及活性。據研究，麴室中的 CO_2 含量在 0.1%～1% 之間，黴菌的發芽期會縮短，對黴菌的酶活性作用的發揮也有促進作用。如果 CO_2 含量超過 1%，微生物菌的進一步繁殖會受到影響，尤其是黴菌的酶活性亦隨 CO_2 含量的增加而下降，進而影響微生物菌糖化、酵解力的發揮。〔註 18〕

　　有學者分析，酒麴保溫、育菌過程共有三個階段，分別是微生物細胞出芽、發育與形成時期。〔註 19〕正因為第一與第二階段是微生物繁殖的關鍵時

〔註17〕參看楊勇：《試論〈齊民要術〉中的我國古代製麴、釀酒發酵技術》，載《西北農學院學報》，1985 年第 4 期，第 58～59 頁。

〔註18〕參看周恒剛：《製麴與 CO_2》，載《釀酒》，1996 年第 5 期，第 1 頁。

〔註19〕參看楊勇：《試論〈齊民要術〉中的我國古代製麴、釀酒發酵技術》，載《西北農學院學報》，1985 年第 4 期，第 58 頁。

期，所以，在打開麴室門，適度通風、降溫，翻置酒麴調節其上、下部的溫度與濕度之後，要立刻密封麴室，以保障微生物繁殖所需的溫度與濕度，避免溫度與濕度驟然變化對微生物繁殖的不利影響。酒麴培養的第三階段，微生物逐漸成熟，但由於呼吸作用的減弱，[註20] 酒麴本身溫度有所下降，還需要進行一定時間的保溫，以保障酒麴的最終成熟。

第二種神麴在保溫、育菌過程中的翻麴時間間隔為七天。當時其他神麴在培養過程中的翻麴時間間隔也均為七天。這說明當時酒麴在培養過程中的翻麴時間間隔是較長的。這是因為當時酒麴在保溫、育菌過程中，人們採用的是單層放置酒麴法，對麴房的整體利用率較低，有學者認為北朝時期人們對酒麴的保溫、育菌，「同一空間內麴塊數量少，所散發的熱量少，酒麴的培養溫度不會太高……按現代的觀點來看，應屬於中溫麴」。[註21] 所以，在中溫環境中對酒麴進行保溫、育菌，翻麴的時間間隔自然會長。而在現代加工酒麴過程中，人們多採用堆積酒麴這一集約化、高溫培養酒麴的方式，酒麴在培養過程中的翻麴時間間隔都較短，如茅臺酒麴、瀘州大麴酒酒麴、汾酒麴，其翻麴時間間隔一般為一至二天。[註22]

（4）酒麴成熟的判斷

判斷酒麴是否成熟，《齊民要術》卷七《造神麴並酒第六十四》載觀察酒麴表面，「衣色錦布，或蔚或炳；殺熱火焣，以烈以猛」，說明酒麴已經成熟。據現代製麴原理，「衣色錦布，或蔚或炳」是指憂質酒麴表面生成綠色、黃色等顏色的菌衣層。具有此種外部特徵的酒麴才能「殺熱火焣，以烈以猛」，即具有強盛的發酵力。這反映出當時人們將酒麴質量與成熟的判斷與微生物繁殖狀態緊密結合起來。

（5）成品酒麴的保存

《齊民要術》卷七《造神麴並酒第六十四》載，「任意舉、閣，亦不用甕盛。甕盛者則麴烏腸——烏腸者，繞孔黑爛。」表明保存方法對酒麴質量的影響。保存環境的潮濕與否、溫度高低對酒麴的保存至關重要。如果儲存環

[註20] 參看楊勇：《試論〈齊民要術〉中的我國古代製麴、釀酒發酵技術》，載《西北農學院學報》，1985年第4期，第59頁。

[註21] 參看朱寶鏞、章克昌主編：《中國酒經·酒史篇》第二章《中國古代的酒麴和藥》，上海文化出版社，2000年版，第14頁。

[註22] 參看康明官：《中外名酒知識及生產工藝手冊》第二章《中外著名蒸餾酒生產工藝》，化學工業出版社，1994年版，第49～50、61～62、81～83頁。

境溫度、濕度過高，酒麴在儲存過程中容易受潮，因而被潮濕環境中所滋生的有害菌污染，發生黴變。這會影響到酒麴的質量，最終影響酒的釀造。處於通風、乾燥的環境中，酒麴可以避免被雜菌污染，有利於長期保存。主要是由於乾燥的儲存環境能消滅成品酒麴中的酸敗細菌。〔註23〕

2、秦州春酒麴

關於秦州春酒麴的製作，《齊民要術》卷七《笨麴並酒第六十六》載：

> 作秦州春酒麴法：七月作之，節氣早者，望前作；節氣晚者，望後作。用小麥不蟲者，於大鑊釜中炒之。炒法：釘大橛，以繩緩縛長柄匕匙著橛上，緩火微炒。其匕匙如挽棹法，連疾攪之，不得暫停，停則生熟不均。候麥香黃便出，不用過焦。然後簸擇，治令淨。磨不求細；細者酒不斷麤，剛強難押。

> 預前數日刈艾，擇去雜草，曝之令萎，勿使有水露氣。溲麴欲剛，灑水欲均。初溲時，手搦不相著者佳。〔註24〕溲訖，聚置經宿，來晨熟搗。作木範之：令餅方一尺，厚二寸。使壯士熟踏之。餅成，刺作孔。豎槌，布艾橛上，臥麴餅艾上，以艾覆之。大率下艾欲厚，上艾稍薄。密閉窗、戶。三七日麴成。打破，看餅內乾燥，五色衣成，便出曝之；如餅中未燥，五色衣未成，更停三五日，然後出。反覆日曬，令極乾，然後高廚上積之。此麴一斗，殺米七斗。

根據上述記載現製成「秦州春酒麴製作工藝圖」（圖5.2），以清晰展示秦州春酒麴的製作過程。

〔註23〕 參看傅金泉：《從麴糵論我國黃酒麥麴技術的發展》，載《釀酒科技》，1988年第3期，第4頁。

〔註24〕 《齊民要術》中所記載的當時人們在製作酒麴過程中，對經過拌合後的酒麴硬與軟的程度要求是不同的。根據記載，可以分為三種情況，酒麴要拌合的極為乾硬，如第一種神麴；酒麴要拌合的乾硬，如第二種神麴、秦州春酒麴和頤麴；酒麴拌合的以稍微乾硬為宜，如第三種神麴、第四種神麴。雖然《齊民要術》並未明確記載當時拌合各種酒麴時所用水的多少，但是根據以上分析可以看出，製作第一種神麴用水最少，製作第二種神麴和各種笨麴所用水稍微多些，而加工第三種神麴、第四種神麴所用的水是最多的。可見，當時人們在加工各種酒麴時對用水並無規定要求，而酒麴中含水量的不同，必然會使微生物菌的繁殖程度存在差異，進而生產出糖化與發酵力不同的酒麴，最終以此釀造出口感各異的美酒。這應是當時人們在加工酒麴時水不同的主要目的。

圖 5.2　秦州春酒麴製作工藝圖

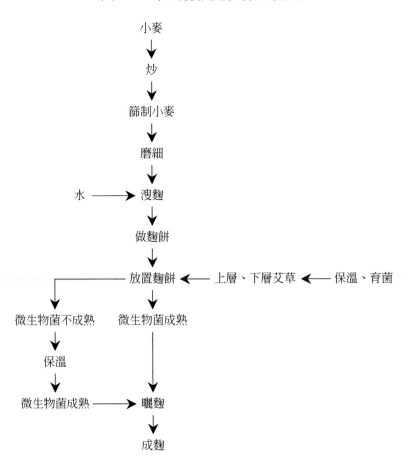

對秦州春酒麴的製作工藝分析如下：

（1）製麴時間

《齊民要術》卷七載，「七月作之，節氣早者，望前作；節氣晚者，望後作。」由此可見，當時人們已注意到酒麴培養與隨氣候變化而變化的溫度和濕度之間的關係。

（2）麴料的加工

首先，關於所用原料小麥的加工標準，《齊民要術》卷七《笨麴並酒第六十六》載，「緩火微炒」，但是要「候麥香黃便出，不用過焦。」因為炒製小麥過於焦黑，會大量損耗小麥內部的澱粉，這不利於微生物菌的培育。然而，對小麥進行炒製，有利也有弊。有利的是可以增加原料的香氣，並可以

起到殺滅小麥中有害菌的作用。但是炒製的同時，也會損耗小麥內部的一部分澱粉，在一定程度上限制了微生物菌的繁殖，這是不利的方面。這是包括秦州春酒麴在內的笨麴類酒麴在糖化、發酵力方面遠遜於神麴類酒麴的一個重要原因。

其次，關於對經過炒製的小麥的磨製。《齊民要術》卷七《笨麴並酒第六十六》載，「磨不求細；細者酒不斷麤，剛強難押。」表明磨製的小麥要粗細適中。因為小麥磨製的性狀直接影響到酒麴的發酵及成酒後的壓榨。如果磨製小麥顆粒過粗，就會使麴餅中的空隙過多，麴餅中的水分與熱量容易散發，使微生物菌的繁殖缺少必要的溫度與濕度條件。而小麥如果磨製得過細，麴餅中的空隙會因此過小，麴餅在麴室中進行育菌時，其中的水分與熱量不能適當散發，在潮濕與高溫的環境中，酸敗菌等有害菌會大量繁殖，影響酒麴及酒的質量。而且，在成酒之後，成酒與酒糟也不易分離，影響酒的壓榨。〔註25〕

第三，麴坯的成型。《齊民要術》卷七載，「作木範之：令餅方一尺，厚二寸。使壯士熟踏之。餅成，刺作孔。」可見，秦州春酒麴的麴坯也是成餅狀。

（3）酒麴的培養

置麴。《齊民要術》卷七載，「餅成，刺作孔。豎槌，布艾橼上，臥麴餅艾上，以艾覆之。大率下艾欲厚，上艾稍薄。密閉窗、戶。三七日麴成。」說明春酒麴在麴室中採用並排放置的方式。同時在麴餅的上、下層蓋置、鋪墊艾草。這起到保溫層的作用，保障酒麴在保溫、育菌過程中所需的溫度條件。然後密封麴室，進行保溫、育菌。

前引記載反映出，與神麴類酒麴培養過程不同的是，秦州春酒麴在保溫與育菌過程中省去了翻麴這一步驟。秦州春酒麴在被放置於麴室中之後，經過二十一天的保溫、育菌，一次成型。所以，省去翻置麴餅這一育菌過程的笨麴，其中的微生物生長旺盛程度必然不如神麴類酒麴，微生物菌的分佈也處於不均勻的狀態。這是笨麴在糖化與發酵方面遠遜於神麴的另一重要原因。

〔註25〕參看（北朝）賈思勰著：《齊民要術》，繆啓愉、繆桂龍譯注，上海古籍出版社，2009年版，第437頁。

（4）酒麴成熟的判斷

判斷秦州春酒麴是否成熟，《齊民要術》卷七《笨麴並酒第六十六》載觀察麴餅內部，「餅內乾燥，五色衣成」，說明酒麴已經成熟，可以「便出曝之」。也就是說，優質的成品酒麴感官表現為麴內乾燥、麴心無水圈、菌絲體旺盛。據學者研究，「原料糖化力高，麴坯表層微生物生長繁殖啓動速度快，麴坯穿衣好，黴菌菌絲滲透所形成的微孔通道既保證了麴坯內環境的氧氣供給，又保證了……麴坯內環境殘存水分的排放，成品麴感官則表現為穿衣好……菌絲體豐滿、無水圈窩心」。〔註26〕所以，各種微生物充分繁殖之後，麴餅自然達到乾燥、成熟的狀態。如果「餅中未燥，五色衣未成」，表明酒麴的保溫、育菌過程還未完成，仍然需要「更停三五日」，再進行一段時間的培養。「五色衣」主要指「黴菌分生孢子和酵母菌、細菌菌落色素顏色」。〔註27〕當時人們以微生物菌所呈現出的顏色作為麴餅成熟的標誌，是宋代「心內黃白或上面有花衣，乃是好麴」〔註 28〕這一判斷酒麴成熟標準的雛型。反映出北朝時期製麴技術對後代的影響。當時人們以微生物菌所呈現出的顏色來判斷酒麴的成熟與否，及質量的優劣，說明對微生物的活動規律已有了較為準確的掌握。〔註29〕

（5）酒麴的儲藏

關於春酒麴的儲藏，《齊民要術》卷七載，「反覆日曬，令極乾，然後高廚上積之。」可見，春酒麴是採取通風、乾燥的儲存方式，以避免酒麴在儲存過程中受潮、變質。

經過長時間乾燥儲存的酒麴仍然具有發酵力，是因為酒麴中的澱粉即是微生物繁殖所憑藉的重要營養物質，又在乾燥的環境條件下保存了微生物菌的生存能力。〔註30〕

〔註26〕參看傅金泉：《中國釀酒微生物研究與應用》第三章《製麴新技術新工藝與大麴質量標準的研究》，中國輕工業出版社，2008 年版，第 306 頁。

〔註27〕參看楊勇：《試論〈齊民要術〉中的我國古代製麴、釀酒發酵技術》，載《西北農學院學報》，1985 年第 4 期，第 59～64 頁。

〔註28〕參看（宋）朱肱著：《酒經》，宋一明、李艷譯注，上海古籍出版社，2010 年版，第 20 頁。

〔註29〕羅志騰在《古代中國對釀酒發酵化學的貢獻》中認為當時人們在製麴過程中「五色衣成，便出曝之」這一舉措，就是現代釀酒製麴中的「將霉菌孢子顏色作為製麴工藝終點的生物學指標」的較早實踐。

〔註30〕參看傅金泉：《從麴櫱論我國黃酒麥麴技術的發展》，載《釀酒科技》，1988

二、釀酒技術——以《齊民要術》為中心的探討

（一）釀造用水

關於水在釀酒中的應用，《齊民要術》卷七載，「淘米及炊釜中水、為酒之具有所洗浣者，悉用河水佳也。」「作頤酒法：八月、九月中作者，水未定，難調適，宜煎湯三四沸，待冷然後浸麴，酒無不佳。」反映出水應用於淘米、浸米、蒸飯、製作酒麴、浸漬酒麴、發酵、洗滌釀酒工具等過程。同時表明水質的優劣，會直接影響到對釀酒原料如酒麴、原料米等的加工，乃至成酒的質量。而且，釀造所用水本身也是成品酒的重要組成部分。所以，在整個釀酒過程中，對釀造用水的選擇及對釀造用水水質的提高是非常重要的步驟。

當時人們對釀造用水的重視，首先體現在選擇釀造用水種類方面。關於選擇釀造用水，《齊民要術》卷七《造神麴並酒第六十四》中「淘米及炊釜中水、為酒之具有所洗浣者，悉用河水佳也」以及「收水法，河水第一好；遠河者取極甘井水，小鹹則不佳」的記載說明了當時製麴、釀酒過程中的用水標準。河水為當時釀造所需的最佳水源。只有在地理條件的限制下，才可選用清澄的井水。因為長年處於流動狀態中的河水，水中沉澱物質較少，因而水質也較清澈，水的味道也較清淡。所以，河水因其自身穩定、清澄的水質，始終是優質、重要的釀造用水水源。但是選擇井水時也有嚴格的要求，前述提到「井水，小鹹則不佳」。關於井水水質的具體要求，《齊民要術》卷七《法酒第六十七》載糯米法酒釀造時的用水，「取井花水三斗三升」。據學者研究，「井花水」為「清早最先汲得的水」。〔註31〕關於河水鹽鹼度含量對釀酒的影響，有學者研究，「流速較大的河水，溶解鹽類相對減少，接近泉水或深層地下水源，可溶性鹽含量較低……適量的鈉鎂鹽類為微生物生命活動所必需，可促進其生長發育，但含量超過一定範圍則水 pH 值增高，影響微生物正常生長。」〔註32〕所以，用帶有鹹味的水浸漬酒麴、淘米、發酵，會抑制麴液中黴菌、酵母菌等微生物的繁殖，影響酒麴對米飯的糖化、發酵作用的發揮。

年第 3 期，第 4 頁。

〔註31〕 參看（北朝）賈思勰著：《齊民要術》卷七《法酒第六十七》，繆啓愉、繆桂龍譯注，上海古籍出版社，2009 年版，第 456 頁。

〔註32〕 參看楊勇：《試論〈齊民要術〉中的我國古代製麴、釀酒發酵技術》，載《西北農學院學報》，1985 年第 4 期，第 55～64 頁。

因而，鹹水爲釀酒過程所忌。《齊民要術》卷七《笨麴並酒第六十六》所載秦州春酒的釀造用水要求，「以正月晦日，多收河水；井水若鹹，不堪淘米，下饋亦不得」反映的就是鹹水不適於釀酒的情況。

其次，當時人們還極爲重視提高釀造用水的水質。因爲由季節的變化帶來的溫度高低的變化，直接影響到水質的穩定。因而，在不同的釀酒季節，需要對釀造用水進行相應的加工，以提高水質。《齊民要術》卷七《造神麴並酒第六十四》載河東神麴黍米酒的釀造，「十月桑落初凍則收水釀者爲上時。春酒正月晦日收水爲中時……初凍後，盡年暮，水脈既定，收取則用；其春酒及餘月，皆須煮水爲五沸湯，待冷浸麴，不然則動。」「水脈既定」，是指水質較爲穩定。在冬季釀酒，低氣溫殺死了水中的有害菌。而且，冬季時，河水的汛期已過，此時的河水不像處於汛期中的河水那樣含有大量的雜質。因此，冬季水質較爲穩定。所以，冬季釀酒所取之水無需加工，取來即可投入使用。開春以後，河水逐漸進入汛期，此時處於活躍的漲水期，伴隨著河水的泛濫，水中的泥沙、其他有機物質等雜質也逐漸增加。而且，由於開春以後氣候的轉暖，水中的有害菌也逐漸增多。〔註 33〕所以，在春季等氣溫逐漸升高的季節釀酒時，對水要進行多次高溫煮沸以達到滅菌的目的。按照現代科學原理，高溫煮沸，還可以分解水中的膠體物質和懸浮顆粒等雜質，有利於水中雜質的沉澱與清除，〔註 34〕降低水的硬度。〔註 35〕進一步去除水中的異味，保障水的清淡。

在氣候炎熱的夏秋之際釀造時，對所用水也是進行高溫滅菌處理。《齊民要術》卷七《笨麴並酒第六十六》載「頤酒」釀造時的水源加工，「八月、九月中作者，水未定，難調適，宜煎湯三四沸，待冷然後浸麴，酒無不佳。」把判斷成酒質量的優劣與水質緊密相連，是當時人們對釀造用水重視的體現。〔註 36〕

〔註 33〕參看（北朝）賈思勰著：《齊民要術》卷七《造神麴并酒第六十四》，繆啓愉、繆桂龍譯注，上海古籍出版社，2009 年版，第 429～430 頁。

〔註 34〕參看洪光住：《中國釀酒科技發展史》第一篇《釀造黃酒科技發展史》第二章《釀造黃酒所用原料史》，中國輕工業出版社，2001 年版，第 16 頁。

〔註 35〕李亞東在《中國古代釀酒專家賈思勰與釀酒技術》一文中考察高溫煮水這一工藝流程時認爲，「高溫處理不僅可以有效地滅菌，還可以沉澱出一部分重碳酸鹽，降低水的硬度，從而有利於排除雜菌污染，促進正常菌種的繁殖。」

〔註 36〕《淮南子》卷五《時則訓》「秫稻必齊，麴蘗必時，湛饎必洁，水泉必香。」高誘注，「水泉香則酒善也。」說明古代人們早已認識到酒質的优劣與水質的

綜上可見，當時人們在對釀造用水種類的選擇、水質的治理與提高等方面形成了系統的經驗，這些經驗具有較強的合理性和實用性的特點。〔註37〕

（二）浸酒麴

當時酒麴在用於釀酒之前，需要進行粗細不同的加工，之後用清澄的水進行一定時間的浸漬，然後進行發酵釀造。這種浸泡酒麴法是當時北方地區人們在正式開始釀造前對酒麴的常用加工方法。〔註38〕

當時酒麴經過加工後的性狀，與季節具有密切的關係。《齊民要術》卷七《笨麴並酒第六十六》載人們釀造河東頤白酒過程中對酒麴的加工，「六月、七月作。用笨麴，陳者彌佳，劃治，細剉。」《齊民要術》卷七《笨麴並酒第六十六》載夏季釀造的朗陵何公夏封清酒，「細剉麴如雀頭，先布甕底。」表明在夏季釀酒，酒麴以加工成小塊狀爲宜。關於在冬季、春季釀酒時酒麴的加工，《齊民要術》卷七《笨麴並酒第六十六》載冬季釀造梁米酒，「春、秋、桑葉落時，麴皆細剉；冬則搗末，下絹篩。」《齊民要術》卷七《笨麴第六十六》載人們在正月釀造穄米酎酒時對酒麴的加工，「冬則搗末，下絹篩。」《齊民要術》卷七《法酒第六十七》載春季釀造粳米法酒，「絹篩麴末三斗三升。」由此可見，當時在氣候寒冷時釀酒，多把酒麴加工成末狀。說

關係。

〔註37〕現代釀酒，對水質也有更爲嚴格而具體的要求。殷維松在《黃酒簡易釀造法》中闡述，「無色、無味、無臭、水質清澈透明。一般地面水，硝酸鹽含量在 1.0 毫克／升以下，亞硝酸鹽 0.1 毫克／升以下，氨氮微量。鐵含量最好在 0.5 毫克／升以下。含氯量應在 20～60 毫克／升範圍內較適當。水中總固體一般在 100～500 毫克／升較爲普通，但最好能在 100 毫克／升以下。磷酸鹽在 3～10 毫克／升之內。pH 值應該在中性或微酸性範圍。」可見，當時人們在釀酒過程中對釀酒用水的加工與處理，與現代釀酒工業對水源的加工目的是一樣的，現代進行釀酒時對水進行上述加工，就是要使水源無雜質，鹽、酸、鹼度控制在較合理的範圍內。以保障酒的色、香、味的純正。在北朝時期生產工藝較爲有限的條件下，當時人們能利用有限的方式對水源進行加工與處理，達到與現代標準相近的要求，這可以說是當時釀酒工藝發展與進步的體現。

〔註38〕朱寶鏞、章克昌在《中國酒經‧酒史篇》第三章《歷代釀酒技術》中認爲，「浸麴法的优點是酒麴被粉碎後，浸泡在水中，酶製劑已溶入水中，酵母菌也可度過停滯期，并開始繁殖。這樣，投入米飯後，發酵可以盡快進行。」「浸麴的主要目的在於酶的溶出和活化。」傅金泉在《從麴蘗論我國黃酒麥麴技術的發展》一文中也認爲，「（浸麴）更重要的是使麴中的酵母菌得到進一步的擴大培養。」

明當時人們在釀酒過程中對酒麴的加工以「夏、秋季粗，冬、春季細」作為標準。主要是「為了防止發酵熱時過快，寒時過遲」。〔註39〕即通過對成品酒麴性狀的加工來應對季節變化對釀造過程的影響。因為受季節影響而變化的溫度對釀酒周期及成酒品質有重要的影響。夏、秋季氣溫較高，在釀造過程中容易產生高溫酸敗的現象，如果在釀酒時使用末狀的酒麴進行糖化與發酵，固然可以加快發酵速度、縮短發酵周期。但是，在當時散熱技術有限的情況下，人們對高溫條件下釀造過程中驟然增加的熱量卻是無法進行處理的，這必然會使酸敗菌大量繁殖，影響酒的質量。所以，在氣溫較高的季節，用粗狀酒麴釀酒，可以放慢糖化與發酵的速度，避免快速釀造中熱量的驟然增加及高溫酸敗現象。在寒冷季節釀酒，由於氣溫較低，影響了酒麴糖化與發酵作用的發揮。因而，在冬、春季釀酒，適宜使用末狀酒麴。因為末狀酒麴的糖化與發酵作用可以在較短的時間內得到充分發揮，加快發酵速度，避免發酵遲緩的現象。

浸麴所用水、浸麴時間與季節變化同樣有著密切的聯繫。關於浸漬酒麴所用水，《齊民要術》卷七《造神麴並酒第六十四》載釀造河東神麴黍米酒，「初凍後，盡年暮，水脈既定，收取則用；其春酒及餘月，皆須煮水為五沸湯，待冷浸麴，不然則動。」說明冬季取水可以直接用來浸漬酒麴，而在氣溫較高的春夏季，取來的水需要經過高溫煮沸、冷卻之後才能用於浸漬酒麴。

關於浸麴時間，《齊民要術》卷七《造神麴並酒第六十四》載，「浸麴法：春十日或十五日，秋十五日或二十日。」《齊民要術》卷七《造神麴並酒第六十四》載河東神麴黍米酒釀造前對酒麴的浸漬，「浸麴，冬十日，春七日，候麴發，氣香末起，便釀。」表明氣候較暖時浸麴所用時間一般要短於寒冷季節浸麴的時間。因為微生物的活動受到氣溫高低的影響。

關於浸漬酒麴成熟的標準，《齊民要術》卷七《造神麴並酒第六十四》載，「但候麴香末起，便下釀。」酒麴經過一段時間的浸漬後，酒麴中的微生物逐漸進入活躍狀態，由於微生物的呼吸，有氣體產生。水表面有大量氣泡冒出，反映出經過浸漬的酒麴已經成熟。

〔註39〕參看（後魏）賈思勰著：《齊民要術》卷七《造神麴并酒第六十四》，繆啓愉校釋，農業出版社，1982 年版，第 374 頁。

（三）原料米的加工

1、淘米

對原料米的淘洗即除雜操作的一般要求是使米淘得乾淨。因爲米不淘淨，會影響成酒的色澤及質量。《齊民要術》卷七《法酒第六十七》載黍米法酒釀造過程中原料米的淘治，「取黍米三斗三升，淨淘——凡酒米，皆欲極淨，水清乃止；法酒尤宜存意，淘米不得淨，則酒黑。」反映出當時對原料米淘洗的一般標準。因爲米的內部主要成份爲澱粉，表面其他物質成份爲蛋白質、脂肪、粗纖維和灰份。米粒中的澱粉即可融性無氮物是產生酒精的來源，而米粒內部及表面所含有的大量蛋白質、脂肪，對成酒的品質有不利的影響。〔註40〕所以，淘米不淨，米粒表面的蛋白質、脂肪會殘留在米中，影響發酵過程及酒的質量。而米表面的糠皮等雜質在發酵過程完成後，會殘留在酒液中，影響成酒的顏色和口感，造成酒液顏色的渾濁。《齊民要術》卷七《造神麴並酒第六十四》所載，「米必細舂，淨淘三十許遍；若淘米不淨，則酒色重濁」反映的便是淘米不淨影響酒質的情況。

一般而言，釀酒所用的原料米需要淘治得精白，爲此，原料米需要經過多次淘洗。《齊民要術》卷七《造神麴並酒第六十四》載用第一種神麴釀造秫米、黍米、糯米酒過程中對原料的淘治，「其米絕令精細。淘米可二十遍。」《齊民要術》卷七《造神麴並酒第六十四》載用第三種神麴釀造黍米酒過程中對原料米的淘治，「米必令五六十遍淘之。」上述釀酒過程中對原料米的數十次淘洗，固然可以去除米表面的糠皮、過多的蛋白質、脂肪等雜質，避免「酒色重濁」的現象。但是，淘洗次數過多，也會使米中的澱粉、蛋白質、脂肪等營養物質部分地損失，反而影響酒的質量。因爲原料米中留有少量的蛋白質、脂肪對酸漿的形成及成酒質量的改善與提高是有利的。〔註41〕蛋白質爲釀酒過程中微生物菌所需要的重要氮源，其含量的適當與否，對成酒質量有很大影響。〔註42〕脂肪也是釀酒過程中微生物菌發揮糖化、發酵力的碳

〔註40〕參看（北朝）賈思勰著：《齊民要術》卷七《造神麴并酒第六十四》，繆啓愉、繆桂龍譯注，上海古籍出版社，2009年版，第416頁。

〔註41〕參看洪光住：《中國釀酒科技發展史》第一篇《釀造黃酒科技發展史》第五章《釀造黃酒工藝發展史》，中國輕工業出版社，2001年版，第122頁。

〔註42〕參看王福榮主編：《釀酒分析與檢測》第一章《白酒生產分析檢驗》，化學工業出版社，2005年版，第5頁。

源之一，為成酒中必要的香味成分。〔註43〕所以，當時人們在釀酒中對米的淘洗多以米乾淨為標準。《齊民要術》卷七《白醪麴第六十五》載釀造白醪酒前對米的淘洗，「冷水淨淘。」同書卷七《造神麴並酒第六十四》載河東神麴黍米酒釀造過程中對原料米的淘洗，「淘米須極淨，水清乃止。」同書卷七《笨麴並酒第六十六》載穄米酎酒釀造過程中對原料米的淘洗，「米必須舂，淨淘，水清乃止，即經宿浸置。」同書卷七《笨麴並酒第六十六》載浸藥用酒釀造過程中對原料米的淘洗，「釀用黍，必須細䴅，淘欲極淨，水清乃止。」同書卷七《法酒第六十七》載桑落酒釀造過程中對原料米的淘治，「其米令精細，淨淘，水清為度。」綜上可見，當時淘米操作的要點：首先，米自然要淘洗乾淨，以去除灰塵等雜質。其次，不主張過度淘洗米，而是普遍採用淘洗適度的原則，目的是避免米中營養物質的消耗。

當時人們在淘米乾淨之後，還對米進行浸泡。《齊民要術》卷七《白醪麴第六十五》載，「取糯米一石，冷水淘淨，漉出著甕中，作魚眼沸湯浸之。經一宿，米欲絕酢，炊作一餾飯，攤令絕冷。」《齊民要術》卷七《笨麴並酒第六十六》載河東頤白酒釀造過程中對黍米的加工，「日西，淘米四斗，使淨，即浸。夜半炊作再餾飯。」由此可知，當時浸漬原料米以米脹透作為標準，之後即可進行蒸飯操作。據現代釀酒中浸米原理，對釀酒所用原料米進行浸泡，可以使原料米中澱粉顆粒間的巨大分子鏈由於水的作用而逐漸展開，在高溫蒸煮的條件下容易充分的糊化。〔註44〕這有利於酒麴對米飯進行充分的糖化與發酵。

2、蒸飯

《齊民要術》卷七、卷九記載各種米淘洗乾淨之後，還要經過蒸治，加工成熟米飯，然後投入麴汁中進行發酵釀造。《齊民要術》卷七《造神麴並酒第六十四》載，「若作秫、黍米酒，一斗麴，殺米二石一斗：第一酘，米三斗；停一宿，酘米五斗；又停再宿，酘米一石；又停三宿，酘米三斗。其酒飯，欲得弱炊，炊如食飯法，舒使極冷，然後納之。」《齊民要術》卷七《笨麴並酒第六十六》載，「粱米酒法」，「看釀多少，皆平分米作三分，一分一炊。淨

〔註43〕 參看王福榮主編：《釀酒分析與檢測》第一章《白酒生產分析檢驗》，化學工業出版社，2005年版，第6頁。

〔註44〕 參看（後魏）賈思勰著：《齊民要術》卷七《白醪麴第六十五》，繆啟愉校釋，農業出版社，1982年版，第384頁。

淘，弱炊爲再餾，攤令溫溫暖於人體，便下，以杷攪之。」表明當時人們以米充分軟化爲蒸飯的標準。據現代釀酒蒸飯原理，蒸熟原料米的目的是使米粒能充分吸收水分、糊化，使酒麴能對其進行充分的糖化和發酵。同時，蒸飯也可以起到對米粒殺菌的作用。〔註45〕

當時人們首先注重蒸米飯時間的選擇。《齊民要術》卷七《笨麴並酒第六十六》載河東頤白酒釀造時的蒸飯工藝，「夜半炊作再餾飯，令四更中熟……日西更淘三斗米，浸；炊還令四更中稍熟。」「日出以後熟，即不成。」《齊民要術》卷七《法酒第六十七》載當梁法酒釀造過程中的蒸飯，「以三月三日日未出時，取水三斗三升，乾麴末三斗三升，炊黍米三斗三升爲再餾黍，攤使極冷：水、麴、黍俱時下之。」太陽出來之後開始蒸飯、投飯釀酒，會影響到酒的品質。因爲日出之後，氣溫逐漸升高，這會使釀造時的初始溫度也相應升高，產生高溫的環境，給有害細菌的繁殖創造條件。最終影響成酒的醇厚口感。所以，爲保障成酒的質量，當時人們多選擇日出之前這一氣溫較爲涼爽的時間開始正式釀造前的蒸飯。

其次，當時人們還注重對原料米採用不同的蒸治方法。《齊民要術》記載了當時人們採用不同方式對米飯進行蒸治。

直接蒸熟米飯。《齊民要術》卷七《造神麴並酒第六十四》載用第一種神麴釀造秫米酒、黍米酒之前對原料米的炊製，「其酒飯，欲得弱炊，炊如食飯法，舒使極冷，然後納之。」直接蒸熟米飯的具體操作是在蒸汽初次上甑之後，繼續用後續的蒸汽蒸製，直到米飯熟透。同書卷七《造神麴並酒第六十四》所載用第二種神麴釀造黍米酒；用第三種神麴釀造黍米酒、粳米醪酒；同書卷七《笨麴並酒第六十六》所載用笨麴釀造的白醪酒、酴酒、粟米爐酒、浸藥用酒，《食經》白醪酒、冬米鳴酒、夏米鳴酒、琅陵何公夏封清酒、治癒瘧疾酒、酈酒、審酒、柯柂酒；同書卷七《法酒第六十七》載用笨麴釀造七月七日法酒、三九法酒；同書卷七《法酒第六十七》載用白墮麴釀造桑落酒時對米均採用直接蒸熟的方式。

蒸「沃饙」。《齊民要術》卷七《造神麴並酒第六十四》載用第一種神麴釀造糯米酒之前對米飯的炊製，「其炊飯法，直下饙，不須報蒸。其下饙法：出饙甕中，取釜下沸湯澆之，僅沒飯便止。」關於「饙」，《玉篇》釋爲，「半

〔註45〕參看康明官：《中外名酒知識及生產工藝手冊》第三章《中外著名黃酒和清酒》，化學工業出版社，1994 年版，第 143 頁。

蒸飯。」表明「沃饙」就是在水蒸氣初次上甑之後，就把米飯取出，使其不再經水蒸氣蒸治，而是採用沸水浸泡的方式進行加工以達到熟透的目的。《齊民要術》卷七所載釀造河東神麴黍米酒、白醪酒，同書卷七《笨麴並酒第六十六》所載用笨麴釀造秦州春酒、頤酒、桑落酒、粟米酒過程中均採取蒸「沃饙」的方式。

「再餾飯」的加工方式及特點。《齊民要術》卷七《造神麴並酒第六十四》載用第四種神麴釀造黍米酒過程中對米飯的炊製，「初下釀，用黍米四斗，再餾弱炊，必令均熟，勿使堅剛、生、減也。」可見，「再餾飯」就是當水蒸氣初次上甑之後，繼續加水，再經過水蒸氣的蒸治，使米飯完全熟透。這種加工方式不僅具有使米飯成熟均勻、糊化完全，但米飯又不過於爛熟的特點。還可以使酒麴對米飯進行充分的糖化與發酵，保障成酒的質量。〔註46〕《齊民要術》卷七所載用笨麴釀造河東頤白酒、梁米酒、黍米法酒、當梁法酒、粳米法酒過程中均採取「再餾飯」的方式。

（四）投飯

在經過浸麴階段後，酒麴中的黴菌和酵母菌等微生物進入活躍的狀態，〔註47〕此時進入釀酒的正式發酵階段，需要開始適時往麴液中分批投放米飯。《齊民要術》卷七、卷九中將分批投放米飯稱之爲「酘」。首先，當時人們注重浸麴成熟要適時開始投飯，《齊民要術》卷七《造神麴並酒第六十四》載，「但候麴香沫起，便下釀。過久麴生衣，則爲失候；失候則酒重鈍，不復輕香。」因爲浸麴成熟時，如果不適時開始投飯，一方面，麴液的糖化、發酵力會逐漸減弱；另一方面，麴液也會變質，麴液表面長出白毛。〔註48〕這些因素會影響酒的質量。其次，當時人們更重視在初次投飯之後，根據麴勢強弱的變化增減投飯量、投飯次數。以保障糖化、發酵過程的順利進行。本部分將重點分析初次投飯之後的依據麴勢投飯的情況。

關於當時釀酒中的投飯。《齊民要術》卷七《造神麴並酒第六十四》載用

〔註46〕參看（北朝）賈思勰著：《齊民要術》卷七《造神麴并酒第六十四》「河東神麴黍米酒」條，繆啓愉、繆桂龍譯注，上海古籍出版社，2009年版，第430頁。

〔註47〕參看朱寶鏞、章克昌主編：《中國酒經・酒史篇》第三章《歷代釀酒技術》，上海文化出版社，2000年版，第23頁。

〔註48〕參看（北朝）賈思勰著：《齊民要術》卷七《造神麴并酒第六十四》，繆啓愉、繆桂龍譯注，上海古籍出版社，2009年版，第425頁。

第一種神麴釀造秫米酒、黍米酒時的投放原料米飯，「若作秫、黍米酒，一斗麴，殺米二石一斗：第一酘，米三斗；停一宿，酘米五斗；又停再宿，酘米一石；又停三宿，酘米三斗。」用第一種神麴釀造糯米酒時的投飯，「若作糯米酒，一斗麴，殺米一石八斗。唯三過酘米畢。」《齊民要術》卷七《笨麴並酒第六十六》載釀造粱米酒，「皆平分米作三分，一分一炊……三酘畢，後十日，便好熟。」這表明，當時的一些酒在釀造過程中的投飯有固定的次數。

　　儘管當時人們在一些酒的釀造過程中進行固定次數的投飯操作，但是在釀造中，還是要根據麴勢的強弱決定投飯的次數、投飯的多少，以使麴液的糖化、發酵力與投飯的數量相適應，酒麴本身的糖化與發酵力能得到充分的利用。即「酒以投多為善，要在麴力相及」。〔註49〕這裡以用第二種神麴釀造黍米酒為例進行考察。《齊民要術》卷七《造神麴並酒第六十四》載，「造神麴黍米酒方：細剉麴，燥曝之。麴一斗，水九斗，米三石。須多作者，率以此加之……初下用米一石，次酘五斗，又四斗，又三斗，以漸待米消既酘，無令勢不相及。味足沸定為熟。氣味雖正，沸未息者，麴勢未盡，宜更酘之；不酘則酒味苦、薄矣。得所者，酒味輕香，實勝凡麴。」這裡所說的「勢」，就是酒麴本身「衣色錦布，或藍或炳；殺熱火煏，以猛以烈」所代表的發酵力。「勢不相及」是指投飯的早晚而言。根據釀酒原理，將米飯投入麴液中後，米飯中的澱粉先與澱粉酶發生反應，產生葡萄糖。與此同時，酵母菌對葡萄糖進行發酵，產生酒精。由於糖化與發酵是同時進行的，因此，可以稱為複式發酵。如果在前面所投的米飯尚未完全糖化、發酵之前，就投入下一批米飯，這時只會增加液體中葡萄糖的含量。而發酵液體中過多的糖分，會限制酵母菌發酵力的發揮，影響酒精比例的增加。因此，處於這種情況之下的發酵液體會有偏甜的口感。如果麴液中的黴類菌與酵母菌完成了對上次所投米飯的糖化、發酵之後，不及時投飯，酒麴的糖化與發酵力會逐漸減弱。之後所投的原料米飯不能完全被糖化與發酵。上述情況會影響糖化、發酵過程的進行。同時會使發酵液體中酒精度偏低，給有害細菌的侵蝕與繁殖創造機會，最終影響到成酒的質量。〔註50〕

〔註49〕參看（宋）朱肱著：《酒經》，宋一明、李艷譯注，上海古籍出版社，2010年版，第14頁。

〔註50〕參看（北朝）賈思勰著：《齊民要術》卷七《造神麴并酒第六十四》，繆啟愉、

為清楚地說明當時釀酒時糖化、發酵過程中原料的變化情況，現將糖化、發酵反映公式引用如下：

糖化過程：

$$(C_6H_{10}O_5)_n + nH_2O \xrightarrow{\text{澱粉酶}} nC_6H_{10}O_6$$
　澱粉　　　　水　　　　　　葡萄糖 〔註51〕

$$[C_6H_{12}O_5]_n \xrightarrow[\text{澱粉}]{\text{澱粉酶}} [C_6H_{12}O_5]_n \xrightarrow{xH_2O} [C_{12}H_{24}O_{10}]_n \xrightarrow{\text{麥芽糖酶}} C_6H_{12}O_6$$
　澱粉　　　　　　糊精　　　　　　麥芽糖　　　　　葡萄糖 〔註52〕

發酵過程：

$$C_6H_{12}O_6 + 2ADP + 2H_3PO_4 \xrightarrow{\text{酵母等}} 2C_2H_5OH + 2CO_2 + 2ATP + 10.6kJ$$
　葡萄糖　　　　　　　　　　　　　　酒精 〔註53〕

公式清晰地顯示出釀酒中糖化和酒化這兩個過程。在酒化過程中，由於酵母菌對葡萄糖的發酵作用，在產生酒精的同時，還有二氧化碳氣體的釋放。使液體表面呈現類似水煮沸的狀態。所以，酒液表面是否呈現「沸騰」的現象，成為決定是否繼續投飯、投飯量的多少及判斷酒是否成熟的標準。「味足沸定」，說明酒味醇厚、糖化與發酵反應結束，酒已成熟。這時不需再繼續投飯。即使達到規定的投飯次數與數量，如果「氣味雖正，沸未息者」，〔註54〕表明糖化、發酵還在繼續，這時應「宜更酘之」。〔註55〕以充分利用酒麴的糖化、發酵力。

根據「麴勢」分批投飯，就是現在釀酒業中常用的「喂飯法」。〔註56〕這

　　　　繆桂龍譯注，上海古籍出版社，2009年版，第419頁。
〔註51〕 參看康明官：《中外名酒知識及生產工藝手冊》第一章第四節《各類酒的原料及製法概要》，化學工業出版社，1984年版，第22頁。
〔註52〕 參看洪光住：《中國釀酒科技發展史》第一篇《釀造黃酒科技發展史》第五章《釀造黃酒工藝發展史》，中國輕工業出版社，2001年版，第144頁。
〔註53〕 參看康明官：《中外名酒知識及生產工藝手冊》第一章第四節《各類酒的原料及製法概要》，化學工業出版社，1984年版，第22頁。
〔註54〕 參看（北朝）賈思勰著：《齊民要術》卷七《造神麴并酒第六十四》，繆啓愉、繆桂龍譯注，上海古籍出版社，2009年版，第418～419頁。
〔註55〕 參看（北朝）賈思勰著：《齊民要術》卷七《造神麴并酒第六十四》，繆啓愉、繆桂龍譯注，上海古籍出版社，2009年版，第419頁。
〔註56〕 北朝時期人們在釀酒時所採用的「喂飯法」，在從古至今的釀酒生產中扮演著承上啓下的角色。謝廣發在《黃酒釀造技術》第三章《黃酒釀造》中認為，「喂飯法釀酒在我國已有极悠久的歷史。早在東漢時，曹操就釀出了聞名一

可以使糖化、發酵過程漸近地進行，糖分與酒精含量處於較爲緩慢和均勻的變化過程；還可以人爲控制發酵過程中的溫度，根據發酵溫度的變化隨時增溫或者降溫，有利於釀造的順利進行。當時人們在釀酒過程根據「麴勢」投飯，反映出對酒麴中微生物活動規律即糖化與發酵力的變化已有了精確的掌握。

當時人們在適時開始初次投飯釀造、後續投飯釀造階段，尤其是在前發酵階段，對酒麴本身「勢」的變化和投飯時間、投飯數量是非常注重的。這是因爲前發酵階段是發酵液體中酒精含量處於增長變化的關鍵時期。據學者研究，「釀酒在頭幾天的主發酵階段，發酵旺盛，酒精含量直線上昇，可達全含量的三分之二以上，過後轉入後發酵期，在長期間內醇度增漲微緩，所以酘飯必須掌握在主發酵期的適當時間內，過早過遲，均非所宜」。〔註57〕

當時人們在浸漬酒麴、發酵過程中還採用了酸漿、溫粥技術。首先是在釀造過程中使用酸性較高的酸漿。《齊民要術》卷七《白醪麴第六十五》載白醪酒的釀造，「取糯米一石，冷水淨淘，漉出著甕中，作魚眼沸湯浸之。經一宿，米欲絕酢……取魚眼湯沃浸米泔二斗，煎取六升，著甕中，以竹掃沖之，如茗渤。復取水六斗，細羅麴末一斗，合飯一時內甕中，和攪令飯散。」經過一定時間浸泡的米及浸米水變酸，是因爲經過一定時間浸泡的一部分原料米，在酶類物質的作用下轉化爲糖分，之後被乳酸菌作用、發酵，逐漸轉化成有機酸。而原料米表面的蛋白質，也逐漸被蛋白質分解酶分解成氨基酸。〔註58〕這是古代人們較早把酸漿水應用於釀酒的記載。除此之外，當時釀造多米明酒、治癒瘴疾酒時都使用到酸漿。《齊民要術》載釀造多米鳴酒時酸漿的製取，「九月，漬精稻米一斗，搗令碎末，沸湯一石澆之。麴一斤，末，攪和。三日極酢。」綜上可知，當時酸漿的獲得主要是通過單純的浸米和浸米加酒麴這一雙重工藝。當時釀酒中使用酸漿，大多經過煎煮、濃縮這一步驟。這即可以提高酸漿的酸度，又可以起到高溫滅菌的作用。根據學

時的『九醞酒』，這種酒是用『九投法』釀成的……《齊民要術》上記載的釀酒法，也有三投、五投和七投的方法。歷史上這些釀酒的方法和現在黃酒釀造的喂飯法是一脈相承的。這種多次投料、連續發酵的喂飯發酵法，與近代遞加法發酵實際上是相同的。」

〔註57〕參看（後魏）賈思勰著：《齊民要術》卷七《造神麴并酒第六十四》「神麴 2 號黍米酒」條，繆啓愉校釋，農業出版社，1982 年版，第 376 頁。

〔註58〕參看殷維松：《黃酒簡易釀造法》，中國食品出版社，1987 年版，第 32 頁。

者研究，酸漿中含有豐富的有機酸等物質，這些物質可以提供酵母菌繁殖所需的營養物質，有利於促進酵母菌的繁殖，還可以調節發酵酒液中的酸度。〔註59〕保障發酵的順利進行（主要是保障酵母菌等的繁殖，抑制有害菌）。〔註60〕

其次，在浸漬酒麴、釀造過程中使用溫粥。《齊民要術》卷七《笨麴並酒第六十六》載笨麴粱米酒的釀造，「以所量水，煮少許粱米薄粥，攤待溫溫以浸麴；一宿麴發，便炊，下釀，不去滓。」《齊民要術》卷七《笨麴並酒第六十六》載穄米酎酒的釀造，「煮少量穄粉作薄粥……粥溫溫如人體時，於甕中和粉，痛抨使均柔，令相著。」表明當時人們在釀酒中使用溫粥是較爲普遍的。據現代釀酒原理，溫粥促進「酒麴加快萌發，還可以盡早及時提供黴菌所需『營養品』」。〔註61〕起到增加成酒色、香、味的作用。而《齊民要術》卷七所載粱米酒「酒色漂漂與銀光一體，薑辛、桂辣、蜜甜、膽苦，悉在其中，芬芳酷烈，輕儁遒爽，超然獨異」的卓越品質就和此緊密相關。

（五）溫度控制

《齊民要術》卷七《笨麴並酒第六十六》載笨麴桑落酒釀造過程中的溫度要求，「作釀池，以稿茹甕，不茹甕則酒甜；用穰則太熱」。〔註62〕溫度過低，酒麴的糖化與發酵力的發揮會受到限制，發酵液體中糖份殘存過多，使酒過甜。如果溫度過高，固然適合黴菌糖化作用的發揮，但卻限制了酵母菌的活動。據學者研究，高溫環境釀酒會使發酵液體中「糖分積累過快過高，對酵母菌的活動很不利，一般有害雜菌的適生溫度高於酵母菌，（高溫釀造）正給雜菌入侵以可乘之機」，〔註63〕影響成酒的質量。可見，進行溫度控制、創造適宜的溫度環境是保障發酵過程正常進行的重要因素。

〔註59〕 參看洪光住：《中國釀酒科技發展史》第一篇《釀造黃酒科技發展史》第五章《釀造黃酒工藝發展史》，中國輕工業出版社，2001年版，第115頁。
〔註60〕 參看劉樸兵：《唐宋飲食文化比較研究》第二章《轉型前夜深入民俗的唐宋飲品》第一節《唐宋時期的酒文化·酒的生產》，中國社會科學出版社，2010年版，第163頁。
〔註61〕 參看洪光住：《中國釀酒科技發展史》第一篇《釀造黃酒科技發展史》第五章《釀造黃酒工藝發展史》，中國輕工業出版社，2001年版，第118頁。
〔註62〕 參看（北朝）賈思勰著：《齊民要術》卷七《笨麴并酒第六十六》，繆啓愉、繆桂龍譯注，上海古籍出版社，2009年版，第441頁。
〔註63〕 參看繆啓愉：《〈齊民要術〉中利用微生物的科學成就》，載《古今農業》，1987年第4期，第7頁。

北朝時期人們在釀酒過程中對溫度進行控制的方法，主要有選擇釀造季節與人爲改變釀酒溫度的方式，來確保整個釀造過程中溫度的適宜，以保障麴液中微生物的糖化、發酵作用的正常發揮，確保成酒的質量。

首先，就季節而言，當時多數酒的釀造，多選擇在氣候較爲涼爽的春季、秋季進行。因爲夏季氣溫過高，會使麴液發酵溫度過高，限制酵母菌發酵作用的發揮，但給有害細菌如酸敗菌的繁殖創造了條件，影響酒質。而當時的降溫技術也是有限的。《齊民要術》卷七《造神麴並酒第六十四》載用第二種神麴釀造黍米酒，「所以專取桑落時作者，黍必令極冷也。」秋季氣候涼爽，自然有利於對釀造過程中溫度的控制。《齊民要術》卷七《造神麴並酒第六十四》載用第四種神麴釀酒，「春秋二時釀者，皆得過夏；然桑落時作者，乃勝於春。」由此可見，釀造季節對成酒的品質，乃至成酒的貯存時間，有著重要的影響。

其次，對於季節變化所帶來的溫度變化，人們採取人爲調控溫度的方式，來保障釀造過程中的溫度需要。這可以從浸麴、投飯和發酵過程中的溫度控制三個方面進行分析。

（1）關於浸麴這一過程的溫度控制。當時浸麴所用的水，多是用冷水，或者經過煮沸、冷卻後的水。《齊民要術》卷七《造神麴並酒第六十四》載釀造河東神麴黍米酒時的浸麴，「初凍後，盡年暮，水脈既定，收取則用；其春酒及餘月，皆須煮水爲五沸湯，待冷浸麴，不然則動。」表明當時人們在冬季直接用冷水浸麴，在氣候轉暖的春季至炎熱的夏季之間先煮沸水，待冷卻後用於浸漬酒麴。這是因爲入春至夏季，氣溫逐漸升高，水中的有害菌、雜質等隨之增加，對水進行高溫煮沸，可以有效滅菌、去除雜質。但是，如果以沸水直接浸麴，過高的水溫又會抑制麴液中微生物的繁殖，甚至直接殺死麴液中的黴菌、酵母菌等微生物，影響糖化、發酵的進行。所以，要以冷水浸麴，讓麴中的黴菌和酵母菌等微生物從繁殖停滯的狀態自然進入活躍期。對當時冬季釀造，麴汁出現冰凍的現象，當時人們採用加溫微熱的方式。《齊民要術》卷七《造神麴並酒第六十四》載河東神麴酒，「隆冬寒厲，雖日茹甕，麴汁猶凍，臨下釀時，宜漉出凍凌，於釜中融之——取液而已，不得令熱。凌液盡，還瀉著甕中，然後下黍；不爾則傷冷。」說明當時人們加熱冰凍麴汁的標準是使冰凍麴汁溶化但又不使其出現沸騰爲宜，如果麴汁沸騰，麴汁中的微生物會因高溫受限，影響發酵的進行。

（2）對所投原料米飯溫度的掌握。釀酒季節及釀造環境的溫度條件決定了當時所投放的米飯溫度。在氣候溫暖、炎熱的季節，人們多爲以冷卻的米飯投入麴汁中。《齊民要術》卷七《造神麴並酒第六十四》載用第一種神麴釀造黍米酒，「其酒飯，欲得弱炊，炊如食飯法，舒使極冷，然後納之。」當時人們之所以在夏秋季節釀酒中先冷卻米飯，之後進行投飯。據前引釀酒發酵公式可知，在發酵過程中會有熱量的散出。這些熱量正好爲整個發酵過程所用。這時如果以熱飯直接投入麴液中，會使發酵過程中的溫度驟然升高、酵母菌過早進入衰弱期，[註64]給酸敗菌的繁殖創造了條件，影響酒的質量。但是，在寒冷的冬季釀酒，就要以溫度的變化爲標準，來決定投飯的溫度。《齊民要術》卷七《造神麴並酒第六十四》載在冬季用第四種神麴釀造黍米酒過程中的投飯情況，「冬釀者，必須厚茹甕、覆蓋。初下釀，則黍小暖下之。一發之後，重酘時，還攤黍使冷——酒發極暖，重釀暖黍，亦酢矣。」河東神麴酒釀造時的投飯，「唯十一月、十二月天寒水凍，黍須人體暖下之；桑落、春酒，悉皆冷下。」表明當時人們在冬季釀酒時的初次投飯用溫度接近人體的米飯。這是因爲在氣候寒冷的冬季釀酒，較低的氣溫會限制酒麴中微生物菌的活動。而初次投飯時用稍微溫暖的飯，目的是在低溫環境下，使酒麴中的微生物菌類在適宜增溫的帶動下，充分進入活躍的狀態，以便對原料米進行初次糖化與發酵。而在之後的糖化與發酵過程中，會有大量的熱量散發出，這些熱量足以滿足低溫環境下釀酒對溫度的要求。所以，在初次投飯之後，爲避免發酵液體本身溫度驟然升高，防止高溫發酵所引起的酸敗，以後每次投飯都要用經過冷卻的米飯。當時人們在釀造過程中對初次投飯的溫度的重視，就是考慮到發酵初始時的溫度對以後釀造過程的影響。

（3）正式發酵過程中的溫度調控。較低的氣溫限制了微生物的活動、發酵過程的順利進行，因此，需要提高釀造時的溫度。但是，仍然要以釀造時的具體溫度環境作爲增溫的標準。

在氣候極度寒冷的情況下，就需要採取大幅增溫的方式。如在初冬季節釀造河東神麴黍米酒，就要加厚酒甕的保溫層，以防止酒甕中熱量的散失，避免外界低溫環境對糖化、發酵過程的不利影響。《齊民要術》卷七《造神麴並酒第六十四》載，「十一月、十二月，須黍穰茹之。」除此之外，當時人們

[註64] 參看謝廣發：《黃酒釀造技術》第三章《黃酒釀造》，中國輕工業出版社，2010年版，第112～113頁。

還採用投置炭火的方式來保障寒冷季節發酵時所需的溫度。《齊民要術》卷七《造神麴並酒六十四》載，「春以單布覆甕，冬用薦蓋之。冬，初下釀時，以炭火擲著甕中，拔刀橫於甕上。酒熟乃去之。」當時人們針對冬季氣溫過低、發酵中止的情況，採用了快速增溫的方式以保障釀造的順利進行。《齊民要術》卷七《造神麴並酒第六十四》載，「凡冬月釀酒，中冷不發者，以瓦瓶盛熱湯，堅塞口，又於釜湯中煮瓶，令極熱，引出，著酒甕中，須臾即發。」這種加熱增溫方式被稱為「熱水浴」法。〔註65〕

　　在天氣轉涼、氣溫只是稍許低於正常溫度的情況下，只需稍微增溫即可。《齊民要術》卷七《造神麴並酒第六十四》載用第四種神麴釀造黍米酒過程中的溫度調控，「桑落時稍冷，初浸麴，與春同；及下釀，則茹甕──止取微暖，勿太厚，太厚則傷熱。春則不須，置甕於磚上。」說明當時人們在初秋時節釀酒只採取適度增溫的方式，這是因為初秋時節氣候雖然開始轉涼，但並沒有達到寒冷的狀態。所以在這一季節釀酒，只需稍微保溫即可。如果過度增溫，就會使酒液「傷熱」，即高溫發酵使酒有酸敗的氣味。

　　綜上可見，當時人們在釀造過程中所採用的溫度控制措施，正是《齊民要術》卷七所載「冷暖之法……要在精細」的反映。

（六）釀酒的後期處理

1、酒酸的治理

　　在釀酒過程中，如果投飯過早或者過晚即對糖化與發酵速度調節失衡、〔註66〕對發酵溫度掌握不適宜使發酵液體品溫過高，都會使酒液生酸過多，產生酒液酸敗的現象。其本質原理是酒麴本身、釀酒所用原料、工具及釀酒環境中所帶有的少量醋酸菌在溫度適宜的條件下會迅速繁殖，這些大量增加的醋酸菌對酒精進行氧化作用，產生醋酸，〔註67〕進而影響到酒的質量。關於治理酒酸，《齊民要術》卷七《法酒第六十七》載，「治酒酢法：若

〔註65〕參看楊勇：《試論〈齊民要術〉中的我國古代製麴、釀酒發酵技術》，載《西北農學院學報》，1985年第4期，第62頁。

〔註66〕謝廣發在《黃酒釀造技術》第三章《黃酒釀造》第四節《黃酒醪的酸敗及防治》從現代釀造黃酒實驗分析角度認為，「如果糖化快、發酵慢，糖份過於積累，易引起酸敗；反之，糖化慢，發酵快，易使酵母過早衰老，後酵也易生酸。」

〔註67〕李亞東：《中國古代釀酒專家賈思勰與釀酒技術》，載《釀酒科技》，1984年第2期，第26頁。

十石米酒，炒三升小麥，令甚黑，以絳帛再重爲袋，用盛之，周築令硬如石，安在甕底。經二七日後，飲之，即回。」表明北朝時期人們採用炒製一定量的小麥使其焦黑，然後再投放入甕的方式治理酒酸問題。據現代釀酒中治理酒酸的原理，酒酸較重時，多以鹼性物質中和酒酸即平衡酸城的方式，使酸酒達到飲用的標準。〔註68〕據此，北朝時期人們炒製小麥達到焦黑，實際上就是把小麥變成鹼性物質，使其中和酒液中的生酸，改善酒液的口感。

2、酒的壓榨、過濾

《齊民要術》卷七《造神麴並酒第六十四》載用第四種神麴釀造黍米酒，「酒若熟矣，押出，清澄」。用河東神麴釀造黍米酒，「合醅停須臾便押出」。同書卷七《笨麴並酒第六十六》載用笨麴釀造粱米酒，「三酘畢，後十日，便好熟。押出」。粟米酒，「四度酘者，及初押酒時，皆回身映火，勿使燭明及甕。」關於壓榨酒的步驟，雖然《齊民要術》有關酒的釀造中沒有明確記載，但是根據其他相關記載，可以做出準確的推測。《齊民要術》卷八《作酢法第七十一》載有關醋的壓榨，「前件三作酢，例清少澱多。至十月中，如壓酒法，毛袋壓出，則貯之。其糟，別甕水澄，壓取先食也。」「酒糟酢法：春酒糟則釅，頤酒糟亦中用。然欲作酢者，糟常濕下；壓糟極燥者，酢味薄。」表明當時的酒應是以毛袋進行壓榨。由「壓糟極燥」可知，當時人們進行酒的壓榨時，應用到簡單的壓榨床。《齊民要術》卷七《法酒第六十七》載粳米法酒，「令清者，以盆蓋，密泥封之。經七日，便極清澄。接取清者，然後押之。」可見當時釀造成酒之後，一般先使酒液自然沉澱，之後取得酒甕中清澄的酒液，然後對酒糟進行壓榨以便得到剩餘的酒液。

3、酒的儲存

酒的儲存，是釀酒過程完成後重要的步驟。《齊民要術》卷七詳細記載了酒在夏季的儲存。因爲夏季氣溫高，容易滋生有害菌，易使成酒受到侵蝕。所以，當時人們特別重視酒在夏季的儲存。

首先，當時人們在夏季儲存酒時，特別注意調節酒甕中的溫度。《齊民要術》卷七《造神麴並酒第六十四》載，「竟夏直以單布覆甕口，斬席蓋布上，

〔註68〕參看謝廣發：《黃酒釀造技術》第三章《黃酒釀造》，中國輕工業出版社，2010年版，第113頁。

慎勿甕泥；甕泥封交即酢壞。」這反映出酒在夏季儲存時，保持酒甕和外界的通風是非常重要的。因為夏季氣候炎熱，以單布和席子覆蓋甕口，仍然可以使酒甕內部與外界保持正常的空氣流通，使酒甕內部溫度不至於過高。如果以泥密封甕口，會阻止酒甕與外界的空氣流通，使酒甕內部溫度逐漸升高，產生酒酸的現象。

其次，當時人們還重視酒的儲存環境的選擇。《齊民要術》卷七《造神麴並酒第六十四》載河東神麴黍米酒的儲存，「地窖著酒，令酒土氣，唯連蘆草屋中居之為佳。瓦屋亦熱。」說明當時人們為使酒在炎熱的夏季能夠長時間的儲存，保障酒的質量穩定，多選擇空氣流通條件好，並且陰涼的環境。草屋為最佳儲存環境，因為草屋不是屬於完全封閉的環境，草屋內外仍然可以保持正常的空氣流通。這有利於調節屋內的溫度，可以避免因儲存環境溫度過高而帶來的酒液變質的現象。地窖中過於濃厚的泥土味會影響酒的味道，不適於酒的儲存。而瓦屋則近似於全封閉的環境，特別是在炎熱的夏季，屋內溫度會逐漸升高，同樣不利於酒的儲存。酒的儲存環境的選擇，不僅影響到酒的質量，而且還與酒的儲存時間具有密切的聯繫。《齊民要術》卷七《笨麴並酒第六十六》載粟米酒，「擇取蔭屋貯置，亦得度夏。」這是因為，陰涼的屋子可以阻止酒甕中溫度的升高，防止酒的酸敗。

三、釀造食用糧食酒的個案分析

現選擇《齊民要術》中所記載的有代表性的神麴黍米酒、（笨麴）秦州春酒、（笨麴）穄米酎酒為例進行分析。（關於北朝時期糧食酒種類、釀造所用原料及比例、釀造時間、投放原料米飯次數，見本節後附表5.8）

（一）用第二種神麴釀造黍米酒工藝

《齊民要術》卷七《造神麴並酒第六十四》載用第二種神麴釀造黍米酒：

> 造神麴黍米酒方：細剉麴，燥曝之。麴一斗，水九斗，米三石。須多作者，率以此加之。其甕大小任人耳。桑欲落時作，可得周年停。初下用米一石，次酘五斗，又四斗，又三斗，以漸待米消既酘，無令勢不相及。味足沸定為熟。氣味雖正，沸未息者，麴勢未盡，宜更酘之；不酘則酒味苦、薄矣。得所者，酒味輕香，實勝凡麴。初釀此酒者，率多傷薄，何者？猶以凡麴之意忖度之，蓋用

米既少，麴勢未盡故也，所以傷薄耳。不得令雞狗見。所以專取桑
落時作者，黍必令極冷也。

現據上述記載製作「用第二種神麴釀造黍米酒工藝圖」（圖5.3），以清晰
展示用第二種神麴釀造黍米酒的過程。

圖5.3　用第二種神麴釀造黍米酒工藝圖

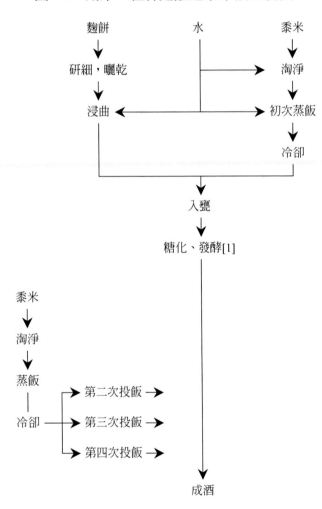

現對黍米酒釀造工藝進行如下分析：

1、釀造時間的選擇

《齊民要術》卷七載此種酒的最佳釀造時間，「專取桑落時釀。」之所以
選擇在秋末冬初釀造，據學者研究，在秋末冬初這一涼爽的季節，「酒飯容易

攤得極冷，下釀時不致因飯溫增高酒醪的溫度」。〔註 69〕表明在桑落時節釀酒，可以防止高溫釀造所引起的酒的變質。

2、釀造操作

（1）釀造原料

關於酒麴，《齊民要術》卷七載，「細剉麴，燥曝之。」表明當時人們在初秋這一氣候還較爲溫暖的季節釀酒時，一般把成品酒麴加工成小塊狀。目的是爲了「爲了防止發酵熱時過快」。〔註 70〕

關於釀造原料的比例，《齊民要術》卷七載，「麴一斗，水九斗，米三石。須多作者，率以此加之。」用麴量僅爲米的 3.3%，可見此種神麴的糖化與發酵力之高。

（2）蒸飯

《齊民要術》卷七載，「造神麴黍米酒方：……初下用米一石，次酘五斗，又四斗，又三斗，以漸待米消既酘，無令勢不相及。」表明對原料米的加工標準是將黍米直接蒸成熟米飯。

（3）攤冷米飯

《齊民要術》卷七載，「所以專取桑落時作者，黍必令極冷也。」可知，當時人們採用攤飯法，目的是使米飯在較短的時間內均勻冷卻。

（4）分批投飯——協調糖化、發酵速度

蒸熟的黍米飯在經過冷卻之後，即可分批投入麴液中，進行發酵、釀造。《齊民要術》卷七載分批投飯的標準是，「以漸待米消即酘，無令勢不相及。」即上次所投的米飯被糖化、發酵之後，要及時進行投飯。也就是精確掌握與協調糖化、發酵速度，保障發酵的進行。只有掌握好糖化與發酵速度，所釀造的酒才能「酒味輕香，實勝凡麴」。如果沒有很好地掌握投飯時機，則釀造的酒「率多傷薄」。

（5）成酒的判斷——視覺判斷

《齊民要術》卷七《造神麴並酒第六十四》載觀察發酵液體表面，「味足

〔註 69〕參看（北朝）賈思勰著：《齊民要術》卷七《造神麴并酒第六十四》，繆啓愉、繆桂龍譯注，上海古籍出版社，2009 年版，第 419 頁。

〔註 70〕參看（後魏）賈思勰著：《齊民要術》卷七《造神麴并酒第六十四》，繆啓愉校釋，農業出版社，1982 年版，第 374 頁。

沸定」，說明酒已釀造成熟。如果「氣味雖正，沸未息者」，糖化、發酵還在進行，這時宜「更酘之」，不然則「酒味苦、薄」。之所以將發酵液體表面是否呈現沸騰狀態作爲判斷釀酒成熟的標準，因爲在酒化過程中，葡萄糖在轉化成酒精的同時，會產生大量的二氧化碳氣體，明顯的表現就是液體表面有氣泡冒出。「味足沸定」，反映出糖化、發酵過程已經完成。「氣味雖正，沸未息者」，表明發酵液體中還有剩餘的葡萄糖正在被酵母菌發酵。爲避免酒麴的浪費，還應繼續投入適量的米飯，直到「味足沸定」爲止。

（二）（笨麴）秦州春酒釀造工藝

《齊民要術》卷七《笨麴並酒第六十六》載秦州春酒釀造：

> 大率一斗麴，殺米七斗，用水四斗，率以此加減之。十七石甕，惟得釀十石米，多則溢出。作甕隨大小，依法加減。浸麴七八日，始發，便下釀。假令甕受十石米者，初下以炊米兩石爲再餾黍，黍熟，以淨席薄攤令冷，塊大者擘破，然後下之。沒水而已，勿更撓勞。待至明旦，以酒杷攪之，自然解散也。初下即搦者，酒喜厚濁。下黍訖，以席蓋之。

> 以後，間一日輒更酘，皆如初下法。第二酘用米一石七斗，第三酘用米一石四斗，第四酘用米一石一斗，第五酘用米一石，第六酘、第七酘各用米九斗：計滿九石，作三五日停。嘗看之，氣味足者乃罷。若猶少味者，更酘三四斗。數日復嘗，仍未足者，更酘三二斗。數日復嘗，麴勢壯，酒乃苦者，亦可過十石米，但取味足而已，不必要止十石。然必須看候，勿使米過，過則酒甜。其七酘以前，每欲酘時，酒薄霍霍者，是麴勢盛也，酘時宜加米，與次前酘等──雖勢極盛，亦不得過次前一酘斛斗也。勢弱酒厚者，須減米三斗。勢盛不加，便爲失候；勢弱不減，剛強不消。加減之間，必須存意。

現據上述記載製作「秦州春酒釀造工藝圖」（圖5.4），以清晰展示秦州春酒的製作過程。

圖 5.4　秦州春酒釀造工藝圖

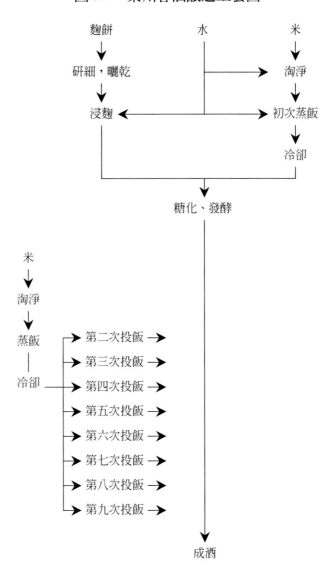

現對秦州春酒釀造工藝分析如下：

1、釀造秦州春酒的原料比例

關於釀造所用原料比例，《齊民要術》卷七載，「大率一斗麴，殺米七斗，用水四斗，率以此加減之。」酒麴用量為米的 14.3%。可見此種酒麴的糖化、發酵力要遠遜於神麴。

2、釀造操作

（1）釀造用水的選擇

《齊民要術》卷七載，「以正月晦日，多收河水；井水若鹹，不堪淘米，下饋亦不得。」表明釀造秦州春酒所用最佳水源爲河水，其次爲井水。鹹水不能用於釀造。

（2）酒麴的處理

《齊民要術》卷七載，「治麴欲淨，剉麴欲細，曝麴欲乾。」可見，當時人們在釀造秦州春酒時對酒麴的處理是非常精細的。所用麴餅要整治乾淨，目的是防止有害菌侵蝕釀造過程。磨製酒麴的程度以酒麴極細爲宜，之後曬乾。因爲釀造秦州春酒是在氣溫較低的冬季，磨製極細的酒麴可以加快寒冷條件下的發酵速度，避免發酵遲緩的現象。

（3）浸麴

關於浸漬酒麴，《齊民要術》卷七載，「浸麴七八日，始發，便下釀。」可知，在氣溫較低的冬季浸漬酒麴的時間是較長的。這是因爲在氣溫較低的季節，微生物的活動受到限制。

（4）蒸飯

關於蒸飯，《齊民要術》卷七載，「浸麴七八日，始發，便下釀。假令甕受十石米者，初下以炊米兩石爲再餾黍。」「以後，間一日輒更酘，皆如初下法。」表明釀造秦州春酒時，是把原料米加工成再餾飯。再餾飯用於酒的釀造，有糖化、酒化完全、酒質清香、出酒率高的優勢。〔註71〕

（5）米飯攤冷

《齊民要術》卷七載，「黍熟，以淨席薄攤令冷，塊大者擘破，然後下之。」反映出當時人們採用攤飯法降溫、冷卻，這可以在較短的時間使米飯快速而均勻地降溫。避免被空氣中的雜菌污染。〔註72〕在攤飯的同時，要搗散米飯團，避免米飯成團。據現代釀酒原理，如果米飯成團就投入釀造，會使米飯不能被充分糖化、發酵，被有害菌利用使酒生酸。〔註73〕同時，以成

〔註71〕 參看（北朝）賈思勰著：《齊民要術》卷七《造神麴并酒第六十四》，繆啓愉、繆桂龍譯注，上海古籍出版社，2009 年版，第 430 頁。

〔註72〕 參看謝廣發：《黃酒釀造技術》第三章《黃酒釀造》，中國輕工業出版社，2010 年版，第 86 頁。

〔註73〕 參看謝廣發：《黃酒釀造技術》第三章《黃酒釀造》，中國輕工業出版社，2010

團狀的米飯投入發酵釀造，會影響糖化、發酵的同時進行，也會滋生有害菌。〔註74〕這些都會最終影響成酒的質量。

（6）投飯時機的掌握──平衡糖化、發酵速度

《齊民要術》卷七載初次投飯之後，「間一日輒更酘。」但是要根據麴勢強弱變化來確定投飯量。具體操作方式爲，「其七酘以前，每欲酘時，酒薄霍霍者，是麴勢盛也，酘時宜加米，與次前酘等──雖勢極盛，亦不得過次前一酘斛斗也。」在完成七次投飯之後，「氣味足者」說明酒已釀造成熟。如果「猶少味者」，還需要根據發酵狀態投入少量米飯，達到糖化與發酵徹底，保障酒的質量。

（7）釀酒成熟的判斷──味覺判斷

判斷秦州春酒釀造是否成熟，《齊民要術》卷七載，品嘗發酵液體的味道，「嘗看之，氣味足者乃罷」，說明釀酒已經完成。如果「猶少味者」，發酵還在進行，還應繼續投放一定數量的米飯，但是以「味足」爲標準。

（三）（笨麴）秫米酎酒釀造工藝

早在西漢時期，人們就開始酎酒的釀造。《漢書》卷五《景帝紀》載「高廟酎」引張宴「正月旦作酒，八月成，名曰酎。酎之言純也。」顏師古注「酎，三重釀，醇酒也，味厚，故以薦宗廟。」由此可見，酎酒就是經過較長時間的釀造，並且酒味醇釅的酒。但是，漢代的酎酒多用於宗廟祭祀，並沒有成爲人們日常的飲用酒。北朝時期人們繼承了西漢時期的釀製酎酒技術，並使酎酒成爲日常生活中的必備酒類，《齊民要術》卷七《笨麴並酒第六十六》載秫米酎酒，「得之者無不傳餉親知以爲樂。」

《齊民要術》卷七《笨麴並酒第六十六》載「秫米酎酒」釀造工藝：

> 秫米酎法：淨治麴如上法。笨麴一斗，殺米六斗；神麴彌勝。
> 用神麴者，隨麴殺多少，以意消息。麴，搗作末，下絹篩。計六斗
> 米，用水一斗。從釀多少，率以此加之。
> 米必須𥼪，淨淘，水清乃止，即經宿浸置。明旦，碓搗作粉，
> 稍稍箕簸，取細者如糕粉法。粉訖，以所量水，煮少許秫粉作薄粥。

年版，第 112 頁。

〔註74〕參看俞爲洁：《中國食料史》第四章《魏晉南北朝時期》第五節《食物的加工和貯藏》，上海古籍出版社，2011 年版，第 185 頁。

自餘粉悉於甑中乾蒸，令氣好餾，下之，攤令冷，以麴末和之，極令調均。粥溫溫如人體時，於甕中和粉，痛抖使均柔，令相著；亦可椎打，如椎麴法。擘破塊，內著甕中。盆合，泥封。裂則更泥，勿令漏氣。

正月作，至五月大雨後，夜暫開看，有清中飲，還泥封。至七月，好熟。接飲，不押。三年停之，亦不動。

現據上述記載製成「穄米酎酒釀造工藝圖」（圖5.5），以清晰展示穄米酎酒的釀造過程。

圖5.5　穄米酎酒釀造工藝圖

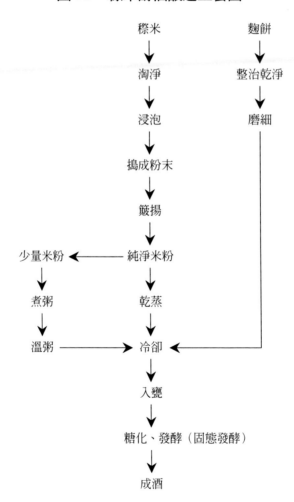

1、原料比例

關於釀造穄米酎酒所用原料的比例，《齊民要術》卷七載，「笨麴一斗，殺米六斗……計六斗米，用水一斗。從釀多少，率以此加之。」酒麴用量爲米的 16.7%，表明此種酒麴的糖化、發酵力要遠遜於神麴。

2、釀造操作

（1）對酒麴的加工

《齊民要術》卷七載，「麴，搗作末，下絹篩。」反映出當時人們在寒冷的多季釀酒時，一般把酒麴加工成粉末狀，目的是加快低溫環境下的發酵速度，避免發酵遲緩的現象。

（2）對原料米的加工

關於釀造穄米酎酒時加工原料米，《齊民要術》卷七載，「米必須㪅，淨淘，水清乃止，即經宿浸置。明旦，碓搗作粉，稍稍箕簸，取細者如糕粉法。訖，以所量水煮，少許穄粉作薄粥。自餘粉悉於甑中乾蒸，令氣好餾，下之，攤令冷，以麴末和之，極令調均。」表明當時釀造穄米酎酒時對原料米的加工明顯不同於前述釀造神麴黍米酒和笨麴秦州春酒的加工原料米方式。首先，穄米經過舂白、淘淨之後，在水裏浸漬一夜。其次，將經過浸漬的原料米在碓裏搗成粉末，之後用簸箕簸揚。第三，將穄米粉放入甑中進行乾蒸，乾蒸的程度以蒸汽餾透爲宜。之後用攤飯法將其冷卻。最後，取少量穄米粉，煮成稀粥。之後進行冷卻，以人的體溫爲標準。

（3）原料混合、入甕

關於釀酒原料的混合、入甕，《齊民要術》卷七載，「粥溫溫如人體時，於甕中和粉，痛抒使均柔，令相著；亦可椎打，如椎麴法。擘破塊，內著甕中。盆合，泥封。裂則更泥，勿令漏氣。」可見，原料的入甕方式爲將經過乾蒸、冷卻的穄米粉與酒麴末混合攪拌均勻，放入酒甕。再將冷卻到人體體溫的稀粥放入酒甕與上述原料混合，之後抒搗，防止黏塊出現。這反映出釀造穄米酎酒時的原料入甕方式與前述神麴黍米酒、笨麴秦州春酒的分批投放米飯方式存在明顯的不同。

宋代《酒經》卷下「用麴」載，「古法先浸麴，發如魚眼湯。淨淘米，炊作飯，令極冷。以絹袋濾去麴滓，取麴汁於甕中，即投飯。近世不然，炊冷，飯同麴搜拌入甕。」表明北朝時期人們所採用的浸麴和投飯方式，多爲《酒

經》所述「古法」。這反映出酒麴和酒飯相混合入甕釀造的方式在北朝時期還沒有普遍。

（4）糖化、發酵釀造

據前述神麴黍米酒、笨麴秦州春酒的釀造工藝，都是先浸麴，待麴中黴菌和酵母菌等微生物處於活躍狀態後，然後根據麴勢多次投飯，進行糖化、發酵。這屬於半固態的發酵釀造。而穄米酎酒的投料則明顯不同。據前引記載可知，穄米酎酒在釀造過程中，採用原料一次入甕的方式，進行長時間的糖化、發酵。

根據釀造所用的原料比例，穄米酎酒的發酵釀造屬於固態釀造方式。由於整個釀造過程是在長時間的密封環境下進行的，這屬於無氧釀造。據現代釀酒原理，無氧環境有利於酒麴中微生物糖化、發酵力的發揮。〔註75〕由於穄米酎酒的釀造時間長達七個月，在這較長的時間內，糖化、發酵完全，酒精的含量自然會逐漸提高。因而造就了此種酒口感醇烈的品質。《齊民要術》卷七《笨麴並酒第六十六》載，「酒色似麻油，甚釅。先能飲好酒一斗者，唯禁得升半。飲三升，大醉。」反映出穄米酎酒的酒精含量遠高於當時的普通糧食酒。據學者研究，穄米酎酒酒精含量高，應和當時人們培育出耐高濃度酒精的微生物菌有關。〔註76〕

四、北朝時期製麴、釀酒技術進步的表現

（一）製麴技術的進步

北朝時期製酒麴技術的進步，主要表現在以下幾個方面：

首先，製麴所用原料更加廣泛，促進了當時酒麴種類的增多。北朝時期製麴所用原料與漢代相比更加廣泛。漢代揚雄在《方言》中所述漢代的酒麴有，「𪎭，𪌈，𪌈，𪌑，𪎒，𪎀，𪎊」。東晉郭璞注釋其中的「𪎒」、「𪎊」為麥

〔註75〕朱寶鏞、章克昌在《中國酒經‧酒史篇》第三章《歷代釀酒技術》中分析酎酒的釀造，「由於基本上隔絕了外來氧氣的介入，發酵适中處於厭氧狀態，有利於酒精發酵。」

〔註76〕李亞東在《中國古代釀酒專家賈思勰與釀酒技術》一文中分析，「當酒精達到一定濃度時，就會抑制酵母菌的繁殖，最終停止發酵，因而尋找能在較高酒精濃度下繼續活動的菌種，是一個重要的科研課題。賈思勰記述了一種釀酒法，可以得到比普通酒濃度高得多的酒……這或許反映出當時已培養出可在較高酒精濃度中繼續繁殖的菌種。」

麴。〔註77〕另據學者研究，「尌」、「籬」也是以麥爲原料製成的酒麴。〔註78〕由此可見，漢代製麴以麥爲主要原料，酒麴有一大類七種。而到了北朝，據前面有關製麴技術的論述可知，當時人們製麴除了用麥之外，還用穀子、糯米。以穀子製麴的有白墮麴，《齊民要術》卷七《法酒第六十七》載，「大州白墮麴方餅法：穀三石：蒸兩石，生一石，別磑之令細，然後合和之也。」以糯米製麴的有女麴，《齊民要術》卷九《作菹、藏生菜法第八十八》載，「女麴：秫稻米三斗，淨淅，炊爲飯——軟炊。停令極冷，以麴範中用手餅之。以青蒿上下奄之，置床上，如作麥麴法。」北朝時期製麴所用原料的廣泛促進了酒麴種類的增多，這一時期酒麴有三大類十種。反映出北朝時期酒麴種類明顯多於漢代。當時釀酒形成了以應用麥麴爲主，穀物麴和糯米曲爲輔的格局。

其次，當時確立了科學的酒麴分類原則。自揚雄在《方言》中詳細記載漢代酒麴種類，到宋代朱肱在《酒經》中以酒麴製作方法〔註79〕爲標準對宋代酒麴種類進行系統研究這一段時間，對種類繁多的酒麴確立科學的分類原則、進行系統的對比研究，只有北朝時期的賈思勰。賈思勰在《齊民要術》中根據酒麴糖化與發酵力的強與弱，把酒麴分爲神麴、白醪麴、笨麴、白墮麴和女麴五大種類。《齊民要術》卷七《造神麴並酒第六十四》載，「又造神麴法」，「此麴一斗，殺米三石；笨麴一斗，殺米六斗。」明確指出當時以酒麴發酵力的不同來劃分酒麴。

第三，北朝時期的製麴技術與漢代相比，有了很大提高。體現在對製麴原料的加工和酒麴培養方面。

對製麴原料的加工。關於漢代製麴，《四民月令》載，「（六月）是月二十日，可擇小麥磑之；至廿八日溲，寢臥之；至七月七日，當以作麴。」「七月。四日，命治麴室，具簿、栉、槌，取淨艾。六日，饌治五穀、磨具。七日，遂作麴。」表明漢代只是單一採用生料製麴。而北朝時期人們製麴時，對原

〔註77〕 參看（漢）揚雄著：《方言》卷一三，華學誠彙證，中華書局，2006 年版，第992～993 頁。

〔註78〕 參看洪光住：《中國釀酒科技發展史》第一篇《釀造黃酒科技發展史》第五章《釀造黃酒工藝發展史》，中國輕工業出版社，2001 年版，第 102 頁。

〔註79〕 《酒經》卷中載，「頓遞祠祭麴、香泉麴、香桂麴、杏仁麴，巳上罨麴。」「瑤泉麴、金波麴、滑臺麴、豆花麴，巳上風麴。」「玉友麴、白醪麴、小酒麴、眞一麴、蓮子麴，巳上曝麴。」可見，朱肱以酒麴的培養方式爲標準，將宋代酒麴分爲罨麴、風麴和曝麴三大類。

料的加工與漢代相比則大不相同。據前述製麴技術可知，北朝時期人們製麴採用生、熟原料相混合的方式。採用生、熟原料相拌的方式製麴，有利於促進多種微生物菌的繁殖。〔註 80〕最終有利於酒麴質量的提高。顯然，只採用單一原料製成的酒麴，微生物菌的繁殖旺盛程度必然不如經過生熟原料混合這一方式製成的酒麴。由此可見，北朝時期人們製麴時所採用的加工原料方式是遠超越於漢代的。

　　酒麴培養方面。據《四民月令》中記載可知，漢代人們在酒麴培養過程中並沒有採取多次翻置酒麴這一步驟。〔註 81〕而北朝時期人們在酒麴培養過程中，每隔一定時間，就要對酒麴進行翻置。這有利於酒麴中水分和熱量均勻的散發，微生物菌均勻、旺盛繁殖，最終促進酒麴質量的提高。這表明，北朝時期人們培養酒麴的方式是優於漢代的。

　　第四，由於北朝時期的製麴技術超越於漢代，所以，當時酒麴質量與漢代相比，有了顯著的提高。釀酒過程中酒麴的使用量呈現出逐漸減少的趨勢，是當時酒麴質量提高的顯著表現。《齊民要術》卷七《造神麴並酒第六十四》載第二種神麴，「此麴一斗，殺米三石；笨麴一斗，殺米六斗：省費懸絕如此。」同時據附表 2 可知，當時各種神麴用量為原料的 2%～5.8%，即使是糖化與發酵力遠遜色於神麴的笨麴，使用量一般也僅為原料的 10%～16.7%。而兩漢時期釀酒中酒麴的使用量則要遠大於此。《漢書》卷二四《食貨志》載，「一釀用粗米二斛，麴一斛，得成酒六斛六斗。」懸泉漢簡中《元康五年懸泉置過長羅侯費用冊》載懸泉地區釀酒情況，「出麴三石，以治酒六釀」。〔註 82〕表明兩漢時期釀酒中，用麴量為原料的 50%。由此可知，北朝時期酒麴的質量要高於漢代。

　　第五，當時人們對酒麴在保溫、育菌過程中的微生物生長繁殖規律已有了精確的掌握，並將微生物繁殖狀態與酒麴成熟的標準緊密聯繫起來。當時人們所掌握的製作酒麴中的微生物繁殖經驗還對後代製麴產生影響。這是北朝時期製麴技術進步的核心。

〔註80〕　參看洪光住：《中國釀酒科技發展史》第一篇《釀造黃酒科技發展史》第四章
　　　　　《製黃酒麴藥科技發展史》，中國輕工業出版社，2001 年版，第 75 頁。
〔註81〕　參看（東漢）崔寔著：《四民月令》，繆啓愉輯釋，農業出版社，1981 年版，
　　　　　第 76 頁。
〔註82〕　參看郝樹聲、張德芳：《懸泉漢簡研究》第七章《冊書彙釋》，甘肅文化出版
　　　　　社，2009 年版，第 261 頁。

　　關於酒麴在保溫、育菌過程中的微生物繁殖規律,《齊民要術》卷七《造神麴並酒第六十四》載第一種神麴,「其房欲得板戶,密泥塗之,勿令風入。至七日開,當處翻之,還令泥戶。至二七日,聚麴,還令塗戶,莫使風入。至三七日,出之,盛著甕中,塗頭。至四七日,穿孔,繩貫,日中曝,欲得使乾,然後內之。」《齊民要術》卷七《造神麴並酒第六十四》載第二種神麴,「淨掃東向開戶屋,布麴餅於地,閉塞窗戶,密泥縫隙,勿令通風。滿七日翻之,二七日聚之,皆還密泥。三七日出外,日中曝令燥,麴成矣。」由此可知,當時人們以「三七日」作為酒麴保溫、育菌過程的一般標準。據現代酒麴保溫、育菌原理過程,這三個「七日」分別是酵母菌等微生物的細胞出芽、發育與成熟階段。〔註 83〕而當時人們對酒麴保溫、育菌種的操作,與現代酒麴保溫育菌原理、過程大體相符,這反映出當時人們對微生物菌的繁殖規律已有了精確的掌握。

　　關於微生物菌繁殖狀態與酒麴成熟之間的關係,《齊民要術》卷七《笨麴並酒第六十六》載秦州春酒麴的培養,「三七日麴成。打破,看餅內乾燥,五色衣成,便出曝之;如餅中未燥,五色衣未成,更停三五日,然後出。」《齊民要術》卷九《作菹、藏生菜法第八十八》載女麴的培養,「以青蒿上下奄之,置床上,如作麥麴法。三七二十一日,開看,遍有黃衣則止。三七日無衣,乃停,要須衣遍乃止。出,日中曝之。燥則用。」據學者研究,「五色衣」、「黃衣」主要指「黴菌分生孢子和酵母菌、細菌菌落色素顏色」。〔註 84〕以此作為判斷酒麴成熟、酒麴質量的標準,表明當時人們已認識到微生物菌狀態與酒麴性狀之間的緊密聯繫。後代人仍然用這個標準來判斷酒麴培養是否成熟,宋代人朱肱在《酒經》中描述,「心內黃白或上面有花衣,乃是好麴」。〔註 85〕可見北朝時期製麴技術對後代的影響。

(二)釀酒技術進步的表現

　　北朝時期釀酒技術的進步,首先表現在當時日常飲用酒種類與漢代相比,明顯增多。

〔註 83〕 參看楊勇:《試論〈齊民要術〉中的我國古代製麴、釀酒發酵技術》,載《西北農學院學報》(自然科學版),1985 年第 4 期,第 58 頁。

〔註 84〕 參看楊勇:《試論〈齊民要術〉中的我國古代製麴、釀酒發酵技術》,載《西北農學院學報》(自然科學版),1985 年第 4 期,第 59 頁。

〔註 85〕 參看(宋)朱肱著:《酒經》,宋一明、李艷譯注,上海古籍出版社,2010 年版,第 20 頁。

以釀酒原料而論，漢代日常飲用酒，有糧食酒、植物酒、水果酒和馬奶酒四大類十八種。〔註86〕而北朝時期酒的種類則遠多於漢代。

據前面關於北朝時期酒的種類的論述，這一時期的日常飲用酒共有糧食酒、植物調製酒和水果酒三大類三十六種。雖然北朝時期未見有馬奶酒的記載，但是糧食酒、植物調製酒和水果酒的品種要多於漢代。如糧食酒就有黍米酒、秫米酒、稻米酒、粟米酒、穄米酒和梁米酒六類四十一個品種，比漢代多出近三十個品種。

以釀酒所用酒麴而論，據前引《四民月令》、《方言》，及學者關於漢代酒的研究可知，漢代人們只是以麥麴釀酒，當時人們對酒麴的發酵力並沒有深入的認識，沒有根據酒麴的發酵力對酒麴進行分類。所以，漢代的酒只是單一的麥麴酒。

據前面關於北朝時期酒麴種類的論述，這一時期有麥麴、穀物麴和糯米麴三類酒麴，所以，若以釀酒所用酒麴種類而論，當時的酒有麥麴酒、穀物麴酒和糯米麴酒三大類。北朝時期人們還根據酒麴發酵力的不同對酒麴分類，若以釀酒所用不同發酵力的酒麴而言，當時的酒有神麴酒、白醪麴酒、笨麴酒、白墮麴酒和女麴酒五大類。

以酒味而言，北朝時期的酒有醇釅、清香、甘甜型之分。其中以醇釅型酒最為貴重，最受人們歡迎。最具代表的有梁米酒，「薑辛、桂辣、蜜甜、膽苦，悉在其中，芬芳酷烈」。〔註87〕穄米酎酒，「酒色似麻油，甚釅」。〔註88〕清香型酒有用第一種神麴釀造的黍米酒，「酒味輕香」。〔註89〕甘甜型酒以「酒甘如乳」〔註90〕的白醪酒為代表。據《齊民要術》所載，這一時期的酒以清香、甘甜型為主，醇釅型酒則較為稀少。正因為口感醇釅的酒釀造時間長、

〔註86〕 參看徐海榮主編：《中國飲食史》第二卷第六編《秦漢時期的飲食》第一章《秦漢時期食物的基本構成》，華夏出版社，1999 年版，第 466～469 頁。
　　　　余華青、張廷皓：《漢代釀酒業探討》，載《歷史研究》，1980 年第 5 期，第102～103 頁。
〔註87〕 參看（北朝）賈思勰著：《齊民要術》卷七《笨麴并酒第六十六》，繆啟愉、繆桂龍譯注，上海古籍出版社，2009 年版，第 442 頁。
〔註88〕 參看（北朝）賈思勰著：《齊民要術》卷七《笨麴并酒第六十六》，繆啟愉、繆桂龍譯注，上海古籍出版社，2009 年版，第 443 頁。
〔註89〕 參看（北朝）賈思勰著：《齊民要術》卷七《造神麴并酒第六十四》，繆啟愉、繆桂龍譯注，上海古籍出版社，2009 年版，第 419 頁。
〔註90〕 參看（北朝）賈思勰著：《齊民要術》卷七《笨麴并酒第六十六》，繆啟愉、繆桂龍譯注，上海古籍出版社，2009 年版，第 449 頁。

工藝複雜、產量少，所以，此種酒才堪稱是當時佳釀，受到眾人歡迎。而漢代酒的口感，據《漢書》、《後漢書》記載及學者研究，〔註91〕以清香、甘甜為主，尚未出現醇釅型口感的酒。

綜上可見，無論是從釀酒所用原料、酒麴而言，還是以酒味而論，北朝時期酒的種類是遠多於漢代的。而北朝時期酒的種類的豐富，正是當時製麴、釀酒技術發展的直接體現。

第二，當時人們對釀酒所用原料的比例，既有較為精確的量化標準，又有靈活的掌握。《齊民要術》卷七《造神麴並酒第六十四》載用第三種神麴釀造粳米醪，「春月釀之。燥麴一斗，用水七斗，粳米兩石四斗。」同書卷七《造神麴並酒第六十四》載用第四種神麴釀造黍米酒，「大率麴一斗，春用水八斗，秋用水七斗；秋殺米三石，春殺米四石。」同書卷七《笨麴並酒第六十六》載釀造河東頤白酒，「麴一斗，熟水三斗，黍米七斗。麴殺多少，各隨門法。」由此可見，當時人們不僅較為精確地掌握了釀酒所用原料比例，而且，根據季節的變化靈活掌握釀酒原料比例。這反映出當時人們注意到隨季節的變化而變化的溫度對酒麴發酵的影響。

第三，當時人們對釀酒過程中出現的現象，有合理的認識和應對措施。《齊民要術》卷七《造神麴並酒第六十四》載第二種神麴黍米酒，「味足沸定為熟。氣味雖正，沸未息者，麴勢未盡，宜更酘之；不酘則酒味苦、薄矣。」第四種神麴黍米酒，「酒冷沸止，米有不消者，便是麴勢盡。」據前述釀酒原理，在酒精生成的同時，還有二氧化碳氣體的產生和熱量的釋放。所以，發酵液體表面有氣泡冒出，呈現沸騰的狀態，同時發酵液體帶有溫度。當不再有二氧化碳氣體產生和熱量的釋放，發酵過程完成。當時人們認為發酵液體表面無「沸騰」狀態、發酵液體無熱量是酒已釀造成熟的表現，反之酒還沒有成熟，還需繼續投入適量的米飯。這種認識完全符合現代釀酒原理。

第四，北朝時期釀酒中的投飯法遠超越於漢代。

（1）北朝時期釀酒中的多次投飯操作，比漢代釀酒時的原料米飯、酒麴一次入甕發酵要合理。

關於漢代釀酒操作，四川新都出圖一塊漢代釀酒畫像磚。（見圖 5.6）

〔註91〕參看余華青、張廷皓：《漢代釀酒業探討》，載《歷史研究》，1980 年第 5 期，第 103～104 頁。

圖 5.6　漢代釀酒圖〔註92〕

　　釀酒圖「左端上方一人推一獨輪車，車上有一圓形方口器物」，可能是往外送釀酒後產生的酒糟；「左端下方一人擔一雙酒甕，甕口有套繩」；「（圖右側）有竈一座，竈上有釜。上邊一人左手靠於釜邊，右手在釜內操作」，應是在和麴；「（和麴之人）其右又一人，於一旁觀看。竈前有酒爐一座，爐內有甕，甕有螺旋圓圈，連一直管通至爐上的圓圈，這可能是麴子發酵，澱粉融化後輸入甕內的冷管。」〔註93〕據此，釀酒圖中反映的釀酒操作應為原料米飯、酒麴一次入甕進行糖化、發酵。原料米飯、酒麴一次入甕，其糖化、發酵程度遠沒有北朝時期釀酒中根據酒麴曲勢變化而多次投飯那樣高。

　　（2）東漢後期，釀酒中出現了連續、分批投飯法，北朝時期繼承了此種方法，但是在投飯時間及投飯的數量與次數方面，與漢代相比，則體現出明顯的靈活性。而且，當時人們對投飯時機的掌握與酒的質量之間關係的認識還影響到後代。

　　《齊民要術》卷七《笨麴並酒第六十六》載漢代釀酒中的投飯，「魏武帝上九醞法，奏曰：『臣縣故令九醞春酒法：用麴三十斤，流水五石，臘月二

〔註92〕轉引自高文：《四川漢代畫像磚》，上海：上海人民美術出版社，1987 年，畫像磚一五、釀酒。
〔註93〕高文：《四川漢代畫像磚》，上海：上海人民美術出版社，1987 年，第 16 頁。

日漬麴。正月凍解，用好稻米，漉去麴滓便釀。法引曰：『譬諸蟲，雖久多完。』三日一釀，滿九石米止。臣得法，釀之常善。其上清，滓亦可飲。若以九醞苦，難飲，增爲十釀，易飲不病。」反映出漢代人們釀酒採用分批、等量投放米飯的方式。據前述關於分批投飯可知，分批投放米飯可以使糖化、發酵漸進進行，有利於控制發酵過程中的溫度，保障發酵的順利進行。如果根據酒麴發酵力的變化分批投放數量不同的米飯，會充分利用酒麴、促進酒的質量的提高。所以，有學者認爲，漢代釀酒中分批等量投放米飯，只是使發酵液體「保持一定濃度的糖份，造成酵母菌充分發酵的有利條件」，〔註94〕只能使酒具有一定醇厚氣味，並不能最終保障成酒的質量。北朝時期人們在釀酒中投飯的數量、次數則是依據酒麴發酵力的變化而定。《齊民要術》卷七《造神麴並酒第六十四》載第四種神麴黍米酒，「初下釀，用黍米四斗……一宿、再宿，候米消，更酘六斗。第三酘用米或七八斗。第四、第五、第六酘，用米多少，皆候麴勢強弱加減之，亦無定法。或再宿一酘，三宿一酘，無定準，惟須消化乃酘之。」同書卷七《造神麴並酒第六十四》載河東神麴黍米酒，「初下釀，止用米一石……次酘八斗，次酘七斗，皆須候麴糵強弱增減耳，亦無定數。」明確表明北朝時期人們在投飯時機、投飯的數量與次數的掌握上，要遠超越於漢代。依據酒麴發酵力的變化來決定投飯的時機、數量、次數，可以避免酒麴的浪費、投飯過早或者過晚所引起的酒甜、酒酸的問題。

北朝時期人們認爲投飯時機與酒的質量之間的關係，「以漸待米消既酘，無令勢不相及。味足沸定爲熟。氣味雖正，沸未息者，麴勢未盡，宜更酘之；不酘則酒味苦、薄矣。得所者，酒味輕香，實勝凡麴」。〔註95〕也就是說，根據酒麴發酵力的變化靈活掌握投飯時機、投飯次數與數量，是提高成酒酒精含量與酒質的重要因素。這一認識對後代的釀酒投飯產生重要影響。在宋代《酒經》所論述的釀酒過程中，根據酒麴發酵力的變化而靈活掌握投飯時機就佔有重要地位。「投醹最要廝應，不可過，不可不及。腳熱發緊，不分摘開，發過無力方投，非特酒味薄，不醇美，兼麴末少，咬甜糵不住，頭腳不廝應，多致味酸。若腳嫩力小，酘早，甜糵冷不能發脫，折斷多致涎

〔註94〕參看余華青、張廷皓：《漢代釀酒業探討》，載《歷史研究》，1980年第4期，第101頁。

〔註95〕參看（北朝）賈思勰著：《齊民要術》卷七《造神麴并酒第六十四》，繆啓愉、繆桂龍譯注，上海古籍出版社，2009年版，第418～419頁。

慢，酒人謂之『攧了』」。〔註96〕由此可見，宋代人對投飯時機與酒的質量之間關係的認識，當承襲於北朝時期。

第五，當時最早應用酸漿技術和微生物連續接種技術。前面已經論述過酸漿技術，這裡主要分析微生物接種技術。《齊民要術》卷七《笨麴並酒第六十六》載，「作粟米爐酒法」，「大率米一石，殺，麴末一斗，春酒糟末一斗，粟米飯五斗。」有學者研究，「春酒糟末」應是接種微生物的「乾酵」。〔註97〕

總之，酒麴品種的增加、酒麴質量的提高、人們對酒麴培養中微生物繁殖規律的認識、酒的品種的增多、高度酒的出現、人們對釀酒所用原料精確而靈活的掌握、對釀酒中出現的現象的合理認識、最早使用酸漿和微生物接種技術，是當時製麴、釀酒技術進步的鮮明體現。

表 5.7　《齊民要術》所載北朝時期酒麴種類表

酒麴名稱	製麴所用原料及比例	原料的加工	加入的中藥	酒麴體積	製麴時間
第一種神麴	蒸、炒和生的小麥各一石。	將三種小麥分別磨細，然後混合。		「其麴餅，手團二寸半，厚九分。」	七月第二個寅日
第二種神麴	蒸、炒和生的小麥各一石。	將三種小麥混合，然後磨細。		「餅用圓鐵範，令徑五寸，厚一寸五分。」	七月第一個寅日
第三種神麴	蒸和炒的小麥各一石，生的小麥一石一斗升。	將三種小麥分別磨細，然後混合。		「使童男小兒餅之，廣三寸，厚二寸。」	七月第一個寅日
第四種神麴	蒸（曬乾）、炒和生的小麥各一石。	將三種小麥混合，然後磨細。	胡葉	「以手團之，大小厚薄如蒸餅劑。」	七月中旬以前
河東神麴	炒的小麥六斗，蒸的小麥三斗，生的小	將三種小麥分別磨細，然後混合。	桑葉、苔耳葉、艾草、茱萸（或者	「餅如凡餅，方範作之。」	七月初七日製麴。如果七月初七日來不及製

〔註96〕參看（宋）朱肱著：《酒經》卷下，宋一明、李艷譯注，上海古籍出版社，2010年版，第70頁。

〔註97〕參看（北朝）賈思勰著：《齊民要術》卷七《笨麴并酒第六十六》，繆啓愉、繆桂龍譯注，上海古籍出版社，2009年版，第445頁。

	麥一斗。		野蓼），比例爲 5：1：1：1。		麴，七月二十日以前的任何一日都可以製麴。
白醪麴	蒸、炒和生的小麥各一石。	將三種小麥混合，然後磨細。	胡葉	「踏作餅：圓鐵作範，徑五寸，厚一寸餘。」	七月
秦州春酒麴	小麥。	以緩火微微地炒小麥，以小麥發黃有香氣爲標準。然後磨小麥，要粗細適中。		「作木範之：令餅方一寸，厚二寸。」	節氣早，七月十五日以前。節氣晚，七月十五日以後。
頤麴	小麥。	以緩火微微地炒小麥，以小麥發黃有香氣爲標準。然後磨小麥，要粗細適中。		「作木範之：令餅方一寸，厚二寸。」	七月至九月
大州白墮方餅麴	蒸熟的穀子兩石，生的穀子一石。	將兩種穀子分別磨細，然後混合。	桑葉、蒄耳葉、艾葉，等比例。		
女麴	糯米三斗	淘洗乾淨，炊成熟飯。			

表 5.8　《齊民要術》所載北朝時期糧食酒種類及釀造表

酒的名稱	釀造所用酒麴	酒麴與原料米比例	水與原料米的比例	釀造所用輔料	釀造時間	投飯次數	成酒特點
秫米酒	第一種神麴	0.048：1				4 次	
黍米酒		0.048：1				4 次	
糯米		0.056：1				3 次	
黍米酒	第二種神麴	0.033：1	0.3：1			4 次以上	「得所者，酒味輕香，實勝凡麴」。
黍米酒	第三種神麴	0.05：1	0.4：1			3 次以上	
粳米醪		0.042：1	0.269：1〜0.292：1		春季	3〜4 次	
春釀酒	第四種神麴	0.025：1	0.2：1		春季	6 次以上	
秋釀酒		0.033：1	0.233：1		秋季	6 次以上	

黍米酒	河東神麴	0.1：1（？）根據《齊民要術》記載，應為0.02：1			十月釀造是上好季時令，正月釀造是中等時令。	春釀，8～9次。秋釀，6～7次。	
白醪酒	白醪麴	0.1：1	0.6：1	酸漿	四月至七月	3次	
春酒	秦州春酒麴	0.143：1	0.571：1		春季	7次以上	
頤酒	頤麴	0.143：1	0.571：1		秋季	7次以上	
河東頤白酒		0.143：1	0.429：1		六月至七月	2次	「酒氣香美，乃勝桑落時作者」。
笨麴桑落酒	笨麴	0.167：1			九月	6次	「香美勢力，倍勝常酒」。
		0.143：1				7次	
笨麴白醪酒	笨麴						
酴酒	笨麴				正月至二月	1次	「甘、辛、滑如甜酒味，不能醉人」。
梁米酒	笨麴	0.167：1	0.3：1	稀粥	春夏秋多四季	3次	「酒色漂漂與銀光一體，薑辛、桂辣、蜜甜、膽苦，悉在其中，芬芳酷烈，輕雋遒爽，超然獨異，非黍、秫之儔也」。
穄米酎酒	笨麴	0.167：1	0.167：1	稀粥	正月釀造	1次	「酒色似麻油，甚釅」。
黍米酎酒	笨麴	0.167：1			正月釀造	1次	「芬芳美釀，皆亦相似」。
粟米酒（一）	笨麴	0.1：1	0.8：1		正月釀造	4次	「氣味香美，不減黍米酒」。
粟米酒（二）	笨麴						
粟米爐酒	笨麴	0.1：1（？）			五月至七月釀造		
九醞酒	笨麴	30斤麴：9石米			正月釀造		

十醞酒	笨麴	30 斤麴：10 石米			正月釀造		
浸藥用酒	春酒麴，頤麴						
胡椒酒				乾薑、胡椒、石榴。			
《食經》白醪酒（一）	笨麴	2 斤麴：1 石秫米(？)			正月至九月半之間釀造	1 次	「酒甘如乳」。
《食經》白醪酒（二）	笨麴					4 次	
《食經》冬米明酒	笨麴	16 斤麴：4 斗稻米(？)					
《食經》夏米明酒	笨麴	3 斤麴：1 石秫米(？)				4 次	
《食經》郎陵何公夏封清酒	笨麴					1 次	
治癒瘄疾酒法	笨麴	1 斤麴：1 石米		酸漿	四月釀造	1 次	
酃酒〔註98〕	笨麴	7 斤麴：1 石 6 斗秫米	0.625：1		九月釀造	1 次	
夏天雞鳴酒	笨麴	2 斤麴：2 斗秫米	2.5：1			1 次	
橘酒	笨麴			橘葉、橘花。	四月釀造	2 次	
柯柂酒	笨麴				三月釀造	1 次	
黍米法酒	春酒麴	3 斤 3 兩麴：1 石 4 斗 8 升黍米	0.223：1		三月釀造	3 次以上	

〔註98〕酃酒出現於漢代以後的南方地區。《通典》卷一八三《州郡十三·古荊州》
載，「衡陽。漢酃縣地。有酃水湖，釀酒醇美，所謂酃酒。晉武帝平吳，始荐
酃酒於太廟，謂此。」但從北朝時期北方地區釀造酃酒所用的原料可見，當
時北方地區的酃酒當是仿南方酃酒而釀造。李亞東在《中國古代釀酒專家賈
思勰與釀酒技術》中認爲，「酃酒本是湖南衡陽附近所出的古代名酒，因用酃
湖之水釀成而得名。賈思勰提到的酃酒，卻並不是用酃湖水釀製的，似乎說
明北朝人所謂的酃酒，實際上是一種仿製的名酒。」

當梁法酒		0.180：1	0.180：1	三月釀造	3 次以上	
粳米法酒		0.067：1	0.067：1	三月釀造	4 次	
《食經》七月七日法酒(一)				七月釀造		
《食經》七月七日法酒(二)				二月釀造	14 次	
三九法酒				三月釀造	8 次	
白墮酒	大州白墮方餅麴			六月	3 次	「經一旬，其酒不動，飲之香美而醉，經月不醒」。
釀瓜菹酒	女麴	0.3：1			3 次	

第四節 製醋技術

本部分從製麴、原料處理、溫度控制、衛生條件保障、成醋的判斷等方面展開對北朝時期製醋技術的探討。

製醋用麴中的菌種，主要是菌絲體和黴菌中的米麴黴，而米麴黴是製作食醋的重要菌種。〔註99〕

醋的製作過程，主要分為三個步驟：第一，澱粉經過部分微生物所含酶的酶系作用，同時進行液化、糖化，產生糖；第二，糖經酵母的酵解，產生酒精和二氧化碳，同時有熱量釋放出；第三，酒精經醋酸菌的氧化作用，產生醋酸。〔註100〕

關於北朝時期食醋種類及釀造情況，見本節後附表5.9。

一、製麴技術

《齊民要術》卷八《黃衣、黃蒸及蘗第六十八》載製醋用麴的製作：

作黃衣法：六月中，取小麥，淨淘訖，於甕中以水浸之，令

〔註99〕 參看倪莉：《〈齊民要術〉中製醋工藝研析》，載《自然科學史研究》，1997 年第 4 期第 16 卷，第 358 頁。

〔註100〕 參看門大鵬：《〈齊民要術〉中的釀醋》，載《微生物學報》，1976 年第 2 期，第 63 頁。

醋。漉出，熟蒸之。槌箔上敷席，置麥於上，攤令厚二寸許，預前
一日刈薍葉薄覆。無薍葉者，刈胡枲，擇去雜草，無令有水露氣；
候麥冷，以胡枲覆之。七日，看黃衣色足，便出曝之，令乾。去胡
枲而已，慎勿颺簸。齊人喜當風颺去黃衣，此大謬：凡有所造作用
麥䴰者，皆仰其衣為勢，今反颺去之，作物必不善矣。

　　作黃蒸法：六、七月中，㕮生小麥，細磨之。以水溲而蒸之，
氣餾好熟，便下之，攤令冷。布置，覆蓋，成就，一如麥䴰法。亦
勿颺之，慮其所損。

　　現根據上述記載製成「黃衣麴製作工藝圖」（圖5.7），以清晰展示黃衣麴
的製作過程。

圖5.7　黃衣麴製作工藝圖

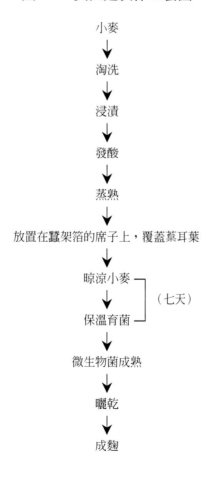

對製醋用麴的製作技術分析如下：

（一）製麴時間

和前述北朝時期注意選擇製酒麴的時間相似，當時人們對製作製醋用麴的時間選擇也是非常重視的。黃衣麴的製作，「六月中」；黃蒸的製作，「六、七月中」。當時選擇在六月、七月製作製醋用麴，與微生物的適溫繁殖有關，「自然界中微生物的分佈情況隨季節不同而變化，一般春秋季酵母多，夏季黴菌多」，夏季溫濕度高，滿足製醋用麴的溫濕度要求，因為製醋用麴的主要菌種米麴黴「生長繁殖需要比較高的溫度和濕度……六、七月氣溫較高，濕度也較大，空氣中黴菌、酵母菌等的數量也較多」。〔註101〕

（二）製麴原料的加工

《齊民要術》卷八《黃衣、黃蒸及糱第六十八》載製作黃衣麴時對小麥的加工，「六月中，取小麥，淨淘訖，於甕中以水浸之，令醋。漉出，熟蒸之。槌箔上敷席，置麥於上，攤令厚二寸許，預前一日刈薍葉薄覆。無薍葉者，刈胡枲，擇去雜草，無令有水露氣；候麥冷，以胡枲覆之。」《齊民要術》卷八《黃衣、黃蒸及糱第六十八》載製作黃蒸時對小麥的加工，「六、七月中，㕑生小麥，細磨之。以水溲而蒸之，氣餾好熟，便下之，攤令冷。布置，覆蓋，成就，一如麥糱法。」

製作黃衣麴時，原料小麥先整顆粒的浸漬，待發酸後進行蒸製；成熟後，熟小麥層以二寸的厚度鋪於席子上，目的是使蒸熟的小麥均勻、快速散熱。之後用植物葉子覆蓋，進行保溫培養、育菌。製作黃蒸時，先將小麥磨細，再蒸熟，之後的操作與製作黃衣麴相同。由製黃衣麴、黃蒸時對小麥加工後的性狀可見，黃衣麴、黃蒸屬於散麴，這與酒麴原料被加工成餅狀、屬於塊麴截然不同。

（三）溫度控制

關於製醋用麴在培養過程中的溫度環境，黃衣麴，「槌箔上敷席，置麥於上，攤令厚二寸許，預前一日刈薍葉薄覆。無薍葉者，刈胡枲，擇去雜草，無令有水露氣；候麥冷，以胡枲覆之」；黃蒸，「布置，覆蓋，成就，一如麥糱（黃衣麴）法。」以植物葉子覆蓋，是要使之醋用麴在培養中有一定的溫

〔註101〕參看倪莉：《〈齊民要術〉中製醋工藝研析》，載《自然科學史研究》，1997 年第 4 期第 16 卷，第 359 頁。

度保障。

（四）製醋用麴培養成熟的判斷

判斷製醋用麴是否成熟，《齊民要術》卷八《黃衣、黃蒸及糵第六十八》載觀察黃衣麴表面的顏色，「七日，看黃衣色足，便出曝之，令乾。」說明黃衣麴已經成熟。「黃衣色足」，指黃衣麴表面生成的黃色米麴黴菌。反映出和判斷酒麴成熟標準一樣，當時人們將黃衣麴的成熟與微生物菌的繁殖性狀緊密結合起來。

（五）黃衣麴的保存

《齊民要術》卷八《黃衣、黃蒸及糵第六十八》載當時人們對黃衣麴中菌種的保存，「七日，看黃衣色足，便出曝之，令乾。去胡葈而已，慎勿揚簸。齊人喜當風揚去黃衣，此大謬：凡有所造作用麥麩者，皆仰其衣爲勢，今反揚去之，作物必不善矣。」與經過長時間乾燥儲存的酒麴仍然具有發酵力相似，〔註102〕黃衣麴中的澱粉即是米麴黴等微生物菌繁殖所憑藉的營養物質，又在乾燥環境下保存了微生物菌的生存能力。「慎勿揚簸。齊人喜當風揚去黃衣，此大謬：凡有所造作用麥麩者，皆仰其衣爲勢，今反揚去之，作物必不善矣」，一方面，當時人已注意對黃衣麴中微生物菌的保存；另一方面，「皆仰其衣爲勢」，表明當時依據「黃衣」即米麴黴等微生物菌的繁殖狀態作爲黃衣麴酵解力強盛與否的判斷標準。

二、製醋技術

（一）製醋用水

製醋所用水水質的優劣，影響到對製醋原料的加工，最終影響成醋的質量。所以，在製醋中，人們對水的選擇是非常重視的。

《齊民要術》卷八《作酢法第七十一》載當時人們製作粟米加麴製醋時對水的選擇，「粟米、麴作酢法：……大率笨麴末一斗，井花水一石，粟米飯一石。明旦作酢，今夜炊飯，薄攤使冷。日未出前，汲井花水，斗量著甕中。」

「井花水」爲「清早最先汲得的水」。〔註103〕因爲在取水之前沒有被人

〔註102〕參看傅金泉：《從麴糵論我國黃酒麥麴技術的發展》，載《釀酒科技》，1988年第3期，第4頁。

〔註103〕參看（北朝）賈思勰著：《齊民要術》卷七《法酒第六十七》，繆啓愉、繆桂龍譯注，上海古籍出版社，2009年版，第456頁。

打水、擾動水底，水質清潔，水溫較低，所以成爲製醋的最佳水源。

《齊民要術》卷八《作酢法第七十一》載，「秫米酢法：……時時汲冷水遍澆甕外，引去熱氣，但勿令生水入甕中。」「大麥酢法：……未熟時，二日三日，須以冷水澆甕外，引去熱氣，勿令生水入甕中。」

由此可見，當時人應先將水煮沸、晾涼，再用於浸漬原料等過程。

（二）原料米的加工

當時對原料米經過適度清洗之後，對原料米進行不同方式的蒸製。蒸製原料米，一方面，對米粒可以起到滅菌的作用，另一方面，使米粒充分吸收水分、糊化，使黃衣麴、黃蒸對其能進行充分的酵解。

1、直接蒸熟米飯

《齊民要術》卷八《作酢法第七十一》載製作三種大醋時對原料米的炊制，「（第一種大醋）大率麥䴷一斗，勿揚簸；水三斗；粟米熟飯三斗，攤令冷。」「（第二種大醋）大率麥䴷一斗，水三斗，粟米熟飯三斗。」「（第三種大醋）大率麥䴷一升，水九升，粟飯九升，一時頓下，亦向滿爲限。」

2、再餾飯

《齊民要術》卷八《作酢法第七十一》載製作秫米神醋時對原料米的炊制，「大率麥䴷一斗，水一石，秫米三斗──無秫者，黏黍米亦中用……先量水，浸麥䴷訖；然後淨淘米，炊爲再餾，攤令冷，細擘飯破，勿令有塊子，一頓下釀，更不重投。」製作秫米醋、大麥醋過程中均採取「再餾飯」的方式。

（三）溫度控制

進行溫度控制、創造適宜的溫度環境是保障製醋過程正常進行及成醋質量的重要環節。

1、對所投原料米飯溫度的控制

《齊民要術》卷八《作酢法第七十一》載，「秫米神酢法：七月七日作……無秫者，黏黍米亦中用……然後淨淘米，炊爲再餾，攤令冷，細擘飯破，勿令有塊子，一頓下釀，更不重投。」「粟米、麴作酢法：七月、三月向末爲上時，八月、四月亦得作……明旦作酢，今夜炊飯，薄攤使冷。日未出前，汲井花水，斗量著甕中。量飯著盆中，或栲栳中，然後瀉飯著甕中。」「大麥酢法：七月七日作……大麥細造一石──不用作米則利嚴，是以用造。簸訖，

淨淘，炊作再餾飯。撣令小暖如人體，下釀，以杷攪之，綿冪甕口。」

據前述製醋過程可知，糖經酵母酵解，產生酒精、二氧化碳的過程中，還有熱量的散發。在氣候炎熱的季節製醋，如果以熱的原料米飯投入甕中，會使發酵過程的整體溫度驟然升高，給耐高溫的酸敗菌等有害細菌的繁殖創造了條件，影響製醋過程的進行及成醋的質量。所以，在高溫季節製醋過程中，為保障製醋初始環境溫度，應以溫度如人體或涼的原料米飯投入甕中。

2、發酵過程中的溫度控制

據《齊民要術》卷八《作酢法第七十一》所載，當時醋的製作，多在氣溫較高的五月至八月進行，所以，如何避免高溫製作環境是保障製醋過程正常進行的重要問題。

在降溫技術有限的北朝時期，人們多採用往甕外壁上澆涼水的方式降溫，以保障製醋過程。《齊民要術》卷八《作酢法第七十一》載，「秫米酢法：……初置甕於北蔭中風涼之處，勿令見日。時時汲冷水遍澆甕外，引去熱氣，但勿令生水入甕中。」「大麥酢法：……未熟時，二日三日，須以冷水澆甕外，引去熱氣，勿令生水入甕中。」

在氣溫較低的季節製醋，就需要採用保溫措施以保障製醋所需的溫度環境。《齊民要術》卷八《作酢法第七十一》載，「酒糟酢法：……夏日作者，宜冷水淋；春秋作者，宜溫臥，以穰茹甕，湯淋之。以意消息之。」可見當時在氣溫較低季節製醋，採用以植物杆莖包裹甕外壁、熱湯澆淋的方式以保障所需溫度。

（四）衛生條件的控制

當時人製醋時，還採取一系列衛生保護措施，以保障製醋過程不受有害菌的侵蝕。

《齊民要術》卷八《作酢法第七十一》載，「秫米酢法：……初置甕於北蔭中風涼之處，勿令見日。時時汲冷水遍澆甕外，引去熱氣，但勿令生水入甕中。」「大麥酢法：……未熟時，二日三日，須以冷水澆甕外，引去熱氣，勿令生水入甕中。」

生水即未經煮沸的水，由於生水中含有大量有害微生物菌，所以，在用生水澆淋甕外壁，進行降溫時，避免其進入甕內。

《齊民要術》卷八《作酢法第七十一》又載，「大麥酢法：……以棘子徹底攪之：恐有人髮落中，則壞醋。凡醋悉爾，亦去髮則還好。」

去除製醋過程中掉入甕中的人的毛髮，也是當時保障製醋衛生環境的重要步驟。

（五）成醋口味的調控

當時人們在製醋過程中還採用一些措施以調控成醋的口味。

《齊民要術》卷八《作酢法第七十一》載製作秫米醋時的原料攪拌，「米唯再餾……揮去熱氣，令如人體，於盆中和之，擘破飯塊，以麴拌之，必令均調。下醋漿，更搦破，令如薄粥。粥稠即酢剋，稀則味薄。」當時人通過調整酸漿與再餾飯拌合後的黏稠度來控製成醋的口味。

《齊民要術》卷八《作酢法第七十一》又載製作麥麩神醋，「蒸乾黃蒸一斛，熟蒸麩三斛：凡二物，溫溫暖，便和之。水多少，要使相腌漬；水多則酢薄不好。」表明通過控制製醋用水量，也可以最終影響成醋口感的醇嚴與淡薄。

《齊民要術》卷八《作酢法第七十一》又載製酒糟醋，「酒糟酢法：春酒糟則醲。頤酒糟亦中用。然欲作酢者，糟常濕下；壓糟極燥者，酢味薄。」控制所用原料酒糟本身的乾濕度，也是調節成醋口感的方式。酒糟濕度大，成醋口感濃厚；酒糟濕度小，成醋口感淡薄。這是因爲酒糟中殘存的酒精可以被醋酸菌氧化成醋酸，所以酒糟的乾濕度即酒精殘存量的大小自然會影響酒糟醋的口感。

（六）成醋的判斷──味覺判斷

判斷製醋的成熟，《齊民要術》卷八《作酢法第七十一》載大麥醋，「三四日，看米消，攪而嘗之，味甜美則罷；若苦者，更炊二三升粟米投之，以意斟量。二七日，可食；三七日，好熟。」同書同卷載燒餅醋，「初作日，軟溲數升麵，作燒餅，待冷下之。經宿，看餅漸消盡，更作燒餅投。凡四五投，當味美沸定便止。」同書同卷載製糟糠醋投放原料之後，「三日後，糟熟，發香氣。夏七日，冬二七日，嘗酢極甜美，無糟糠氣，便熟矣。」可見，當時人們通過品嘗發酵液體的味道來作爲判斷製醋是否成熟的標準。如果醋味醇厚，說明製醋成熟。

表5.9　《齊民要術》所載北朝時期食醋種類及釀造情況表

醋的名稱	發酵媒介	原料比例	釀造時間	投料次數	成醋品質
大醋(1)	黃衣麴	黃衣麴(1斗):水(3斗):粟米(3斗)	七月初七	投放粟米飯1次	「清少澱多。」
大醋(2)	黃衣麴	黃衣麴(1斗):水(3斗):粟米(3斗)	七月初七	投放粟米飯3次	
大醋(3)	黃衣麴	黃衣麴(1升):水(9升):粟米(升)	七月初七	投放粟米飯1次	
秫米神醋	黃衣麴	黃衣麴(1斗):水(1石):秫米(3斗)	七月初七	投放秫米飯1次	「得數年停,久為驗。」
粟米加麴釀醋	笨麴	笨麴末(1斗):水(1石):粟米(1石)	三月末、四月、七月末、八月	投放粟米飯1次	「美釀少澱,久停彌好。」
秫米醋	麴	麴末(1斗):酸漿水(若干):秫米(1石)	五月初五	投放秫米飯1次	
大麥醋	黃衣麴	黃衣麴(1石):水(3石):大麥(1石)	七月初七	投放粟米飯2~3次	「香美淳嚴,一盞醋,和水一椀,乃可食之。」
燒餅醋	黃衣麴	黃衣麴(1斗):水(3斗):燒餅若干(以數升麵粉和成團軟麵製成)	七月初七	投放燒餅4~5次	
麥麩神醋	黃蒸	蒸過的乾黃蒸(1石):水(若干):蒸熟的麥麩(3石)	七月初七	投放麥麩1次	
糟糠醋		酒糟、粟糠各一半	夏、冬季	投放粟糠1次	
酒糟醋		春酒糟(或頤酒糟)、穀子(用石磨磨細)		投放蒸熟的穀子1次	「春酒糟則釀,頤酒糟亦中用。」
春酒糟醋		春酒糟清汁(2石):粟米(4斗)		投放粟米飯1次	「美釀,得經夏停之。」
大豆千歲醋		酒醅若干斗,大豆1斗		投放炊熟的大豆1次	
小豆千歲醋		酒(3石):生小豆(5升):黍米若干		投放黍米飯1次	
小麥醋		淡酒(2石):小麥(3斗)			「可久長不敗。」
水醋	女麴	女麴(2斗):水(1石):粗米(2斗)		投放粗米飯1次	

速成醋	麴	麴（1斤）：水（5斗）：黍米（1斗）			
烏梅醋		烏梅肉（1升）：醋（5升）			
蜜醋		水（1石）：蜜（1斗）			
外國蜜醋		蜜（1升）：水（3合）：胡荽子（若干）			

第五節　製糖技術

北朝時期，人們通過使用麥芽蘗發酵原料米飯、煎煮發酵液體的方式製糖。

一、麥芽蘗的製作

《齊民要術》卷八《黃衣、黃蒸及蘗第六十八》載：

> 作蘗法：八月中作。盆中浸小麥，即傾去水，日曝之。一日一度著水，即去之。腳生，布麥於席上，厚二寸許。一日一度以水澆之，牙生便止。即散收，令乾，勿使餅；餅成則不復任用。此煮白餳蘗。
>
> 若煮黑餳，即待芽生青，成餅，然後以刀劃取，乾之。
>
> 欲令餳如琥珀色者，以大麥為其蘗。

現對製麥芽蘗的技術分析如下：

首先，以原料的加工性狀而論，製糖所用的麥芽蘗屬於散麴。

第二，麥芽蘗的製取，先將小麥用水浸漬，直至出幼根，再以二寸的厚度鋪於席子上，用水多次淋澆，長出幼芽，曬乾、收集，即製成麥芽蘗。

第三，當時人已知道通過對所用原料麥的發芽狀態的調整、及種類的選擇，製成不同顏色的糖。用淺色的小麥芽製成的麥芽蘗，所加工的糖為白色；用青色的小麥芽製成的麥芽蘗，所加工的糖為黑色；以大麥芽製成的麥芽蘗，所加工的糖為琥珀色。

二、製糖技術

《齊民要術》卷九《餳餔第八十九》載：

> 煮白餳法：用白芽散蘗佳；其成餅者，則不中用。用不渝釜；渝則餳黑。釜必磨治令白淨，勿使有膩氣。釜上加甑，以防沸溢。

乾糵末五升，殺米一石。

　　米必細㕭，數十遍淨淘，炊為飯。攤去熱氣，及暖於盆中以糵末和之，使均調。臥於䤖甕中，勿以手按，撥平而已。以被覆盆甕，令暖；冬則穰茹。冬須竟日，夏即半日許，看米消減離甕，作魚眼沸湯以淋之，令糟上水深一尺許，乃上下水洽。訖，向一食頃，便拔䤖取汁煮之。

　　每沸，輒益兩杓。尤宜緩火；火急則焦氣。盆中汁盡，量不復溢，便下甑。一人專以杓揚之，勿令住手，手住則餳黑。量熟，止火。良久，向冷，然後出之。

　現根據上述記載製成「白糖製作工藝圖」（圖 5.8），以清晰展示白糖製作過程。

圖 5.8　白糖製作工藝圖

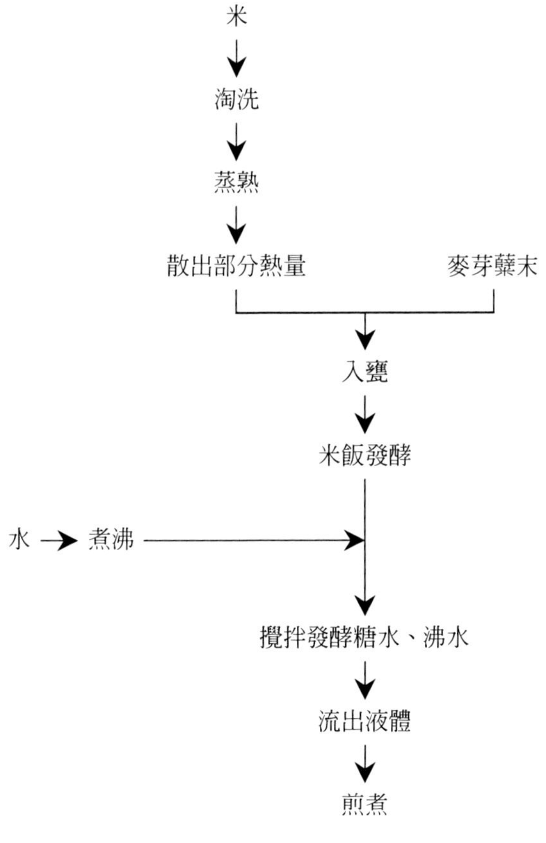

```
                   米
                   ↓
                  淘洗
                   ↓
                  蒸熟
                   ↓
        散出部分熱量          麥芽糵末
            └──────────┬──────────┘
                   ↓
                  入甕
                   ↓
                米飯發酵
水 → 煮沸 ──────────────→ ↓
                攪拌發酵糖水、沸水
                   ↓
                 流出液體
                   ↓
                  煎煮
```

　　首先，當時已精確掌握製糖所用原料比例，「乾糵末五升，殺米一石」。

　　第二，對原料米要經過數十次的淘洗，目的是去除雜質，保障製糖的質量。

　　第三，爲保障在不同季節製糖過程的順利進程，人們採用不同的保溫方式。在夏季製糖，只需在甕口的盆上覆蓋被子即可；在寒冷的冬季，除上述保溫措施外，還要在甕外壁包裹植物桿莖，以保障製糖所需溫度。

　　第四，經過一定時間發酵流出的糖汁，濃度較低，還需要經過煎煮程序，才能夠得到濃度較高的糖。

第六節　乳品製作技術

　　牛、羊、馬等牲畜所產乳，只是初級乳品，只有經過煎煮等程序，才會有高等級乳製品的產生。「從牛出乳，從乳出酪，從酪出生酥，從生酥出熟酥，從熟酥出醍醐。醍醐最上。」〔註104〕

　　《玉篇》釋「酪」爲「漿也，乳汁作。」關於當時製酪，《齊民要術》卷六《養羊第五十七附氈及酥酪、乾酪法》載：

　　　　捋訖，於鐺釜中緩火煎之──火急則著底焦。常以正月、二月預收乾牛羊矢煎乳，第一好：草既灰汁，柴又喜焦；乾糞火軟，無此二患。常以杓揚乳，勿令溢出；時復徹底縱橫直勾，慎勿圓攪，圓攪喜斷。亦勿口吹，吹則解。四五沸便止。瀉著盆中，勿便揚之。待小冷，掠取乳皮，著別器中，以爲酥。

　　　　屈木爲棬，以張生絹袋子，濾熟乳著瓦瓶子中臥之。新瓶即直用之，不燒。若舊瓶已曾臥酪者，每臥酪時，輒須灰火中燒瓶，令津出，回轉燒之，皆使周匝熱徹，好乾，待冷乃用。不燒者，有潤氣，則酪斷不成。若日日燒瓶，酪猶有斷者，作酪屋中有蛇、蝦蟇故也。宜燒人髮、羊牛角以辟之，聞臭氣則去矣。

　　　　其臥酪待冷暖之節，溫溫小暖於人體爲合宜適。熱臥則酪醋，傷冷則難成。

　　　　濾乳訖，以先成甜酪爲酵──大率熟乳一升，用酪半匙──著

〔註104〕志磐：《佛祖統紀》卷三上 //《大正新修大藏經‧史傳部一》，臺北：財團法人佛陀教育基金會出版部，1990年，第148頁。

杓中，以匙痛攪令散，瀉著熟乳中，仍以杓攪使均調。以氈、絮之屬，茹瓶令暖。良久，以單布蓋之。明旦酪成。

　　若去城中遠，無熟酪作酵者，急揄醋飧，研熱以爲酵——大率一斗乳，下一匙飧——攪令均調，亦得成。其酢酪爲酵者，酪亦醋；甜酵傷多，酪亦醋。

現對當時製酪技術分析如下：

第一，乳液加熱、滅菌。「於錯釜中緩火煎之——火急則著底焦」，說明當時人們注意到火的緩急對乳液加工後質量的影響，對加熱溫度有了精確的掌握。除掌握加熱溫度之外，當時對熱源的選擇也是非常重視的，「常以正月、二月預收乾牛羊矢煎乳，第一好：草既灰汁，柴又喜焦；乾糞火軟，無此二患」，表明由於乾牛羊糞符合乳液加熱溫度及保障加熱過程不受污染的要求，成爲首選熱源。

第二，攪拌加熱的乳液。「時復徹底縱橫直勾，慎勿圓攪，圓攪喜斷。」說明攪拌動作直接影響到乳液的凝結。以圓圈方式攪動，乳液不會凝結。據製酪原理，乳脂比重較輕，而乳蛋白比重則較大，以圓圈方式攪動，會產生向心現象，使比重較輕的乳脂容易向乳液中心聚集，比重較大的乳蛋白則向乳液邊緣分散，造成乳液中物質分佈的不均勻，這在一定程度上影響到乳液的凝結。〔註105〕

第三，加熱乳液的冷卻。「四五沸便止。瀉著盆中，勿便揚之。待小冷，掠取乳皮，著別器中，以爲酥。」表明乳液經過四五次沸騰之後，即可停止加熱，進入冷卻階段。冷卻的標準是「待小冷」，即稍微冷卻。將乳液表層的凝固物奶皮揭去，留待作酥。

第四，乳液的過濾。以生絹袋子過濾乳液，是爲了濾去乳液中的雜質，以保障成酪的質量。

第五，衛生環境的控制。當時人們對製酪衛生環境的控制，主要是通過對承裝發酵乳液的容器溫濕度的調整來實現的。「新瓶即直用之，不燒」，表明新瓶不需經過加熱滅菌即可投入使用。而曾用於發酵乳液的舊瓶則要經過加熱滅菌才能用於發酵乳液。因爲舊瓶中有潮氣，而潮氣爲有害細菌的繁殖提供了條件。所以，對曾用於發酵乳液的舊瓶進行加熱，即可以使舊瓶

〔註105〕參看（北朝）賈思勰著：《齊民要術》卷六《養羊第五十七附氈及酥酪、乾酪法》，繆啓愉校釋，北京：中國農業出版社，1998年，第435頁。

乾燥，又是對舊瓶進行滅菌處理，以保障乳液發酵在無菌環境中進行的重要步驟。

第六，發酵乳液的溫度控制。關於發酵乳液本身溫度的控制，「其臥酪待冷暖之節，溫溫小暖於人體爲合宜適」，入瓶發酵的乳液溫度以人體溫度爲標準。「熱臥則酪醋」，是因爲，一方面，溫度過高，會產生高溫酸敗現象；另一方面，高溫度雖然可以促進乳酸菌的繁殖，但是過多的乳酸菌會導致發酵過度，影響酪的質量，使酪有酸的口感。「傷冷則難成」，則是由於發酵乳液本身的溫度過低，不能有效促進乳酸菌的繁殖，影響發酵過程的進行。

第七，加發酵劑發酵。當時加發酵劑的比例爲，「以先成甜酪爲酵——大率熟乳一升，用酪半匙」。加發酵劑之後，「以匙痛攪令散，瀉著熟乳中，仍以杓攪使均調」，是爲了使甜酪與待發酵乳液能充分接觸。「以氈、絮之屬，茹瓶令暖。良久，以單布蓋之」，說明發酵過程中的溫度控制也是非常重要的。「以氈、絮之屬，茹瓶令暖」，是保障發酵的初始溫度，以便使乳酸菌進入繁殖旺盛期；「良久，以單布蓋之」，表明乳液經過一定時間的發酵之後，需要適當降低發酵溫度，避免高溫發酵的出現。「明旦酪成」，可知當時酪的發酵周期爲一天。

「若去城中遠，無熟酪作酵者，急揄醋飧，研熟以爲酵——大率一斗乳，下一匙飧——攪令均調，亦得成」，可見在沒有熟酪作發酵劑的情況下，可以用酸漿飯代替。因爲酸漿飯中含有一定的乳酸菌，可以爲乳液發酵過程所用。這體現出當時在乳品加工技術方面，游牧民族與漢族風俗的相互融合。

「酢酪爲酵者，酪亦醋；甜酵傷多，酪亦醋」，反映出當時人們通過對發酵劑酸甜度的使用控制，來調整成酪的口感風味。

第六章　飲食器具——實用性與藝術性的兼具

　　北朝時期飲食種類的增多、飲食風俗中胡風漢韵的融合、食物烹飪加工技術的進步等因素促進了當時飲食器具種類的不斷豐富、形制的不斷改進。除此之外，當時生產力的發展又促進了飲食器具質量的提高，而擁有不同經濟實力的各個社會階層在日常生活中，對飲食器具的使用是非常講究的。不可忽視的是，北朝時期，由於民族交往的頻繁、對外交流的發展，當時北方地區部分飲食器具類型融入了西域、中亞的風格，這又促進了異域風格的飲食器具在北方的流行。本章以器具的用途、形制爲分類標準來對北朝時期的飲食器具進行考察。

第一節　糧食加工器

　　北朝時期，雖然游牧經濟隨著鮮卑族入主北方，和農耕經濟成爲當時社會兩大經濟生產方式，但是，農業經濟在當時國家經濟結構中始終佔據優勢地位，這就決定了農業作物糧食成爲當時北方地區平民的主食，進而使糧食加工器體現出濃厚的農業經濟色彩。

一、磨

　　用石質材料製成，以磨碎糧食的工具。

　　據文獻資料和考古資料，北朝時期磨的動力來源有人工和水力兩類。當時的人工動力磨有推拉磨和手搖磨兩種。山西大同南郊出土北魏平城時期石

磨盤兩件。一件爲推拉磨盤，直徑 86 釐米；一件爲手搖磨盤，直徑爲 30.5 釐米。〔註1〕（圖 6.1）

圖 6.1　山西大同南郊出土的北魏平城時期石磨盤〔註2〕

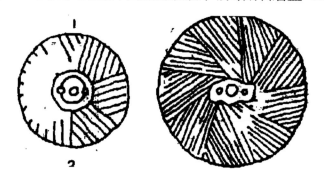

　　關於北朝時期的水力磨，《洛陽伽藍記》卷三《城南》載景明寺日常所用糧食加工器具，「磑碓舂簸，皆用水功。」「磑碓」爲石磨。由於製造、使用水力石磨的技術較爲複雜，需要花費一定的財力，所以，只有像寺院這樣具有雄厚經濟實力的社會上層群體才能使用。

二、碓

　　由臼、架、杵組合成，用來舂米。北周宇文儉墓出土一舂米俑（見圖 6.2），由搗米俑和陶碓組成；陶碓由杵、臼、架組成，裝置杵的杆和碓架連接，操作方便；舂米俑站立於陶碓底座後部，右腳站，背靠碓架，左腿屈膝上提，踩踏杵杆在舂米。〔註3〕

三、簸箕

　　簸箕是用以簸穀物的工具。北周宇文儉墓出土持箕俑一件，俑成跪坐狀，雙手持箕簸米。〔註4〕（圖 6.3）

〔註1〕　大同市博物館：《山西大同南郊出土北魏鎏金銅器》，載《考古》，1983 年第 11 期，第 999 頁。

〔註2〕　轉引自大同市博物館：《山西大同南郊出土北魏鎏金銅器》，載《考古》，1983 年第 11 期，圖四 3,4。

〔註3〕　陝西省考古研究所：《北周宇文儉墓清理發掘簡報》，載《考古與文物》，2001 年第 3 期，第 34 頁。

〔註4〕　陝西省考古研究所：《北周宇文儉墓清理發掘簡報》，載《考古與文物》，2001 年第 3 期，第 33 頁。

圖 6.2　北周宇文儉墓出土的　　圖 6.3　北周宇文儉墓出土的
　　　　舂米俑〔註 5〕　　　　　　　　　　持箕俑〔註 6〕

四、碾

　　壓碎、研細穀物的器具。河南偃師北魏洛州刺史元睿墓出土陶製碾模型
一件。「碾盤成圓餅狀，上一凸樺，四周有放射性刻槽。下部支座呈圓圈狀」。
〔註 7〕（圖 6.4）

圖 6.4　北魏洛州刺史元睿墓出土的陶碾〔註 8〕

〔註 5〕轉引自陝西省考古研究所：《北周宇文儉墓清理發掘簡報》，載《考古與文物》，2001 年第 3 期，圖一三。

〔註 6〕轉引自陝西省考古研究所：《北周宇文儉墓清理發掘簡報》，載《考古與文物》，2001 年第 3 期，圖一二，2。

〔註 7〕中國社會科學院考古研究所河南二隊：《河南偃師縣杏園村的四座北魏墓》，載《考古》，1991 年第 9 期，第 820 頁。

〔註 8〕轉引自中國社會科學院考古研究所河南二隊：《河南偃師縣杏園村的四座北魏墓》，載《考古》，1991 年第 9 期，圖版八，6。

第二節　炊煮器

一、庖廚炊具

受漢晉庖廚炊具種類、形制的影響，北朝時期的庖廚炊具以竈、釜、甑為主。〔註9〕當時的竈、釜、甑大多混合使用。釜主要用於食物的煎、炒、烹、炸、煮，甑主要用於食物的蒸製。

據考古資料，北朝時期，高臺狀的大竈已經在北方地區普遍使用。大同雁北師院北魏墓群 M2 出土陶竈模型一件。「竈臺平面呈長方形，有圓型火眼1 個，上置釜、甑各一件，釜……斂口，尖圓腹，圓底。甑……敞口，斜腹，平底，內塗黑塊表示甑孔。竈臺一側置『山』字形狀的擋火板」。〔註10〕（圖6.5）

圖 6.5　大同雁北師院北魏墓群 M2 出土的陶竈〔註11〕

咸陽師專北魏墓 M11 出土陶竈模型一件，「平面呈長方形，竈面四周模印有界欄，中部靠前聳起一圓形火眼（用於放置釜、甑），火眼四周飾有鈎、算、鑷、刀、盤等竈具圖案，前壁正中開一火門，上有階梯式擋火牆」。〔註12〕（圖6.6）

〔註 9〕張景明、王雁卿：《中國飲食器具發展史》第五章《魏晉南北朝時期的飲食器具》，上海：上海古籍出版社，2011 年，第 182 頁。

〔註 10〕劉俊喜，主編：《大同雁北師院北魏墓群》第四章《磚室墓 M2》，北京：文物出版社，2008 年，第 61 頁。

〔註 11〕轉引自劉俊喜，主編：《大同雁北師院北魏墓群》第四章《磚室墓 M2》，北京：文物出版社，2008 年，圖版三四，4。

〔註 12〕咸陽市文物考古研究所：《咸陽師專西晉北朝墓清理簡報》，載《文博》，1998年第 6 期，第 9 頁。

圖 6.6　咸陽師專北魏墓 M11 出土的陶竈〔註 13〕

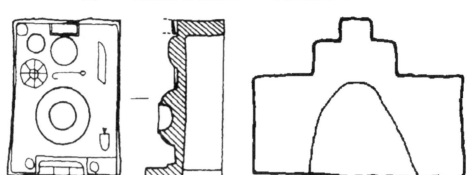

　　北周武帝孝陵出土由「執箕俑、踏碓俑、炊爨俑、竈、釜、碓」組成的庖廚模型，其中竈「門形尖拱，上飾火焰紋，竈膛側後有煙囪，竈上架一陶釜」。〔註 14〕（圖 6.7）

圖 6.7　北周武帝孝陵出土的庖廚俑〔註 15〕

　　寧夏固原北魏墓出土一組可用於野外炊煮用的銅製竈具，「竈上附釜甑。竈為龜形，斜伸的龜頸和張嘴的龜首做為煙囪，龜身做竈身。竈上置釜，釜

〔註 13〕轉引自咸陽市文物考古研究所：《咸陽師專西晉北朝墓清理簡報》，載《文博》，1998 年第 6 期，圖八，2。

〔註 14〕吳鎮烽，主編：《陝西新出土文物選粹》，重慶：重慶出版社，1998 年，第 40 頁。

〔註 15〕轉引自吳鎮烽，主編：《陝西新出土文物選粹》，重慶：重慶出版社，1998 年，圖 39。

直沿束口，圓鼓腹，置於竈內，恰似龜背，釜上置甑，甑窄平沿口，上腹兩側有對稱的獸面紋鋪首銜環，下腹內收，有箅、圈足……通長 20 釐米，高 17.3 釐米」。〔註16〕（圖 6.8）從竈具形制可見其具有便於攜帶的特點。

圖 6.8　寧夏固原北魏墓出土的銅製竈具〔註17〕

二、蒸籠

臨淄北朝崔氏墓出土蒸籠模型兩件。一件爲蓋、頂分開，蓋頂中以凸稜；一件爲圓形，上窄下寬，籠、蓋一體，由一道凹弦紋隔開，蓋面一橫梁、二氣孔，側面一小孔。〔註18〕

三、鍑

鍑爲炊煮食物用具，爲北方游牧民族在日常中所用的炊煮器具。內蒙古包頭市達爾罕茂名安聯合旗腮忽洞出土一件北魏時期雙耳銅釜（鍑），「口微侈，深腹、高圈足，口沿有兩橋形耳，腹部有一周弦紋」。〔註19〕（圖6.9）

〔註16〕寧夏固原博物館：《固原北魏漆棺畫》，銀川：寧夏人民出版社，1988 年，第 4～5 頁。

〔註17〕轉引自寧夏固原博物館：《固原北魏漆棺畫》，銀川：寧夏人民出版社，1988 年，墓葬器物圖版：銅灶。

〔註18〕山東省文物考古研究所：《臨淄北朝崔氏墓》，載《考古學報》，1984 年第 2 期，第 230、236 頁。

〔註19〕內蒙古包頭博物館：《內蒙古包頭博物館館藏文物集粹》，北京：文物出版社，2012 年，第 83 頁。

圖 6.9　內蒙古包頭市達爾罕茂名安聯合旗腮忽洞出土一件
北魏時期雙耳銅釜（鍑）〔註20〕

山西大同智家堡北魏墓出土一件青銅鍑，「深腹圓鼓，鏤空高圈足，口沿上有兩個橋形耳。口徑 11.3、通高 13.3 釐米，圈足底徑 8.6、高 4 釐米」。〔註21〕（圖 6.10）由上述兩件銅鍑造型可知，銅鍑適合游牧民族逐水草而居

圖 6.10　大同智家堡北魏墓出土的青銅鍑〔註22〕

〔註20〕轉引自內蒙古包頭博物館：《內蒙古包頭博物館館藏文物集粹》，北京：文物出版社，2012 年，第 83 頁。

〔註21〕王銀田、劉俊喜：《大同智家堡北魏墓石槨壁畫》，載《文物》，2001 年第 7 期，第 41 頁。

〔註22〕轉引自王銀田、劉俊喜：《大同智家堡北魏墓石槨壁畫》，載《文物》，2001 年第 7 期，圖四。

的遷徙生活，便於攜帶、使用。據出土文物，北魏中期以後的鮮卑墓中不再有鍑，表明鍑這一帶有游牧民族色彩的炊煮器具從入主北方的鮮卑人日常生活中消失，這應和北魏孝文帝實行漢化改革、鮮卑族的經濟生活逐漸由游牧向農業過渡有關。

四、鐺

鐺，為鍋，用於炊煮或煎炒食物。

《齊民要術》卷九《餅法第八十二》載，「雞鴨子餅：破寫甌中，不與鹽。鍋鐺中膏油煎之，令成團餅，厚二分。」

《齊民要術》卷九《餅法第八十二》載，「水引：挼如箸大，一尺一斷，盤中盛水浸，宜以手臨鐺上，挼令薄如韭葉，逐沸煮。」

第三節　飲食器

一、碗

碗為盛食、進食器。據文獻及考古資料，當時飲食器中的碗有木質、漆質兩種。

《北齊書》卷四二《盧叔武傳》載身為「在朝通貴」的盧叔武日常飲食、飲食器具，「粟飱葵菜，木椀盛之，片脯而已。」

《齊民要術》卷五《種榆、白楊第四十六》載生長十年的榆木用途，「椀、瓶、榼，器皿，無所不任。一椀七文，一魁二十，瓶、榼各直一百文也。」表明木質飲食器中，木碗的價格最為低廉。可見，木碗應為廣大平民及生活節儉的官員的日常飲食器具。

大同南郊北魏墓群 M108 出土漆碗 2 件。其中一件（M108:4），「尖唇，敞口，圓弧壁，平底，圈足。內壁器底繪九個花瓣組成的團花一朵，中心有花蕊。器外壁繪六條橫短線紋組成的幾何紋……口徑 11.2 釐米，高 3.5 釐米。」另一件（M108:5），「尖唇，敞口，弧壁，平底，矮圈足。內壁器底繪十個花瓣組成的團花一朵……內壁繪相逐走獸一對，器外壁繪雲氣文一周。口徑 13 釐米，高 4.6 釐米。」〔註23〕

〔註23〕山西大學歷史文化學院、山西省考古研究所、大同市博物館：《大同南郊北魏墓群》第二章《墓葬形制與出土遺物》，北京：科學出版社，2006 年，第

二、盤

盤爲盛食器，形制較淺。《南齊書》卷五七《魏虜傳》載北魏時期宮廷飲食器具，「琉璃鉢，金椀，盛雜食器。設客長盤一尺，御饌圓盤廣一丈。」由此可見宮廷飲食用盤規模，但是大形制的盤只用於皇帝日常飲食、宮廷大型宴會場合。形制、大小適中的盤更多的用於各個社會階層的日常飲食、宴飲活動，是當時人們使用盤的普遍情況。

當時的飲食用盤主要有銀質、銅質、漆質和青瓷質四種。

（一）銀盤

大同市小站村花圪塔臺北魏墓出土一件鎏金波斯銀盤，「盤高 4.1、口徑 18 釐米，圈足 4.5、高 1.4 釐米……盤中央有敲花凸面人像，深目高鼻，捲髮長髯，頭戴冠，耳、項部都飾瓔珞，著緊身衣褲，配飄帶，手握長柄武器……銀盤製作精細，圖畫形象逼真」。〔註24〕（圖 6.11）

圖 6.11　大同市小站村花圪塔臺北魏墓出土的
鎏金波斯銀盤側面圖〔註25〕

（二）銅盤

大同南郊北魏墓 M107 出土一件銅盤，「敞口，尖圓唇，斜腹外鼓，矮圈足。器內壁口沿處較厚，之下施弦紋一周，器內壁近底部處施弦紋兩周。器外壁素面，色黃。口徑 26.6 釐米，底徑 10.7 釐米，高 3.5 釐米」。〔註26〕（圖 6.12）

---

234 頁。

〔註24〕馬玉基：《大同市小站村花圪塔臺北魏墓清理簡報》，載《文物》，1983 年第 8 期，第 2 頁。

〔註25〕轉引自馬玉基：《大同市小站村花圪塔臺北魏墓清理簡報》，載《文物》，1983 年第 8 期，圖五。

〔註26〕山西大學歷史文化學院、山西省考古研究所、大同市博物館：《大同南郊北魏墓群》第二章《墓葬形制與出土遺物》，北京：科學出版社，2006 年，第 230 頁。

圖 6.12　大同南郊北魏墓 M107 出土的銅盤〔註27〕

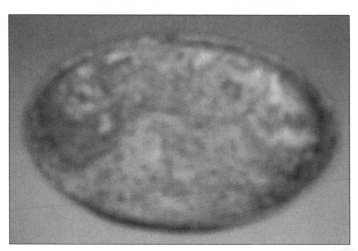

（三）漆盤

　　大同南郊北魏墓 M67 出土一件已殘的漆盤，「圓形，斜直壁，大平底。直徑約 32 釐米，高約 5 釐米」。〔註28〕

　　大同湖東北魏一號墓出土漆盤兩件，兩件漆盤「淺圓盤形，直徑 32、盤高 2.3 釐米。盤外髹黑色漆，盤心、盤壁間隔髹朱紅色、黑色漆。漆盤內置羊肋骨及肢骨」。〔註29〕

　　當時還有橢圓形漆盤。大同雁北師院北魏墓 M24 出土一件橢圓形漆盤，「長約 70、寬約 45 釐米」。〔註30〕

　　北朝時期宴飲活動中的漆盤多與漆杯配合使用。如太原北齊徐顯秀墓墓室北壁壁畫宴飲圖中，有侍女手持漆盤（漆盤內放置 5 個漆杯）侍奉主人飲酒、進食的場面。（圖 6.13）

〔註27〕轉引自山西大學歷史文化學院、山西省考古研究所、大同市博物館：《大同南郊北魏墓群》第二章《墓葬形制與出土遺物》，北京：科學出版社，2006 年，圖版七五，1。

〔註28〕山西大學歷史文化學院、山西省考古研究所、大同市博物館：《大同南郊北魏墓群》第二章《墓葬形制與出土遺物》，北京：科學出版社，2006 年，第64 頁。

〔註29〕山西省大同市考古研究所：《大同湖東北魏一號墓》，載《文物》，2004 年第12 期，第 29 頁。

〔註30〕劉俊喜，主編：《大同雁北師院北魏墓群》第二章《土洞墓》，北京：文物出版社，2008 年，第 20 頁。

圖 6.13　太原北齊徐顯秀墓「宴飲圖（局部）侍女捧盤」〔註31〕

　　為簡要瞭解北朝時期的漆飲食器，根據考古發掘資料，作表 6.1 北朝墓群出土漆飲食器一覽表附於本章後。

（四）瓷盤

按形制，北朝時期的瓷盤有平底盤和高足盤兩大類。

1、平底盤

　　河南宜陽縣馬窰村東魏楊機墓出土一件青釉平底瓷盤，「高 2.5、口徑 13.3 釐米」，「圓唇，大敞口，淺腹，大而矮的餅形足。釉色呈淡灰青色，淡雅潤澤，器物底部積釉處呈青綠色，並有細碎的開片，玻璃質感很強，施半釉」。〔註32〕（圖 6.14）

〔註31〕轉引自：山西省考古研究所、太原市文物考古研究所：《太原北齊徐顯秀墓發掘簡報》，載《文物》，2003 年第 10 期，圖三〇。

〔註32〕張柏，主編：《中國出土瓷器全集・河南》，北京：科學出版社，2008 年，第 18 頁。

圖 6.14　河南宜陽縣馬窖村東魏楊機墓出土的青釉平底瓷盤〔註33〕

　　河北磁縣北齊元良墓出土一件青瓷平底大盤,「直沿圓唇,圈足外撇。施青釉,胎質微紅。盤中央有連珠紋一圈,向外刻畫有四條圓線,兩線一組,外大內小。另有弧線花瓣穿插點綴」。〔註34〕（圖 6.15）可見製作的精良。

圖 6.15　河北磁縣北齊元良墓出土的青瓷平底大盤剖面〔註35〕

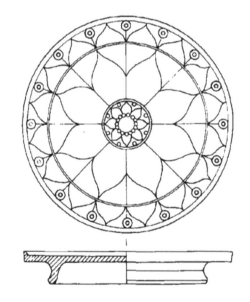

〔註33〕轉引自張柏,主編:《中國出土瓷器全集‧河南》,北京:科學出版社,2008年,圖 18。
〔註34〕磁縣文物保管所:《河北磁縣北齊元良墓》,載《考古》,1997 年第 3 期,第39 頁。
〔註35〕轉引自磁縣文物保管所:《河北磁縣北齊元良墓》,載《考古》,1997 年第 3期,圖一二。

2、青瓷高足盤

青瓷高足盤，按口徑大小的不同，即可做爲食物盛器，又可用作盛放食具的器物。

河南安陽縣北齊賈寶墓出土一件瓷高足盤，「通體施釉，盤面爲淺淺盤狀、底爲喇叭狀高圈足……口徑 14.7、底徑 11.5、通高 12 釐米」。[註36]（圖6.16）

圖 6.16　河南安陽縣北齊賈寶墓出土的瓷高足盤[註37]

陝西省西安市咸陽國際機場長航停機坪北周墓 M1 出土一件青釉高足盤，「高 9、口徑 15、足徑 9.3 釐米」，「尖圓唇，小敞口、曲腹、淺盤，坦內底，盤內邊沿有弦紋一周。喇叭形高圈足。施釉近喇叭足底，釉色青黃色，通體分佈細碎均勻的小塊開片，釉色明亮且玻璃質感強」。[註38] 反應出製作工藝的先進。（圖 6.17）

河南安陽縣北齊賈寶墓出土一件瓷高足盤，「通體施釉，盤面爲淺盤狀、底爲喇叭狀高圈足……盤內放置大小瓷碗 8 件」。[註39]（圖 6.18）

〔註36〕河南省文物局：《安陽北朝墓葬》第二章《南水北調安陽文物安全巡護過程中發現的北朝墓葬》，北京：科學出版社，2013 年，第 82 頁。

〔註37〕轉引自河南省文物局：《安陽北朝墓葬》第二章《南水北調安陽文物安全巡護過程中發現的北朝墓葬》，北京：科學出版社，2013 年，彩版一一〇，2。

〔註38〕劉雲輝、周魁英，主編：《中國出土瓷器全集·陝西》，北京：科學出版社，2008 年，第 13 頁。

〔註39〕河南省文物局：《安陽北朝墓葬》第二章《南水北調安陽文物安全巡護過程中發現的北朝墓葬》，北京：科學出版社，2013 年，第 82 頁。

圖6.17　陝西省西安市咸陽國際機場
　　　　長航停機坪北周墓 M1 出土
　　　　的青釉高足盤〔註40〕

圖6.18
河南安陽縣北齊賈寶墓
出土的瓷高足盤〔註41〕

　　山西朔州水泉梁北齊壁畫墓墓室北壁壁畫「夫婦宴飲圖」中，正在飲酒的夫婦所坐床榻「前部擺放各式食物……整齊地擺放在高足豆和平底盤中……有一侍從，雙手高舉高足盤，盤中放置一個高足杯」。〔註42〕

三、勺（匕）

　　勺為取食的用具。當時的勺有銀質和銅質兩類。

（一）銀勺

　　寧夏固原北周李賢夫婦墓出土銀勺一件，「長9.6釐米」。〔註43〕（圖6.19）

圖6.19　寧夏固原北周李賢夫婦墓出土的銀勺剖面圖〔註44〕

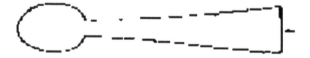

〔註40〕轉引自劉雲輝、周魁英，主編：《中國出土瓷器全集‧陝西》，北京：科學出版社，2008年，圖13。
〔註41〕轉引自河南省文物局：《安陽北朝墓葬》第二章《南水北調安陽文物安全巡護過程中發現的北朝墓葬》，北京：科學出版社，2013年，彩版一○九。
〔註42〕山西省考古研究所、山西博物院、朔州市文物局、崇福寺文物管理所：《山西朔州水泉梁北齊壁畫墓發掘簡報》，載《文物》，2010年第12期，第40頁。
〔註43〕寧夏回族自治區博物館、寧夏固原博物館：《寧夏固原北周李賢夫婦墓發掘簡報》，載《文物》，1985年第11期，第12頁。
〔註44〕轉引自寧夏回族自治區博物館、寧夏固原博物館：《寧夏固原北周李賢夫婦墓發掘簡報》，載《文物》，1985年第11期，圖二七，6。

（二）銅匕

匕，爲舀取食物的小勺。關於北朝時期人們在飲食生活中進食用匕，《魏書》卷一三《文成文明皇后馮氏傳》載，「宰人昏而進粥，有蝘蜓在焉，后舉匕得之。」又《魏書》卷三五《崔浩傳》載，「世祖每幸浩第……（崔浩）奉進蔬食，不暇精美。世祖爲舉匕箸，或立嘗而旋。其見寵愛如此。」

山西大同南郊北魏墓 M126 出土一件銅匕，「成弧形狀長方形，勺頭略寬……柄兩側做凸起的鋸齒紋，中有凸脊道，上下兩面相同。柄端彎曲成圓形，勺頭寬 2 釐米，長 5.5 釐米，柄寬 1.5 釐米，全長 10.5 釐米」。〔註45〕（圖6.20）

圖 6.20　山西大同南郊北魏墓 M126 出土的銅匕〔註46〕

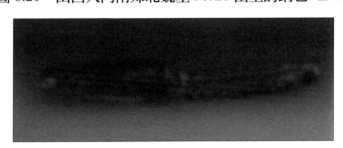

河北定縣出土的北魏石函中有三件銅匕，「勺較淺呈長圓形。長柄，其中兩件柄端做平頭，一件爲扇形。通長 17.6～20.3 釐米」。〔註47〕（圖 6.21）據出土文物可見，北朝時期的銅勺形制以長柄，淺、平頭勺爲主。

河北獲鹿縣北魏東梁州刺史閭靜遷墓出土一件陶質鳳首曲柄勺（爲陪葬用冥器），「有白衣彩繪。首、頸繪朱、墨彩斑」。〔註48〕（圖 6.22）其實用類型的勺應爲銀質或銅製的鳳首曲柄勺。

〔註45〕 山西大學歷史文化學院、山西省考古研究所、大同市博物館：《大同南郊北魏墓群》第二章《墓葬形制與出土遺物》，北京：科學出版社，2006 年，第 253 頁。

〔註46〕 轉引自山西大學歷史文化學院、山西省考古研究所、大同市博物館：《大同南郊北魏墓群》第二章《墓葬形制與出土遺物》，北京：科學出版社，2006 年，彩版一四，3。

〔註47〕 河北省文化局文物工作隊：《河北定縣出土北魏石函》，載《考古》，1966 年第5 期，第 256 頁。

〔註48〕 河北省正定縣文物保管所：《河北獲鹿發現北魏東梁州刺史閭靜遷墓葬》，載《文物》，1986 年第 5 期，第 43 頁。

圖 6.21　　　　　　　　　　圖 6.22　河北荻鹿北魏東梁州
河北定縣出土北魏石函中的　　　　　　刺史閭靜遷墓出土的
三件銅匕〔註49〕　　　　　　　　　　陶質鳳首曲柄勺〔註50〕

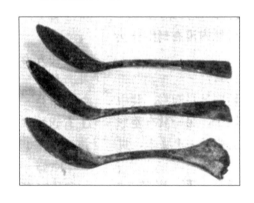

四、箸

箸，即筷子，爲進食用具。《魏書》卷三五《崔浩傳》載，「世祖每幸浩第……奉進蔬食，不暇精美。世祖爲舉匕箸，或立嘗而旋。其見寵愛如此。」

寧夏固原北周李賢夫婦墓出土一雙銀質筷子，「剖面圓形，兩頭細，中間略粗。最大直徑 0.3、長 9.2 釐米」。〔註51〕

五、案

案，即食案，類似於矮腳桌。用於放置食具或盛放食物。《魏書》卷一三《文成文明皇后馮氏傳》載，「(馮氏) 性儉素……宰人上膳，案裁徑尺，羞膳滋味減於故事十分之八。」

大同南郊北魏墓 M23 出土一件漆案，「漆案上置羊肩胛骨、肋骨及 3 件漆碗（或漆耳杯）」。〔註52〕

〔註49〕轉引自河北省文化局文物工作隊：《河北定縣出土北魏石函》，載《考古》，1966 年第 5 期，圖八。

〔註50〕轉引自河北省正定縣文物保管所：《河北荻鹿發現北魏東梁州刺史閭靜遷墓葬》，載《文物》，1986 年第 5 期，圖九。

〔註51〕寧夏回族自治區博物館、寧夏固原博物館：《寧夏固原北周李賢夫婦墓發掘簡報》，載《文物》，1985 年第 11 期，第 12 頁。

〔註52〕山西大學歷史文化學院、山西省考古研究所、大同市博物館：《大同南郊北魏墓群》第二章《墓葬形制與出土遺物》，北京：科學出版社，2006 年，第

第四節 酒 器

本節以酒具的用途爲分類標準來對當時的酒器進行考察。〔註53〕

一、儲藏用酒器

容量較大是儲藏用酒器的顯著特點。當時此類酒器稱爲罌、甕。

《洛陽伽藍記》卷四《城西》載，「河東人劉白墮善能釀酒。季夏六月，時暑赫晞，以罌貯酒，暴於日中，經一旬，其酒不動，飲之香美而醉，經月不醒。」

《北齊書》卷一《神武帝紀上》載，高歡在沃野鎮狩獵時，當地平民「出甕中酒，烹羊」以招待高歡。

《齊民要術》卷七《造神麴並酒第六十四》載北朝時期釀酒之後，「酒若熟矣，押出，清澄。竟夏直以單布覆甕口，斬席布蓋上，愼勿甕泥；甕泥封交即酢壞。」可見當時人們以甕儲藏酒對溫度環境的要求是非常注重的。

二、盛酒器

此種類型酒器爲盛酒待飲之用。以形制而言，既有便於執持、攜帶的壺、瓶、榼，也有造型精緻但卻較笨重的樽、罍。

（一）壺

酒壺在北朝時期是常用的盛酒器具。北魏時期，「敦煌氾潛家善釀酒，每節送一壺與（胡）叟」。〔註54〕北齊時期，「豪率好酒」的高季式，「在濟州夜飲，憶（李）元忠，開城門，令左右乘驛持一壺酒往光州勸（李）元忠」。〔註55〕北周庾信《答王司空餉酒》，「開君一壺酒，細酌對春風」。〔註56〕

根據考古資料，北朝時期的酒壺有帶流、把手的雞首壺，有無流、無把手的瓷扁壺和銅壺。

---

156 頁。

〔註53〕 本節採用本書作者已出版書籍《北朝時期釀酒、飲酒及對社會的影響研究》一書中第三章第三節《飲酒器具的考究》內容，按用途爲分類標準，對原來的闡述順序進行了調整並添加部分內容。

〔註54〕 《北史》卷三四《胡叟傳》，第 1263 頁。

〔註55〕 《北齊書》卷二一《高乾傳附高季式傳》，第 297 頁。

〔註56〕 參看（北周）庾信撰：《庾子山集》卷四，（清）倪璠注，許逸民校點，中華書局，1980 年版，第 347 頁。

1、雞首壺

　　北齊東安王婁睿墓出土青綠釉螭柄雞首壺兩件。其中螭柄雞首壺 II 式（圖 6.23）「高 51、腹頸 24 釐米。螭柄雞首壺盤口，圓唇微敞，細長頸，平折肩，鼓腹，下腹部內收成小平底。肩的前部有一個實心的雞首，後部爲並列兩根細高螭頸柄，螭口銜壺口沿，螭頸頂部有鬣。肩兩側各有一對花瓣狀三角性圓孔繫。壺高頸，上面飾有四道弦紋。螭柄，雞首間有蓮瓣形二紐，四個繫紐下垂忍冬，螭柄，雞首下貼鋪首。腹部起棱，並用劃紋將爪腹上部分爲段，頗顯立體感。棱下貼四隻鳳鳥。下腹部內收，平底。通體黃綠釉，釉色較厚，晶瑩得體。」〔註57〕足見雞首壺做工的精緻。

圖 6.23　北齊東安王婁睿墓出土的 II 式釉陶螭柄雞首壺正面〔註58〕　　北齊東安王婁睿墓出土的 II 式釉陶螭柄雞首壺側面〔註59〕

〔註57〕參看山西省考古研究所、太原市文物考古研究所：《北齊東安王婁睿墓》第四章《隨葬器物》，文物出版社，2006 年版，第 137～138 頁。

〔註58〕轉引自山西省考古研究所、太原市文物考古研究所：《北齊東安王婁睿墓》，彩版一四一（1），文物出版社，2006 年版。

〔註59〕轉引自山西省考古研究所、太原市文物考古研究所：《北齊東安王婁睿墓》，彩版一四一（2），文物出版社，2006 年版。

除此之外，山西太原東太堡出土北魏時期青釉龍柄雞首壺一件，〔註60〕
河南偃師北魏墓（聯體磚廠二號墓）出土青瓷雞首壺一件，〔註61〕西安北魏
韋氏紀年墓出土青瓷雞首壺一件，〔註62〕太原北魏辛祥墓出土青釉龍鳳壺一
件，〔註63〕山西祈縣白圭北齊韓裔墓出土青綠釉瓷龍鳳壺三件，〔註64〕河北
磁縣北齊高潤墓出土青黃釉瓷雞首壺一件，〔註65〕太原南郊北齊壁畫墓出土
黃綠釉瓷雞首壺一件，〔註66〕太原北齊徐顯秀墓出土黃綠釉瓷雞首壺七件，
〔註67〕西安南郊北魏北周墓 M4、M5 分別出土青瓷雞首壺一件，〔註68〕河南
沁陽北朝墓出土青瓷雞首壺一件。〔註69〕由此可見，雞首壺是當時上層社會
中廣爲流行的酒具。

2、瓷扁壺

北朝時期，社會各階層出行活動較爲頻繁，爲了人們出行時隨時能夠品
嘗美酒之便，出現了便於攜帶的酒器。據考古資料，當時便於攜帶的酒器有
瓷扁壺。

河南安陽北齊范粹墓出土黃釉瓷扁壺四件。（圖 6.24）「形體扁圓，上窄
下寬，敞口短頸，頸與間連接處，施聯珠一周。兩肩各有一孔作穿帶用。壺

〔註60〕 參看山西省博物館：《山西省博物館館藏文物精華‧陶瓷》，山西人民出版
社，1999 年版，第 99 頁。

〔註61〕 參看偃師商城博物館：《河南偃師兩座北魏墓發掘簡報》，載《考古》，1993
年第 5 期，第 424 頁。

〔註62〕 參看魏女：《西安北魏韋氏紀年墓出土瓷器及相關問題探討》，載《考古與文
物》，2010 年第 3 期，第 93 頁。

〔註63〕 參看代尊德：《太原北魏辛祥墓》，載《考古學集刊》第 1 集，1981 年，第 197
～198 頁。

〔註64〕 參看陶正剛：《山西祈縣北齊白圭韓裔墓》，載《文物》，1975 年第 4 期，第
67～68 頁。

〔註65〕 參看磁縣文化館：《河北磁縣北齊高潤墓》，載《考古》，1979 年第 5 期，第
241 頁。

〔註66〕 參看山西省考古研究所、太原市文物管理委員會：《太原南郊北齊壁畫墓》，
載《文物》，1990 年第 12 期，第 5 頁。

〔註67〕 參看山西考古研究所、太原市文物考古研究所：《太原北齊徐顯秀墓發掘簡
報》，載《文物》，2003 年第 10 期，第 14 頁。

〔註68〕 參看西安市文物保護考古所：《西安南郊北魏北周墓發掘簡報》，載《文物》，
2009 年第 3 期，第 46～47 頁。

〔註69〕 參看鄧宏里、蔡全法：《沁陽縣西向發現北朝墓及畫像石棺床》，載《中原文
物》，1983 年第 4 期，第 4 頁。

身全施菊黃色釉，底部並有凝脂狀醬色釉珠，釉色不均勻」。〔註70〕從其形制看，具有便於攜帶的特點。山西太原玉門溝出土青釉胡人獅子扁壺一件。（圖6.25）「壺呈扁形，橢圓形口，細長頸，梨形腹，高圈足。淺黃色釉。壺正背兩面紋飾相同，係模製。口沿下飾聯珠紋兩周，間爲蓮瓣紋，頸飾覆狀蓮瓣紋，底飾聯珠紋、蓮瓣紋。壺兩側浮雕象頭，長鼻下垂至底，鼻內側各垂聯珠紋至底與左右相連接。構成壺囊主紋的邊框，壺腹爲胡人。獅子組成結構嚴謹的圖案……這件扁壺，從其形制及表現手法上具有具有西域風格，是中西文化交流的見證」。〔註71〕上述北齊時期的瓷扁壺壺囊圖案形式，明顯地反映出中原與西域文化相互融合的時代特徵。

圖6.24　河南安陽北齊范粹墓出土　圖6.25　山西太原玉門溝出土的青
　　　　的黃釉瓷扁壺〔註72〕　　　　　釉胡人獅子扁壺〔註73〕

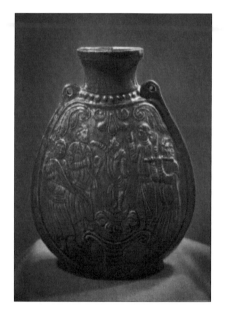 

〔註70〕參看河南省博物館：《河南安陽北齊范粹墓發掘簡報》，載《文物》，1972年第1期，第49頁。

〔註71〕參看山西省博物館：《山西省博物館館藏文物精華·陶瓷》，山西人民出版社，1999年版，第100頁。

〔註72〕轉引自河南省博物館：《河南安陽北齊范粹墓發掘簡報》，載《文物》，1972年第1期，圖版七。

〔註73〕轉引自山西省博物館：《山西省博物館館藏文物精華·陶瓷》，山西人民出版社，1999年版，圖166。

3、鎏金銅壺

河北贊皇東魏李希宗墓出土鎏金銅壺一件。「盤口，細頸，瓶底，有蓋，蓋上有寶珠形鈕，高 13 釐米」。〔註74〕

（二）瓶

北周李賢墓出土一隻帶有鮮明中亞風格色彩的鎏金銀瓶。（圖 6.26）其形制，「銀瓶通高 37 釐米，細長頸，鴨嘴流狀，腹部圓鼓，環形單把，高圈足，銀質地表面鎏金。」〔註75〕據此，鎏金銀瓶為兼具盛酒與注酒用途的酒具。鎏金銀瓶腹部圖案具有鮮明的中亞薩珊藝術風格。據學者研究，此種鎏金銀瓶是來自於中亞薩珊的手工藝品。〔註76〕

圖 6.26　北周李賢墓出土鎏金銀瓶〔註77〕

西安北周涼州薩保史君墓石堂北壁壁畫 N2，「畫面為男女主人在家中宴飲的場面……在男女主人前面跪坐一位侍者，左手持杯上舉，身前放置一長

〔註74〕參看石家庄地區革委會文化局文物發掘組：《河北贊皇東魏李希宗墓》，載《考古》，1977 年第 6 期，第 387 頁。

〔註75〕參看羅豐：《胡漢之間——「絲綢之路」與西北歷史考古》二《北周李賢墓中亞風格的鎏金銀瓶》，文物出版社，2004 年版，第 85 頁。

〔註76〕參看寧夏回族自治區博物館、寧夏固原博物館：《寧夏固原北周李賢夫婦墓發掘簡報》，載《文物》，1985 年第 11 期，第 12 頁。

〔註77〕轉引自羅豐：《胡漢之間——「絲綢之路」與西北歷史考古》二《北周李賢墓中亞風格的鎏金銀瓶》，文物出版社，2004 年版，第 80 頁。

柄胡瓶」。〔註78〕

（三）樽

樽是當時的盛酒器。根據出土壁畫可知，三足樽是當時酒樽的主要器形。大同智家堡出土的北魏墓棺板畫中的圖一三，記載了當時官僚宴飲場面，其中有容量大、用於盛酒的大型三足酒樽，樽置於曲足案上，樽中放置長柄勺，供人盛酒之用。〔註79〕（圖 6.27）可見，三足樽、曲足案和長柄勺爲配套飲酒用具。

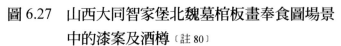

圖 6.27　山西大同智家堡北魏墓棺板畫奉食圖場景
中的漆案及酒樽〔註80〕

此類宴飲圖還見於大同富喬垃圾發電廠北魏墓群 M9、大同沙嶺北魏壁畫墓。〔註81〕表明上述配套酒器是當時社會上層酒宴中常用、高級的酒具。除三足樽之外，當時還有陽燧樽。「滑稽，酒器也。轉注吐酒，終日不已。若今之陽燧樽」。〔註82〕據此可知，陽燧樽屬於盛酒與注酒酒器，器形結構較爲複

〔註78〕西安市文物保護考古所：《西安北周涼州薩保史君墓發掘簡報》，載《文物》，
　　　　2005 年第 3 期，第 12 頁。
〔註79〕參看劉俊喜、高峰：《大同智家堡北魏墓棺板畫》，載《文物》2004 年第 12
　　　　期，第 45 頁。
〔註80〕轉引自劉俊喜、高峰：《大同智家堡北魏墓棺板畫》，載《文物》2004 年第 12
　　　　期，圖一三。
〔註81〕參看張慶捷：《北魏平城墓葬繪畫中的宴飲圖》，載《中國魏晉南北朝史學會
　　　　第十屆年會暨國際學術研討會論文集》，中國魏晉南北朝史學會、山西大學歷
　　　　史文化學院編印，2011 年，第 458～459 頁。
〔註82〕《太平御覽》卷七六一《器物部六・樽》引崔浩《漢記音義》，第 3380 頁。

雜。除此之外，當時還有被稱爲卣的中型酒樽。西魏時期，爲獎賞作戰有功的于謹，西魏文帝賞賜于謹「秬鬯一卣，珪瓚副焉」。〔註83〕東魏孝靜帝爲北齊文宣帝所加九錫禮，「（武定八年）夏五月辛亥，（文宣）帝如鄴。甲寅，進相國，總百揆……加九錫，殊禮，齊王如故。魏帝遣兼太尉彭城王（元）韶、司空潘相樂冊命曰：『……王孝悌之至，通於神明，率民興行，感達區宇，是用錫王秬鬯一卣，珪瓚副焉。』」〔註84〕《隋書》卷一《高祖紀上》載北周靜帝給宰輔之臣隋王楊堅所加「九錫禮」，「秬鬯一卣，珪瓚副焉。」由此可見，卣是專門用來盛放鬯酒的專用酒器，主要用作禮器。其使用範圍，除統治者專用外，僅限於統治者賞賜朝臣、爲權臣所加的「九錫禮」。

（四）罍

罍在當時作爲酒宴中的盛酒器。北魏時期，宗室清河王元懌府中的酒宴，「珍羞具設，琴笙並奏，芳醴盈罍，佳賓滿席」。〔註85〕在南朝梁任官的庾信，在《將命至鄴》中描寫自己參加的東魏外交酒宴場面，「四牢欣折俎，三獻滿罍樽。人臣無境外，何由欣此言」。〔註86〕罍不僅是酒宴中的盛酒器，還是祭祀活動中人們獻祭時所用的禮器。北周時期統治者祭天時的初次獻祭，「山罍舉，沈齊傾」。〔註87〕北周時期國家舉行祭祀地神活動時所用祭品，「雲飾山罍，蘭浮泛齊」。〔註88〕

（五）榼

當時的榼有瑪瑙質地和木質兩種。

北魏文成帝時期，「春秋當祭之前，（胡叟）則先求旨酒美膳，將其所知廣寧常順陽、馮翊田文宗、上谷侯法儁，攜壺執榼，至郭外空靜處，設坐奠拜，盡孝思之敬」。〔註89〕北齊時期，「魏室奇寶，多隨後入（元）韶家……馬瑙榼容三升，玉縫之」。〔註90〕表明當時酒榼是容量較大的酒器。

〔註83〕《北史》卷二三《于栗磾傳附于謹傳》，第847頁。

〔註84〕《北齊書》卷四《文宣帝紀》，第45頁。

〔註85〕參看（東魏）楊衒之著：《洛陽伽藍記》卷四《城西》，范祥雍校注，上海古籍出版社，1978年版，第185頁。

〔註86〕參看（北周）庾信撰：《庾子山集》卷三，（清）倪璠注，許逸民校點，中華書局，1980年版，第198頁。

〔註87〕《隋書》卷一四《音樂志中》，第334頁。

〔註88〕《隋書》卷一四《音樂志中》，第335頁。

〔註89〕《魏書》卷五二《胡叟傳》，第1151頁。

〔註90〕《北齊書》卷二八《元韶傳》，第388頁。

《齊民要術》卷五《種榆、白楊第四十六》載當時用生長十年的榆木製成的飲食器具及價格，「魁、椀、瓶、榼，器皿，無所不任。一椀七文，一魁二十，瓶、榼各直一百文也。」可見當時木質飲食器中，酒瓶、酒榼最爲貴重。

三、飲酒器

（一）酒杯

酒杯在當時是爲人們普遍使用的飲酒器具。從當時的歷史文獻記載和詩詞中便可以看出。《北齊書》卷一六《段榮傳附段韶傳》載，「（段韶）其子深尚公主，並省承郎在家佐事十餘日，事畢辭還，人唯賜一盃酒。」庾信《衛王贈桑落酒奉答》，「愁人坐狹邪，喜得送流霞。跂窗催酒熟，停杯待菊花。」

以北朝時期製作酒杯所使用的材料和酒杯的形制而論，當時酒杯的種類有耳杯、高足杯、漆杯、長杯、來通杯、曲口海棠杯、青瓷杯、竹杯等。

1、耳杯

耳杯，又名羽觴。當時的耳杯有銀質、銅質和漆質之分。

大同市小站村花圪塔臺北魏墓出土銀耳杯一件（圖 6.28）「形如元寶，兩端上翹，近似漢式耳杯。杯長 12.9、寬 7.2、兩端高 4.3、中部高 3.6 釐米。杯底有橢圓形圈足……耳邊有雙排聯珠紋」。〔註91〕可見做工的精緻。

圖 6.28　大同市小站村花圪塔臺北魏墓出土的銀耳杯〔註92〕

〔註91〕參看馬玉基：《大同市小站村花圪塔臺北魏墓清理簡報》，載《文物》，1983年第 8 期，第 2 頁。

〔註92〕轉引自馬玉基：《大同市小站村花圪塔臺北魏墓清理簡報》，載《文物》，1983年第 8 期，圖版一（2）。

山西大同迎賓大道北魏墓出土一件銅耳杯，「杯口橢圓形，兩端上翹，斜弧腹，月牙形鋬耳，餅狀實圈足。通高 1.8～2.2、上口徑 3.8～6.9、圈足徑 1.7～3.1 釐米」。〔註93〕

山西大同南郊北魏墓群 M135 出土漆器中，有漆案一件，「圓形，潛弧壁，大平底。髹黑色。直徑曰 26 釐米」。其中放置有漆耳杯兩件「橢圓形，內壁髹紅色。外壁髹黑色。長徑曰 17 釐米，短徑曰 10 釐米」。〔註94〕這表明，漆耳杯和漆案爲配套飲酒用具。

《洛陽伽藍記》卷四《城西》載北魏宗室元彧與朝臣宴飲，「僚宷成群，俊民滿席，絲桐發響，羽觴流行。」以上反映出，一方面，當時作爲飲酒器的羽觴（耳杯），主要流行於社會上層。另一方面，北朝繼承了漢代飲酒使用耳杯的風俗，部分鮮卑貴族使用耳杯也表明當時在飲酒器具方面鮮卑族受到漢族風俗的影響。

2、高足杯

當時的高足杯有金質、銀質、銅質之分。

西安北周安伽墓圍屏石榻正面屏風第 3 幅圖「居家宴飲圖」（圖 6.29）反映的是安伽夫婦日常生活中手持高足金杯飲酒的場面。〔註95〕

山西大同南郊北魏墓群 M109 出土鎏金鏨花高足銀杯 1 件。（圖 6.30）其形制爲，「敞口，圓腹，圓底，高圈足。口沿下端稍內收，口沿下及上腹部各有聯珠紋一周……腹部有四組伸展出的『阿堪突斯』葉紋……器身無紋身之處均鎏金」。〔註96〕足見鎏金高足金杯堪稱當時酒具中的珍品。

北齊庫狄迴洛出土高足銅杯一件。其形制，「有蓋。深腹細柄，喇叭狀座足。在腹外壁和座上各飾一道三線陰刻弦紋。蓋作灰帽式，錐形紐。通高10.8、口徑 5.6 釐米」。〔註97〕

〔註93〕大同市考古研究所：《山西大同迎賓大道北魏墓群》，載《文物》，2006 年第10 期，第 63 頁。

〔註94〕參看山西大學歷史文化學院、山西省考古研究所、大同市博物館：《大同南郊北魏墓群》第二章《墓葬形制與出土遺物》，科學出版社，2006 年版，第 76 頁。

〔註95〕參看陝西省考古研究所：《西安北周安伽墓》第三章《出土遺物》，文物出版社，2003 年版，第 29 頁。

〔註96〕參看山西大學歷史文化學院、山西省考古研究所、大同市博物館：《大同南郊北魏墓群》第二章《墓葬形制與出土遺物》，科學出版社，2006 年版，第 240 頁。

〔註97〕參看王克林：《北齊庫狄迴洛墓》，載《考古學報》，1979 年第 3 期，第 387頁。

圖 6.29　居家宴飲圖〔註 98〕

圖 6.30　大同南郊北魏墓群 M109 出土的鎏金鏨花高足銀杯〔註 99〕

〔註98〕 轉引自陝西省考古研究所：《西安北周安伽墓》第三章《出土遺物》，文物出
　　　　 版社，2003 年版，第 30 頁。
〔註99〕 轉引自山西大學歷史文化學院、山西省考古研究所、大同市博物館：《大同南
　　　　 郊北魏墓群》，彩版一二（1），科學出版社，2006 年版。

3、托杯

北齊東安王婁睿墓出土托杯兩件。此種酒具爲釉陶質地，有蓮瓣紋和素面紋托杯兩種器形。根據出土實物，此種酒具爲分體製作、合體使用。「上部爲高足杯，下部爲托盤，盤中央有插孔，足插孔間，合爲一體」。〔註100〕

其中釉陶蓮瓣紋托杯形制，（圖 6.31）「高 12.7、杯徑 8.2、盤徑 13.5 釐米。杯敞口薄唇外侈。腹部有陰刻蓮瓣兩層，柄上有弦紋三道。盤薄唇直沿，淺托盤，沿外弦紋一道。喇叭形高圈足，上有三個支釘。火候較高，質堅硬。通體施黃綠釉，釉厚，有細小冰裂紋」。〔註101〕

圖 6.31　北齊東安王婁睿墓出土的釉陶蓮瓣紋托杯〔註102〕

4、漆杯

太原北齊徐顯秀墓墓室北壁壁畫描寫墓主人夫婦宴飲的場景，男女主人各手持漆杯坐於床榻之上，旁邊各有一侍女，各自手捧圓盤，盤內分別放置五個漆杯。〔註103〕表明圓盤、漆杯爲酒宴中的配套酒具。

5、長杯、來通杯

西安北周史君石槨墓北壁壁畫 N4 描寫的是史氏夫婦與眾人飲酒的情

〔註100〕參看山西省考古研究所、太原市文物考古研究所：《北齊東安王婁睿墓》第四章《隨葬器物》，文物出版社，2006 年版，第 143～144 頁。

〔註101〕參看山西省考古研究所、太原市文物考古研究所：《北齊東安王婁睿墓》第四章《隨葬器物》，文物出版社，2006 年版，第 144 頁。

〔註102〕轉引自山西省考古研究所、太原市文物考古研究所：《北齊東安王婁睿墓》，彩版一四四（5），文物出版社，2006 年版。

〔註103〕參看山西省考古研究所、太原市文物考古研究所：《太原北齊徐顯秀墓發掘簡報》，載《文物》，2003 年第 10 期，第 35 頁。

景。其中有四個男子分別持長杯、酒杯、來通杯和長杯飲酒。〔註104〕

6、銀杯

　　河北贊皇東魏李希宗墓出土銀杯一件（圖 6.32）。其形制，「淺腹，圈足……裝飾花紋是在口沿內飾聯珠紋一周，杯底高雕六瓣仰蓮，仰蓮周圍又飾以聯珠紋兩周」。〔註105〕出土的這件銀杯是與其他器具配套放置，「在直徑 49 釐米的大銅盤內，中央放置鎏金銅鐎斗，周圍放置鎏金銅壺一件，銀杯一件和瓷碗五件」。（圖 6.33）〔註106〕反映出上述器具是配套使用的酒具。其中，鎏金銅鐎斗是溫酒器，〔註107〕鎏金銅壺屬於盛酒具，銀盃屬於飲酒具。表明墓主人生前有熱飲酒的習慣。

圖 6.32
河北贊皇東魏李希宗墓出土的
銀杯〔註108〕

圖 6.33
河北贊皇東魏李希宗墓出土的銅
盤、銅鐎斗、銀杯等器物〔註109〕

〔註104〕參看西安市文物保護考古所：《西安市北周史君石槨墓》，載《考古》，2004
　　　　年第 7 期，第 43 頁。
〔註105〕參看石家庄地區革委會文化局文物發掘組：《河北贊皇東魏李希宗墓》，載
　　　　《考古》，1977 年第 6 期，第 387 頁。
〔註106〕參看石家庄地區革委會文化局文物發掘組：《河北贊皇東魏李希宗墓》，載
　　　　《考古》，1977 年第 6 期，第 387 頁。
〔註107〕北朝時期墓葬出土用於加熱的銅鐎斗，正如孫机先生在《漢代物質文化資料
　　　　圖說·飲食器·鐎斗》中所說，「鐎斗的使用期限更要長些，到南北朝時期還
　　　　相當盛行。」
〔註108〕轉引自石家庄地區革委會文化局文物發掘組：《河北贊皇東魏李希宗墓》，載
　　　　《考古》，1977 年第 6 期，圖版五（4）。
〔註109〕轉引自石家庄地區革委會文化局文物發掘組：《河北贊皇東魏李希宗墓》，載
　　　　《考古》，1977 年第 6 期，圖版五（1）。

7、曲口海棠杯

山西朔州水泉梁北齊壁畫墓墓壁北壁壁畫「夫婦宴飲圖」有女主人手持曲口海棠杯飲酒的場景。〔註110〕

8、瓷杯

北魏洛陽郭城內出土青綠釉瓷杯（圖 6.34）、淡青釉瓷杯（圖 6.35）、黑釉瓷杯（圖 6.36）各一件。其中青綠釉瓷杯「胎壁較厚……釉色青綠……口徑9.2、底徑 4.4、高 5.8 釐米」。淡青釉瓷杯，「直口，深腹，下附圓餅狀足，足底微凹……釉色淡青，略成乳白色……口徑 8、底徑 3.2、高 6.2 釐米」。〔註111〕黑釉瓷杯，「侈口，斜腹，下腹折收，底附圓餅狀實足，足底內凹」。〔註112〕

圖 6.34	圖 6.35	圖 6.36
北魏洛陽城出土的青綠釉瓷杯〔註113〕	北魏洛陽城出土的淡青釉瓷杯〔註114〕	北魏洛陽城出土的黑釉瓷杯〔註115〕

9、瑪瑙杯

北魏河間王元琛平時收藏和使用瑪瑙杯等名貴酒具，《洛陽伽藍記》卷四

〔註110〕參看山西省考古研究所、山西博物院、朔州市文物局、崇福寺文物管理所：《山西朔州水泉梁北齊壁畫墓發掘簡報》，載《文物》2010 年第 12 期，第 39～40 頁。

〔註111〕參看中國社會科學院考古研究所洛陽漢魏城隊：《北魏洛陽城內出土的瓷器與釉陶器》，載《考古》，1991 年第 12 期，第 1091 頁。

〔註112〕參看中國社會科學院考古研究所洛陽漢魏城隊：《北魏洛陽城內出土的瓷器與釉陶器》，載《考古》，1991 年第 12 期，第 1092 頁。

〔註113〕轉引自中國社會科學院考古研究所洛陽漢魏城隊：《北魏洛陽城內出土的瓷器與釉陶器》，載《考古》，1991 年第 12 期，圖版三（3）。

〔註114〕轉引自中國社會科學院考古研究所洛陽漢魏城隊：《北魏洛陽城內出土的瓷器與釉陶器》，載《考古》，1991 年第 12 期，圖版三（1）。

〔註115〕轉引自中國社會科學院考古研究所洛陽漢魏城隊：《北魏洛陽城內出土的瓷器與釉陶器》，載《考古》，1991 年第 12 期，圖版三（5）。

《城西》,「自餘酒器,有水晶鉢、瑪瑙杯、琉璃碗、赤玉巵數十枚,做工精妙,中土所無,皆從西域而來。」

(二)酒碗

當時的酒碗主要有銀質、玻璃質和玉質三大類。

1、銀碗

在已發現的銀碗中,有鎏金鏨花銀碗和素面銀碗兩種類型。

大同南郊北魏墓群 M107 出土鎏金鏨花銀碗一件(圖 6.37)。「敞口,圓腹,圓底。口沿之下微微內收,口沿下及上腹部各有聯珠紋一周……腹部伸展出四組『阿堪突斯』葉紋……器身無紋飾之處均鎏金。口徑 10.2 釐米,高4.6 釐米」。〔註116〕

大同南郊北魏墓群 M109 出土素面銀碗一件(圖 6.38)。「直口,圓唇,弧壁,平底,素面。外壁口沿下、腹部各有一組凸弦紋……口徑 11.4 釐米,殘高 4.6 釐米」。〔註117〕

圖 6.37
大同南郊北魏墓群 M107 出土的鎏金鏨花銀碗〔註118〕

圖 6.38
大同南郊北魏墓群 M109 出土的素面銀碗〔註119〕

〔註116〕參看山西大學歷史文化學院、山西省考古研究所、大同市博物館:《大同南郊北魏墓群》第二章《墓葬形制與出土遺物》,科學出版社,2006 年版,第 228～229 頁。

〔註117〕參看山西大學歷史文化學院、山西省考古研究所、大同市博物館:《大同南郊北魏墓群》第二章《墓葬形制與出土遺物》,科學出版社,2006 年版,第 240～242 頁。

〔註118〕轉引自山西大學歷史文化學院、山西省考古研究所、大同市博物館:《大同南郊北魏墓群》,彩版一一(1),科學出版社,2006 年版。

〔註119〕轉引自山西大學歷史文化學院、山西省考古研究所、大同市博物館:《大同南郊北魏墓群》,彩版一二(2),科學出版社,2006 年版。

2、玻璃碗

玻璃碗也是上層社會鍾愛的酒具。《洛陽伽藍記》卷四《城西》載北魏河間王元琛所收藏與使用的酒具,「自餘酒器,有水晶缽、瑪瑙杯、琉璃碗、赤玉巵數十枚,做工精妙,中土所無,皆從西域而來。」

大同南郊北魏墓群 M107 出土黃綠色磨花玻璃碗一件(圖 6.39)。「淡黃綠色透明體,口微侈,圓唇,寬沿,頸略收,球形腹,凹圓底……口徑 10.3 釐米,腹徑 11.4 釐米,高 7.5 釐米」。〔註 120〕山西大同七里村北魏墓群 M6 出土天青色玻璃碗一件,「圓唇,直壁下收,圈足,上腹部飾凸弦紋一周。口徑 13、底徑 7.7、高 5.9 釐米」。〔註 121〕

圖 6.39 大同南郊北魏墓群 M107 出土的磨花玻璃碗〔註 122〕

3、玉碗

北周庾信在《春賦》中描寫官僚在立春日酒宴活動中所使用的酒具,「芙蓉玉碗,蓮子金杯」。〔註 123〕

(三)其他飲酒器

北朝時期的酒具除上述之外,見於歷史文獻記載和考古資料的,還有以下諸種。

〔註 120〕參看山西大學歷史文化學院、山西省考古研究所、大同市博物館:《大同南郊北魏墓群》,科學出版社,2006 年版,第 230 頁。
〔註 121〕參看大同市考古研究所:《山西大同七里村北魏墓群發掘簡報》,載《文物》,2006 年第 10 期,第 42 頁。
〔註 122〕轉引自山西大學歷史文化學院、山西省考古研究所、大同市博物館:《大同南郊北魏墓群》,彩版一一(2),科學出版社,2006 年版。
〔註 123〕《藝文類聚》卷三《歲時上・春》引北周庾信《春賦》,第 45 頁。

1、酒鍾

酒鍾，在這一時期的社會上層酒宴中較爲流行。北魏孝文帝在與群臣的宴飲中，曾出雅謎，並對猜中者以金鍾相贈，「（孝文帝）舉酒曰：『三三橫，兩兩縱，誰能辨之賜金鐘。』」〔註124〕北齊天統四年，文宣帝「封（慕容儼）猗氏縣公，並賜金銀酒鍾各一枚、胡馬一匹」。〔註125〕北周時期，北周武帝爲招降北齊將領傅伏，「以金馬瑙二酒鍾爲信」。〔註126〕反映出當時酒鍾的材質爲名貴金屬和玉，因此，此種飲酒用具屬於名貴酒器，並不是一般平民所能擁有與使用的，而是屬於上層社會的專用酒具。正由於其珍貴，還可以被用來作爲信物。

2、酒卮

此種酒器爲當時統治階層成員日常所用酒器。北魏時期，宗室河間王元琛日常的飲酒用具，「自餘酒器，有水晶鉢、瑪瑙杯、琉璃碗、赤玉卮數十枚，作工奇妙，中土所無，皆從西域而來」。〔註127〕元琛所用的赤玉卮作工精細之可見。北周武帝曾賞賜大臣金酒卮，「賜（傅）伏金酒卮」。〔註128〕北周庾信在《北園新齋成應趙王教》中有「玉節調笙管，金船代酒卮」的描寫。〔註129〕說明當時的酒卮多用名貴金屬和玉質材料製成。這些以不同名貴材料製成的酒卮同樣爲社會上層酒宴中所用酒器，而非一般平民所能擁有。

3、爵

東漢許愼在《說文解字》釋「爵」，「禮器也，像爵之形，中有鬯酒，又持之也。所以飲器像爵者取其鳴節。」可見，爵主要用做禮器。「（北魏孝文帝）養三老五更於明堂，國老庶老於階下。高祖再拜三老，親袒割牲，執爵而饋」。〔註130〕「（北齊）皇太子冠……太子又入室更衣。設席中楹之西，使

〔註124〕參看（東魏）楊玄之著：《洛陽伽藍記》卷三《城南》，范祥雍校注，上海古籍出版社，1978年版，第147頁。
〔註125〕《北齊書》卷二〇《慕容儼傳》，第282頁。
〔註126〕《北齊書》卷四一《傅伏傳》，第546頁。
〔註127〕參看（東魏）楊玄之著：《洛陽伽藍記》卷四《城西》，范祥雍校注，上海古籍出版社，1978年版，第205頁。
〔註128〕《北齊書》卷四一《傅伏傳》，第546頁。
〔註129〕參看（北周）庾信撰：《庾子山集》卷三，（清）倪璠注，許逸民校點，中華書局，1980年版，第271頁。
〔註130〕《魏書》卷五〇《尉元傳》，第1114頁。

者揖就席，南面。光祿卿洗爵酌醴，使者詣席前，北面祝。太子拜受醴，即席坐，祭之，啐之，奠爵，降階，複本位，西面」。〔註131〕以上表明，酒爵多在北朝時期國家重要的禮儀活動中使用。

4、巹

古代婚禮酒宴中所使用的飲酒器。「後齊皇帝納後之禮……皇后先拜後起，皇帝後拜先起。帝升自西階，詣同牢坐，與皇后俱坐。各三飯訖，又各酳二爵一巹」。〔註132〕

5、叵羅

叵羅是當時人們在酒宴中使用的飲酒器具。東魏時期，齊神武王高歡曾宴請百官，「神武宴僚屬，於坐失金叵羅，竇太后令飲酒者皆脫帽，於（祖）珽髻上得之，神武不能罪也」。〔註133〕由此可見，叵羅當爲形體較小的飲酒器具。叵羅，爲當時西域地區的飲酒器。在當時北方地區的酒宴中也出現這一飲酒器具，說明在北方與周邊各民族相互交流的情況下，當時北方地區的飲酒器具增加了新種類，西域在飲食器具方面影響著北方地區。

6、酒鉢

《洛陽伽藍記》卷四《城西》載北魏河間王元琛平時收藏、使用產自西域的名貴酒器「水晶鉢」。

當時還有漆質的酒鉢。大同雁北師院北魏墓群 M1、M12 分別出土漆鉢一件。〔註134〕其中 M1 出土漆鉢的形制，「呈圓形，直徑日 10 釐米」。〔註135〕

7、盞

盞，爲器身潛而小的酒器。山西太原東太堡出土北魏時期青釉盞托一套。（圖 6.40）「通高 6.3 釐米，盞口徑 9 釐米，托口徑 15.2 釐米。」「盞托呈高足淺盤狀，口微斂，盤心凸起一圓形托圈，上置一小盞，盞廣口，深腹，小平足，足嵌於盤心托圈。盞、托均施淡青釉」。〔註136〕表明酒盞、盞托在當時

〔註131〕《隋書》卷九《禮儀志四》，第 176 頁。

〔註132〕《隋書》卷九《禮儀志四》，第 177～178 頁。

〔註133〕《北齊書》卷三九《祖珽傳》，第 514 頁。

〔註134〕參看劉俊喜：《大同雁北師院北魏墓群》，文物出版社，2008 年版，第 12、24頁。

〔註135〕參看劉俊喜：《大同雁北師院北魏墓群》，文物出版社，2008 年版，第 24 頁。

〔註136〕參看山西省博物館：《山西省博物館館藏文物精華·陶瓷》，山西人民出版社，1999 年版，第 99 頁。

為配套飲酒器。北齊東安王婁睿墓出土十五件黃綠釉陶盞。這些盞平均口徑約為 7.3 釐米、平均高約為 5.5 釐米、足高 0.9 釐米。〔註137〕

圖 6.40　山西省太原市東太堡出土北魏青釉盞托〔註138〕

8、螺殼、竹杯、葫蘆

當時人們也直接利用天然材料作飲酒器具，或者對天然材料稍微加工便用來飲酒。香螺杯，北周庾信《園庭詩》對當時田園生活的描寫，「香螺酌美酒，枯蚌藉蘭殽。飛魚時觸釣，翳雛屢懸庖」。〔註139〕以螺殼盛酒，用蚌殼盛菜肴，飲食用具取自自然，反應出飲食生活的簡樸與清靜。

北周庾信《奉報趙王惠酒》「野鑪然樹葉，山杯捧竹根」。〔註140〕詩中所載山杯，是用竹根製成的粗陋飲酒器具。

北周庾信《擬詠懷二十七首》，「谷皮兩書帙，壺盧一酒樽。自知費天下，也復何足言」。〔註141〕「壺盧」，清代學者倪璠注為，「壺盧可以盛酒也」。說明成熟的葫蘆可以直接用來做盛酒器。北齊時期，中山儒士馮偉的日常飲食生活，「耕而飯，蠶而衣，簞食瓢飲，不改其樂」。〔註142〕「瓢飲」，指以成熟

〔註137〕參看山西省考古研究所、太原市文物考古研究所：《北齊東安王婁睿墓》第四章《隨葬器物》，文物出版社，2006 年版，第 144～146 頁。

〔註138〕轉引自山西省博物館：《山西省博物館館藏文物精華‧陶瓷》，山西人民出版社，1999 年版，第 99 頁。

〔註139〕參看（北周）庾信撰：《庾子山集》卷四，（清）倪璠注，許逸民校點，中華書局，1980 年版，第 278 頁。

〔註140〕參看（北周）庾信撰：《庾子山集》卷四，（清）倪璠注，許逸民校點，中華書局，1980 年版，第 286～287 頁。

〔註141〕參看（北周）庾信撰：《庾子山集》卷三，（清）倪璠注，許逸民校點，中華書局，1980 年版，第 247 頁。

〔註142〕《北齊書》卷四四《儒林‧馮傳傳》，第 588 頁。

的葫蘆，劈開做成的盛酒與飲酒器具。

四、溫酒器

據文獻和考古資料，北朝時期的溫酒器包括銅鐎斗和鐵鐺。

（一）銅鐎斗

當時的銅鐎斗既可用作野外炊煮食物的器具，也可用來溫酒。

河北贊皇東魏李希宗墓出土鎏金銅鐎斗一件，「在直徑 49 釐米的大銅盤內，中央放置鎏金銅鐎斗，周圍放置鎏金銅壺一件，銀杯一件和瓷碗五件」。（圖 2.6）〔註143〕反映出上述器具是配套使用的酒具。其中，鎏金銅鐎斗是溫酒器，〔註144〕鎏金銅壺屬於盛酒具，銀杯屬於飲酒具。表明墓主人生前有熱飲酒的習慣。

（二）鐵鐺

《北史》卷七〇《孟信傳》載，「（孟信）從孝武帝入關，封東州子，趙平太守。政尚寬和，權豪無犯。山中老人曾以犢酒饋之，信和顏接引，殷勤勞問。乃自出酒，以鐵鐺溫之，素木盤盛蕪菁葅，唯此而已」。

由以上所論，可以看出：

首先，北朝時期的儲藏用酒器、盛酒器、飲酒器和溫酒器四大類酒器，使用最為頻繁的是飲酒器和盛酒器。其中的飲酒器具，形制多樣各異、考究，有杯、碗、壺、卮、叵羅、罜、鉢等。以所用材質而言，有名貴酒具與古樸酒具之別。名貴酒具取材於金、銀、銅、琉璃（玻璃）、玉、瓷等，並裝飾以人物、動物、植物等紋飾，作工精緻、造型獨特、精美絕倫。古樸酒具，主要取材於動物、植物的外殼，經過簡單加工，盡顯古樸典雅。總體來說，當時飲酒器具向精緻考究的方向發展、演變。反映出當時社會上層在飲酒之時，對飲酒器具是非常講究的。

第二，當時眾多的材質名貴、形制各異、作工精緻的酒器的產生，正是北朝時期手工業生產工藝發展與進步的表現。這些精緻酒具不僅具有實用價

〔註143〕參看石家庄地區革委會文化局文物發掘組：《河北贊皇東魏李希宗墓》，載《考古》，1977 年第 6 期，第 387 頁。

〔註144〕北朝時期墓葬出土用於加熱的銅鐎斗，正如孫机先生在《漢代物質文化資料圖說·飲食器·鐎斗》中所說，「鐎斗的使用期限更要長些，到南北朝時期還相當盛行。」

值，而且還更具藝術觀賞價值。

第三，當時精緻與古樸飲酒器的存在，說明各個階層在飲酒活動中受到以經濟和政治為代表的身份與地位等級的影響。當時用貴重金屬和玉質材料加工成的形制精緻的酒器，屬酒器中的極品，並非一般人所能擁有，而是屬於皇室和達官等社會上層的專用器物。因此，這些名貴酒器也就成為擁有者的身份等級與地位的體現。而當時文獻也記載了皇室、達官顯貴在日常飲食生活中多使用金、銀、玉、瑪瑙等製成的名貴酒器，反映出名貴酒器受到當時上層社會的追捧，使用名貴、精緻的酒器已是蔚然成風。

簡樸的酒器，雖然能體現出飲酒者的飲酒之雅與樸，給人以恬淡之感。但是，以其材質的粗糙、製作較為簡易而論，無疑更適合當時社會中廣大平民使用。

所以，不同材質的飲酒器具既顯示出酒具擁有者社會地位的高低與尊卑，經濟狀況的懸殊之別，又反映出不同社會階層的生活追求風格。

第四，北朝時期，由於民族往來的頻繁、對外交流的發展，當時北方地區酒器類型融入了西域、中亞的風格。這促進了中亞、西域風格的酒具在當時社會上層中的流行。學者研究，「薩珊系統金屬器在當時貴族階層中佔有相當重要的地位，擁有這類金屬器皿成為當時一種流行的時尚」。〔註 145〕

表 6.1　北朝墓群出土漆飲食器一覽表

地區	墓號	漆飲食器	漆飲食器性狀	資料來源
大同南郊	M35	漆耳杯（1件）	「橢圓形，髹紅漆。長 14 釐米，寬日 10 釐米。」	《大同南郊北魏墓群》第二章《墓葬形制與出土遺物》
	M67	漆盤（1件）	「圓形，斜直壁，大平底。直徑約 32 釐米，高約 5 釐米。」	同上
	M75	漆盤（1件）	「呈圓形，直徑約 15 釐米。」	同上
	M110	漆案（1件）	「呈圓角長方形，殘長月 80 釐米，寬日 38 釐米。」	同上
	M135	漆案（1件）	「圓形，淺弧壁，大平底。髹黑色。直徑約 26 釐米。」	同上

〔註 145〕參看羅豐：《胡漢之間——「絲綢之路」與西北歷史考古》二《北周李賢墓中亞風格的鎏金銀瓶》，文物出版社，2004 年版，第 82 頁。

	漆碗（2件）	2件漆碗，「形制相同。圓形，弧壁。髹紅色，平底髹黑色。直徑約14釐米。」	
	漆耳杯（2件）	2件漆耳杯，「形制相同。橢圓形，內壁髹紅色。外壁髹黑色。長徑約17釐米，短徑約10釐米。」	
M14	漆案（1件）	「呈圓形，髹黑底，紅褐色邊緣。直徑約55釐米。」	同上
M22	漆案（1件）	「圓形，敞口，斜壁，平底。直徑58釐米，底徑47.5釐米，高4釐米。」	同上
	漆碟（1件）	「圓形，敞口，斜壁，平底。直徑13釐米，底徑9釐米，高2釐米。」	
	漆碗（1件）	「敞口，尖圓唇，弧壁，圈足。直徑13釐米，底徑10釐米，高4釐米。」	
M23	漆碗（耳杯）（3件）	「2件髹紅色漆，1件髹黑色漆。」	同上
M72	漆杯（1件）	「口部殘，腹中部內收，平底，一側帶把。把形為高雕走獸狀，四條腿與尾巴和把身相接。」	同上
M103	漆盤（1件）	「呈圓形，髹紅色。」	同上
M106	漆杯（1件）	「呈圓筒狀，通體髹黑漆，上繪紅色花紋，漆杯底部繪紅色弦紋及三角鋸齒紋。」	同上
M107	漆耳杯（1件）	「平面呈橢圓狀，兩側有耳。長徑16釐米，短徑11釐米（包括雙耳），高4.8釐米。」	同上
M108	漆碗（2件）	其中一件，「尖唇，敞口，圓弧壁，平底，圈足。內壁器底繪九個花瓣組成的團花一朵，中心有花蕊。器外壁繪六條橫短線紋組成的幾何紋……口徑11.2釐米，高3.5釐米。」另一件，「尖唇，敞口，弧壁，平底，矮圈足。內壁器底繪十個花瓣組成的團花一朵……內壁繪相逐走獸一對，器外壁繪雲氣文一周。口徑13釐米，高4.6釐米。」	同上
M116	漆耳杯（1件）	「僅具器形，尺寸不明，髹紅漆。」	同上
M134	漆案（1件）	「圓形，圖案分兩區，內區髹黑色，外區髹紅色，髹黑色邊緣……直徑約65釐米。」	同上

		漆碗（1件）	「弧壁髹紅色，圓平底髹黑色。口徑約 14 釐米。」	
	M180	漆案（1件）	「案面呈圓角長方形，淺弧壁，兩側有長方梯形耳，大平底。髹黑色。案面長 53 釐米，寬 53 釐米，高 30 釐米，耳長 36～40 釐米，寬 8 釐米。」	同上
		漆碗（1件）	「殘。圓形，髹黑漆。直徑約 12 釐米。」	
	M214	漆案（1件）	「呈圓形，平底髹黑色，繪紅色花紋，尺寸不明。」	同上
		漆碗（2件）	其中一件，「呈圓形，髹黑色，尺寸不明。」另一件，「圓形，黑底紅壁，尺寸不明。」	
	M240	漆案（1件）	「殘，呈圓形，直口，弧壁，腹中部內折，平底。口徑 78 釐米，底徑 30 釐米，高 10.2 釐米。」	同上
		漆耳杯（1件）	「已殘，僅具器形。」	
大同雁北	M12	漆碗（1件）	「直徑 10 釐米。」	《大同雁北師院北魏墓群》第二章《土洞墓 M7、M9、M12、M18、M19、M24》
		漆鉢（1件）	「直徑 10 釐米。」	
	M24	漆盤（1件）	「平面略呈橢圓形，長約 70、寬約 45 釐米。」	同上
	M1	漆盤（1件）	「漆盤呈長方形，長 70、寬 36 釐米，四邊有高約 2 釐米的凸棱。漆盤表面均有彩繪。」	《大同雁北師院北魏墓群》第三章《磚室墓 M1、M3、M52》
		漆鉢（1件）	「漆鉢呈圓形，直徑約 10 釐米。」	同上
	M3	漆盤（1件）	「平面呈圓形，直徑 83 釐米。」	同上
	M2	漆盤（1件）	「平面呈圓形，直徑為 16 釐米，盤內置獸骨。」	《大同雁北師院北魏墓群》第四章《磚室墓 M2》
	M5	漆盤（2件）	其中一件，「平面呈圓形，直徑 36 釐米。」另一件，「平面呈圓形，直徑 36 釐米。」	《大同雁北師院北魏墓群》第五章《磚室墓 M5》

第七章　北朝時期的飲食風俗

第一節　飲酒風俗

北朝時期的飲酒風俗，主要從飲酒的社會階層廣泛、飲酒風氣的粗獷、豪放與雅致並存、飲酒風氣盛行的人文地理與自然地理因素三個方面進行闡述。〔註1〕

一、酒徒的眾多——飲酒的社會階層廣泛

北朝時期，由於釀酒技術的進步促進了酒的種類的增多與產量的增加，所以，當時酒的消費呈現出迅猛發展的趨勢。這體現在北朝時期飲酒的社會階層日益廣泛。這一時期，飲酒風氣影響所至的社會群體，即有社會上層貴族，又有社會下層平民，甚至還不乏僧侶階層成員，這使當時社會中存在規模龐大的飲酒群體。

（一）皇帝——嗜酒怠政與節飲勤政

尚飲風氣在北朝時期的統治者中表現得最為濃厚。

首先，統治者經常賜酒宴於群臣、與群臣共飲，是尚飲之風在統治者中盛行的鮮明標誌。登國七年春正月，北魏道武帝「幸木根山，遂次黑鹽池。饗宴群臣，觀諸國貢使」。同年三月，道武帝「宴群臣於水濱，還幸河南宮」。〔註2〕永興四年，北魏明元帝「宴群臣於西宮」。〔註3〕北魏太武帝在位

〔註1〕本節採用本書作者已出版書籍《北朝時期釀酒、飲酒及對社會的影響研究》一書中第三章第一節、第二節、第四節內容。

〔註2〕《魏書》卷二《道武帝紀》，第25頁。

期間，經常「大饗」百僚，〔註4〕與官員共飲。北魏孝文帝也是頻繁「大饗群臣」。〔註5〕北齊文宣帝時常「朝讌群臣」，〔註6〕與群臣暢飲同樂。北周武帝經常「置酒」〔註7〕賞賜功臣、宴請官員。從北魏到北周五朝，當時各個朝代的統治者頻繁舉行不同類型與規模的賜酒宴活動。《魏書》、《北齊書》、《周書》和《北史》中明確記載統治者賜酒宴共有140次之多。（關於北朝時期皇帝賜酒宴，見本章後附表7至附表11）

其次，當時的一些統治者不僅喜飲，而且還有縱酒、嗜酒瘋狂者。所以，縱酒、嗜酒成爲尚飲風氣在統治者中盛行的另一標誌。

北魏時期，大臣崔光面對宣武帝的縱酒，曾上書進行勸諫，「伏願陛下追殷二宗感變之意，側躬聳誠，惟新聖道，節夜飲之忻，強朝御之膳，養方富之年，保金玉之性，則魏祚可以永隆，皇壽等於山嶽」。〔註8〕崔光進諫除對宣武帝的縱酒行爲對身體健康所帶來的負面影響表示擔心之外，更多的是對由君主不能自覺節制飲酒而引起的政權穩定問題表示關切。

北齊皇帝普遍尚飲成風，從北齊開國皇帝文宣帝開始，及後繼統治者中，沉溺於酒者不乏其人。嗜酒瘋狂成爲北齊皇室的顯著特徵。北齊統治者的嗜酒瘋狂，其中當首推文宣帝。北齊文宣帝在統治後期，「縱酒肆欲，事極猖狂，昏邪殘暴，近世未有。饗國弗永，實由斯疾，胤嗣殄絕，固亦餘殃者也」。〔註9〕說明文宣帝統治後期，國政混亂、政權逐漸趨於不穩，與其「縱酒肆欲」有著密切的聯繫。當時朝臣中「朝亦飲酒醉，暮亦飲酒醉。日日飲酒醉，國計無取次」〔註10〕的感慨，反映的就是上述情況。文宣帝最終縱酒身亡，「暨於末年，不能進食，唯數飲酒，麴蘗成災，因而致斃」。〔註11〕可見，統治者嗜酒不僅影響到自己的身體健康，而且還導致了當時國家政治形勢的不穩。所以，面對文宣帝嗜酒及由此而引起的朝政紊亂，一些耿直的

〔註3〕 《魏書》卷三《明元帝紀》，第51頁。
〔註4〕 《魏書》卷四下《太武帝紀下》，第103頁。
〔註5〕 《魏書》卷七下《孝文帝紀下》，第171頁。
〔註6〕 《北齊書》卷四《文宣帝紀》，第65頁。
〔註7〕 《周書》卷六《武帝紀下》，第101頁。
〔註8〕 《魏書》卷六七《崔光傳》，第1490頁。
〔註9〕 《北齊書》卷四《文宣帝紀》，第69頁。
〔註10〕 參看逯欽立輯校：《先秦漢魏晉南北朝詩·北齊詩》卷一，中華書局，1988年版，第2257頁。
〔註11〕 《北齊書》卷四《文宣帝紀》，第68頁。

大臣直言進諫，「顯祖末年，縱酒酗醉，所爲不法，（高）德政屢進忠言」。
〔註12〕「頗爲文宣所知」的王紘，也曾警示文宣帝，「長夜荒飲，不悟國破，
是謂大苦」。〔註13〕面對群臣的直言極諫，文宣帝顯然沒有充分意識到縱飲無
度危害的嚴重程度。仍然我行我素、酗飲無度，「（文宣）帝謂左右曰：『崔暹
諫我飲酒過多，然我飲何所妨？』」〔註14〕

　　北齊武成帝也是繼承了其兄長文宣帝縱酒嗜飲的餘風，武成帝「酒色過
度，恍惚不恒，曾病發，自云初見空中有五色物，稍近，變成一美婦人，去
地數丈，亭亭而立。食頃，變爲觀世音」。〔註15〕「（武成）帝先患氣疾，因
飲酒輒大發動，（和）士開每諫不從」。〔註16〕反映出武成帝的身體健康問題
也是由縱酒嗜欲所致。即「勿飲酒令至醉，即終身百病不除。久飲酒者，腐
腸爛胃，潰髓蒸筋，傷神損壽」。〔註17〕北齊後主更是「甘酒嗜音」。〔註18〕
對後主的縱酒，民間也作諺語以示諷刺，「先是童謠曰：『黃花勢欲落，清觴
滿盃酌。』言黃花不久也，後主自立穆后以後，昏飲無度，故云清觴滿盃
酌」。〔註19〕由於北齊統治者多縱酒，這導致他們壽命大多不長，「饗國弗
永」，〔註20〕從文宣帝建立北齊政權，到北齊爲北周所滅，在不到三十年時間
裏，北齊更換了六位統治者，除北齊後主、幼主客死北周，孝昭帝正常死亡
外，其餘統治者的英年早逝均和縱酒有關。正如史家所說北齊多數統治者「饗
國不永，實由斯疾」。〔註21〕北齊朝政紊亂，與統治者的沉湎於酒色、荒於政
事，具有密切的關係。

　　北周時期，出身於鮮卑族宇文氏的統治者也不乏嗜酒之人。「（宣）帝之
在東宮也……性既嗜酒，高祖遂禁醪醴不許至東宮」。〔註22〕北周武帝甚至
因太子的嗜酒而考慮到太子的廢立，後在太子的矯情掩飾之下而打消廢太

〔註12〕《北齊書》卷三〇《高德政傳》，第409頁。
〔註13〕《北史》卷五五《王紘傳》，第1998頁。
〔註14〕《北齊書》卷三〇《崔暹傳》，第406頁。
〔註15〕《北齊書》卷三三《徐之才傳》，第446頁。
〔註16〕《北齊書》卷五〇《恩倖·和士開傳》，第687頁。
〔註17〕（佚名）《太清道林攝生論》//張繼禹，主編：《中華道藏·四輔眞經》第二
　　　　十三冊《太清攝養經》，華夏出版社，2004年版，第634頁。
〔註18〕《北齊書》卷八《後主紀》，第116頁。
〔註19〕《北齊書》卷九《穆后傳》，第128頁。
〔註20〕《北齊書》卷四《文宣帝紀》，第69頁。
〔註21〕《北齊書》卷六《孝昭帝紀》，第86頁。
〔註22〕《周書》卷七《宣帝紀》，第124頁。

子的意圖。可是，宣帝即位後，仍然酗飲如前。「（宣）帝既酗飲過度，常中飲」。〔註23〕

綜上可見，北朝時期的統治者，尚飲之風尤以北齊最為明顯。其他朝代的統治者在尚酒方面與北齊統治者相比則要遠遜一些。但這並不是說他們不飲酒，而是自身對酒有一定的認識，進而對飲酒有一定的節制、從不沉湎於其中。北魏孝文帝經常舉行酒宴活動，但是孝文帝卻從不縱酒，而且還把朝臣所上「酒訓」「常置左右」，〔註24〕以「商辛耽酒，殷道以之亡」〔註25〕作為前車之鑒時刻提醒自己，以「公旦陳誥，周德以之昌」〔註26〕來激勵自己。據此，對於節制飲酒和縱酒的君主來說，酒是「可節之物」，只是「嗜者不能立志裁割」〔註27〕而已。

（二）官僚——縱情酗飲

飲酒風氣在朝廷官員中的盛行，表現在官員中充斥著眾多好酒喜飲者。北魏宣武帝時期，時任「司州牧」、「衛大將軍、尚書令」的宗室廣陽王元嘉，「好飲酒，或沉醉」。〔註28〕宣武帝時期，時任平南將軍、豫州刺史的夏侯道遷，「好言宴，務口實」，甚至以其「國秩歲入三千餘匹」專供「酒饌」。並經常「誦孔融詩曰：『坐上客恒滿，樽中酒不空。』餘非吾事也」。夏侯道遷因其縱酒、放誕的行為使「識者多之」。〔註29〕反映出官員的縱酒造成了財富的極大浪費。「歷員外通直散騎常侍、鎮東將軍、光祿卿」的宣武帝寵臣趙修，「能劇飲，至於逼勸觴爵，雖北海王詳、廣陽王嘉等皆亦不免，必致困亂」。〔註30〕宣武帝朝東平原太守鄭平城，「性清狂使酒」。〔註31〕北齊開國功臣、歷任軍政要職的高季式，「豪率好酒……黃門郎司馬消難，左僕射子如之子，又是高祖之婿，勢盛當時。因退食暇，尋季式與之酗飲……酒至，不肯飲。季式云：『我留君盡興，君是何人，不為我痛飲。』命左右索車輪括

〔註23〕《隋書》卷二五《刑法志》，第710頁。
〔註24〕《魏書》卷四八《高允傳》，第1088頁。
〔註25〕《魏書》卷四八《高允傳》，第1087頁。
〔註26〕《魏書》卷四八《高允傳》，第1087頁。
〔註27〕《宋書》卷六一《武三王·衡陽王義季傳》，第1654頁。
〔註28〕《魏書》卷一八《太武五王·廣陽王建傳附元嘉傳》，第429頁。
〔註29〕《魏書》卷七一《夏侯道遷傳》，第1583頁。
〔註30〕《魏書》卷九三《恩倖·趙修傳》，第1998頁。
〔註31〕《魏書》卷五六《鄭義傳附鄭平城傳》，第1244頁。

消難頸，又索一輪自括頸，仍命酒引滿相勸。消難不得已，欣笑而從之」。〔註 32〕表明一些官員不僅自己縱酒，而且，還令他人強飲。北齊時期，歷任黃門侍郎、輔佐北齊數代皇帝的高伏護，「性嗜酒，每多醉失，末路逾劇，乃至連日不食，專事酣酒，神識恍惚，遂以卒」。〔註 33〕北周時期，歷任中央與地方軍政要職的李遷哲，平時喜好「縱酒歡宴」。〔註 34〕

當時官員甚至因縱酒、醉酒而耽誤政務者也屢見不鮮。北魏孝明帝時期，時任「兼尚書右僕射、西道行臺、行秦州事，爲諸軍節度」的宗室元修義，「性好酒，每飲連日，遂遇風病，神明昏喪，雖至長安，竟無部分之益」。〔註 35〕孝莊帝時期，「南趙郡太守」李元忠「以好酒無政績」。〔註 36〕官員縱酒昏醉，自然無法處理政務。由此，官員的縱酒、嗜酒行爲在北朝時期可謂是司空見慣。

（三）平民——喜飲風氣濃厚

當時平民中，飲酒之風更是盛行。北魏太武帝時期，「（拓跋晃）及監國，命有司使百姓有牛家以人牛相貿，又禁飲酒雜戲棄本沽飯者，於是墾田大增」。〔註 37〕表明民間的縱飲之風在一定程度上干擾了農業生產的正常進行。甚至有人因醉酒、酗酒滋事，影響了社會秩序的穩定，「太安四年，始設酒禁。是時年穀屢登，士民多因酒致酗訟，或議主政。（文成）帝惡其若此，故一切禁之。」〔註 38〕說明當時平民之中酗酒之風的愈演愈烈之勢。

當時酒業市場的繁榮，也從側面反映出民間的向酒之風。《洛陽伽藍記》卷四《城西》載洛陽大市中酒業市場的規模，「（洛陽大）市西有退酤、治觴二里。里內之人多醞酒爲業」。北周王褒《日出東南隅行》載北周邊疆地區的酒肆場面，「採桑三市路，賣酒七條衢。」〔註 39〕這些規模巨大的酒業市場，必然要以民間龐大的消費市場作爲存在的基礎。

〔註 32〕《北齊書》卷二一《高乾傳附高季式傳》，第 297～298 頁。

〔註 33〕《北齊書》卷一四《高靈山傳附高伏護傳》，第 189 頁。

〔註 34〕《周書》卷四四《李遷哲傳》，第 793 頁。

〔註 35〕《魏書》卷一九上《景穆十二王・汝陰王天賜傳附元修義傳》，第 451 頁。

〔註 36〕《北齊書》卷二二《李元忠傳》，第 314 頁。

〔註 37〕《北史》卷二《魏景穆帝紀》，第 64 頁。

〔註 38〕《魏書》卷一一一《刑罰志》，第 2875 頁。

〔註 39〕參看逯欽立輯校：《先秦漢魏晉南北朝詩・北周詩》卷一，中華書局，1983年版，第 2335 頁。

（四）僧侶——佛教酒戒的破壞者

佛教僧侶，本應謹遵「佛道以酒肉爲上誡」〔註40〕這一飲食清規，斷除世俗物質欲望而潛心修行，以示對佛教信仰的虔誠之意。但是，當時的僧侶階層仍然不乏嗜酒之徒，這一時期的一些僧侶並沒有因爲宗教信仰而在飲食方面謹遵佛教中戒酒肉的清規。西魏時期，僧人釋檀特，「身雖剃染，率略無檢制。飲酒啖肉……居於武威，肆意狂逸」。〔註41〕同一時期的長安，「有賈人持金二十斤，詣京師交易，寄人停止……緘閉不異而失之……（柳）慶聞而歡之，乃召問賈人曰：『卿鑰恒置何處？』……『與人同飲乎？』（賈人）曰：『日者曾與一沙門再度酣宴，醉而晝寢。』慶曰：『……彼沙門乃眞盜耳。』」〔註42〕由此可見，在日常生活中違反佛教五戒的僧人還是不少的。甚至，一些僧人在嚴肅的宗教場合也是醉酒醺醺。在北齊文宣帝舉行的佛教、道教辯難的法會上，僧人釋曇顯，「酒醉酣盛，扶舉登座」，正因爲其不檢點的行爲，才會有「眾皆憚焉」的反映。〔註43〕一些僧人在參加統治者的賜宴時，也是葷素不忌，北齊時期，「（文宣）帝曾命酒並蒸肫，敕置（釋道）豐前，令遣食之。（釋道）豐聊無辭讓，極意飽啖」。〔註44〕這明確反映出一些僧人並沒有因宗教信仰而自覺嚴格約束自己的物質欲望，進而使自己在飲食方面與世俗社會無異。也就是說，一些形骸放浪的僧侶視佛教飲食戒律如虛設。

在日常飲食生活中，違背「佛道以酒肉爲上誡」〔註45〕這一飲食清規的僧人，必然不見容於世俗。所以，他們飲酒食肉這一放浪不羈的行爲是要受到人們的指責。北周時期，僧人釋童進，因「不拘禮度，唯樂飲酒……來去酣醉，遺尿臭穢」這一不檢點的行爲而受到「眾共非之」。〔註46〕人們對

〔註40〕 釋僧祐：《弘明集》卷一 //《大正新修大藏經・史傳部四》，臺北：財團法人佛陀教育基金會出版部，1990 年版，第 6 頁。

〔註41〕 通慧、贊寧：《宋高僧傳》卷一八《感通篇第六之一》//《大正新修大藏經・史傳部二》，臺北：財團法人佛陀教育基金會出版部，1990 年版，第 820 頁。

〔註42〕 《周書》卷二二《柳慶傳》，第 370～371 頁。

〔註43〕 釋道宣：《續高僧傳》卷二三《護法上》//《大正新修大藏經・史傳部二》，臺北：財團法人佛陀教育基金會出版部，1990 年版，第 625 頁。

〔註44〕 釋道宣：《續高僧傳》卷二五《感通上》//《大正新修大藏經・史傳部二》，臺北：財團法人佛陀教育基金會出版部，1990 年版，第 647 頁。

〔註45〕 釋僧祐：《弘明集》卷一 //《大正新修大藏經・史傳部四》，臺北：財團法人佛陀教育基金會出版部，1990 年版，第 6 頁。

〔註46〕 釋道宣：《續高僧傳》卷二三《護法上》//《大正新修大藏經・史傳部二》，

飲酒食肉的僧人持非議的態度，反映出不飲酒食肉是僧人必須遵守的佛教戒律。

二、粗獷、豪放與雅致之風的並存

北朝時期，飲酒風氣的粗獷、豪放與雅致之別，主要是指飲酒者所追求的飲酒意境、佐酒方式的不同。當時粗獷、豪放的飲酒風氣主要指以豪飲爲代表的熾烈酒風，豪飲者縱情於美酒之時，只是追求物質感官的享受，對飲酒意境、佐酒方式並不重視；而雅致的飲酒風俗則是指好酒者對格調高雅的意境與佐酒方式的追求，顯示的是飲酒者既講求物質享受，又注重精神層面。

（一）粗獷、豪放的飲酒風氣

北朝時期粗獷、豪放飲酒風氣的明顯特徵就是當時好酒者中，出現了眾多的豪飲者。其中，明顯的表現就是當時人們動輒以斗，甚至以石來衡量豪飲者的酒量之大。所以，豪飲風氣成爲當時飲酒風俗重要的組成部分。

北魏文成帝時期，官居南部主書的劉藻，「飲酒至一石不亂」。〔註47〕孝明帝時期，歷任中散的楊元愼，「性嗜酒，飲至一石，神不亂。常慷慨歎不得與阮籍同時生」。〔註48〕可見當時一些嗜酒者的酒量之大。

當時更普遍的是以斗來衡量飲酒者的日常飲酒量。北魏孝明帝時期，在宗室臨淮王元彧舉行的酒宴中，裴子明因對詩不工而被罰酒，「唯河東裴子明爲詩不工，罰酒一石。子明八斗而醉眠，時人譬之山濤」。〔註49〕北齊時期，外戚胡長仁，「性好歌舞，飲酒至數斗不亂」。〔註50〕北周時期，「明習故事，又參定周律」的裴政「能飲酒，至數斗不亂」。〔註51〕飲酒數斗而不醉，酒量也可謂不小。

北齊宗室隴西王高紹廉，「能飲酒，一舉數升」。〔註52〕高紹廉雖然不能

　　　臺北：財團法人佛陀教育基金會出版部，1990年版，第659頁。
〔註47〕《魏書》卷七○《劉藻傳》，第1549頁。
〔註48〕參看（東魏）楊衒之著：《洛陽伽藍記》卷二《城東》，范祥雍校注，上海古籍出版社，1978年版，第120頁。
〔註49〕參看（東魏）楊衒之著：《洛陽伽藍記》卷四《城西》，范祥雍校注，上海古籍出版社，1978年版，第202頁。
〔註50〕《北史》卷八○《外戚·胡長仁傳》，第2694～2695頁。
〔註51〕《北史》卷七七《裴政傳》，第2612頁。
〔註52〕《北齊書》卷一二《文宣四王·隴西王紹廉傳》，第157頁。

飲酒至一石，但一口氣能飲數升，其酒量也可謂不小。

（二）雅致的飲酒之風

由於漢族士大夫本身具有較高文化素養，與此相應的是日常飲酒中所體現的高雅之志。北魏宣武帝時期，「從容風雅，好爲詩詠」的北地太守、太中大夫裴祐喜好「以詩酒自娛」。〔註53〕北魏孝明帝時，「有文詠」擔任郎官的河東士人柳遠，「好彈琴，耽酒」、「放情琴酒之間」。〔註54〕北魏後期，任職地方、中央，「涉獵書史」，「解音律」的刁整，日常以「聲酒自娛」。〔註55〕北魏洛陽時期，「京邑士子，至於良辰美日，休沐告歸，徵友命朋，來遊此寺（寶光寺）。雷車接軫，羽蓋成陰。或置酒林泉，題詩花圃，折藕浮瓜，以爲興適」。〔註56〕

當時社會上層在舉行酒宴之際，往往賦詩以助酒興。酒宴中，與宴者多引用詩句，北魏孝武帝和宗室公主宴飲，「（孝武）帝內宴，令諸婦人詠詩，或詠鮑照樂府曰：『朱門九重門九閨，願逐明月入君懷。』」〔註57〕。更爲普遍的是酒宴主持者令與宴者即興賦詩，北齊天保九年，「（文宣）帝至自晉陽，登三臺，御乾象殿，朝讌群臣，並命賦詩。」〔註58〕但是即興賦詩時，多講究、注重格式與押韻的要求。北魏孝文帝，「時詔延四廟之子，下逮玄孫之冑，申宗宴於皇信堂，不以爵秩爲列，悉序昭穆爲次，用家人之禮。高祖曰：『行禮已畢，欲令宗室各言其志，可率賦詩。』特令（元）澄爲七言連韻，與高祖往復賭賽，遂至極歡，際夜乃罷」。〔註59〕說明以「七言」爲韻成爲當時酒宴中賦詩的重要格式。北齊時期，在文宣帝爲宗室成員舉行的納妃婚慶酒宴上，大臣張宴之曾賦四言聯句詩，「（張）宴之後園陪宴，坐客皆賦詩。宴之詩云：『天下有道，主明臣直，雖休勿休，永貽世則。』」〔註60〕表明四言詩也是當時酒宴中賦詩的重要格式。飲酒即興賦詩，即體現了飲酒之雅，同時

〔註53〕《魏書》卷七一《裴叔業傳附裴祐傳》，第 1579 頁。
〔註54〕《魏書》卷七一《裴叔業傳附柳遠傳》，第 1576 頁。
〔註55〕《魏書》卷三八《刁整傳》，第 872～873 頁。
〔註56〕參看（東魏）楊玄之著：《洛陽伽藍記》卷四《城西》，范祥雍校注，上海古籍出版社，1978 年版，第 200 頁。
〔註57〕《北史》卷五《魏孝武帝紀》，第 174 頁。
〔註58〕《北齊書》卷四《文宣帝紀》，第 65 頁。
〔註59〕《魏書》卷一九中《景穆十二王中·任城王雲傳附元澄傳》，第 464 頁。
〔註60〕《北齊書》卷三五《張宴之傳》，第 469 頁。

又需要飲酒者具有一定的文化底蘊，方可即興成句。

北魏時期，宗室元彧與朝中大臣的酒宴，「僚寀成群，俊民滿席，絲桐發響，羽觴流行，詩賦並陳，清言乍起……荊州秀才張裴嘗為五言，有清拔之句云：『異秋花共色，別樹鳥同聲。』（元）或以蛟龍錦賜之，亦有得緋紬緋綾者」。〔註61〕文學之士聚會暢飲，在酒興正濃之際，往往也是抒發詩意之時。文學之士在酒宴中把詩與酒結合，追求的是格調高雅的氛圍。

由上述可見，從北魏孝文帝開始，游牧民族出身的鮮卑皇室成員在酒宴中的佐酒方式已去除粗獷、豪放的風氣，盡顯本應屬於漢族士大夫的儒雅之風。而鮮卑人佐酒方式的轉變，和其入主北方後長期受到漢族文化薰陶及自身的漢化進程有關。

三、飲酒風氣盛行的人文地理與自然地理因素

（一）人文地理因素

1、多民族混居環境的促進

北朝時期漸趨熾烈的飲酒風氣，並不是單獨存在的社會現象，而是與當時的多民族混居這一社會背景有著密切的聯繫。當時北方地區除占人口多數的漢族，鮮卑族、高車、柔然等游牧民族或入主北方，或遷入北方邊疆地區居住，形成了多民族混居的現象。而居於北方地區的游牧民族，必然要把其草原時期的飲食風俗帶入北方，進而對北方漢族社會的飲食習慣產生影響。

作為統治民族的鮮卑族，在入主北方後，其自身的飲食風俗如嗜酒之風也隨之傳入北方社會，毋庸置疑，這種風氣必然要對當時北方社會的飲食生活產生影響。由南朝投奔到北魏、在北方長期生活的魯爽，「幼染殊俗，無復華風。粗中使酒」。〔註62〕反映出游牧民族的飲酒之風對漢族社會的影響。對由南朝投奔到北方的人影響如此之甚，那麼對於原本就有酗酒風氣的北方社會來說，這兩股風氣合流，自然會發展成熾烈的尚飲風氣。也就是說，北朝時期飲酒風氣漸趨熾烈，是由於入主北方的鮮卑族對本民族原有「食肉飲酪飲酒」這一傳統生活風俗的保留，鮮卑族的飲食風俗隨著其在當時的政治地

〔註61〕參看（東魏）楊衒之著：《洛陽伽藍記》卷四，范祥雍校注，上海古籍出版社，1978 年版，第 201～202 頁。

〔註62〕《宋書》卷七四《魯爽傳》，第 1922 頁。

位，成為北方地區飲食文化元素的組成部分。

2、農業發展、釀酒技術的進步與商品市場的繁榮

北朝時期尚飲之風的盛行，與當時農業生產發展、酒業市場繁榮緊密相連。

尚飲之風的形成、盛行與當時農業生產的發展是極為密切的。當時北方廣袤農業區的生產技術日益進步，農業生產獲得了較快的發展，糧食產量由此提高。統治者還實行「均田制」來保障與促進農業生產。《魏書》卷一一〇《食貨志》載，「諸男夫十五以上，受露田四十畝」。「一夫之田，歲責六十斛」。可見當時北方地區的糧食產量之大。尤其是在風調雨順、農業豐收的時期，人們維持日常生活的糧食需求和糧食生產量之間並不存在尖銳矛盾的情況下，農業生產技術的進步及由此帶動的糧食產量的提高，為釀酒活動提供了充足的原料保障。這是當時尚飲之風得以存在的重要物質基礎。

北方地區有著悠久的釀酒傳統。當時北方地區的釀酒技術，既有對前代釀酒技術的傳承，同時又有發展。這使當時酒的種類日益豐富、酒的產量和質量有了顯著的提高，保障了不同社會階層的消費需求。所以，釀酒技術的發展是當時尚飲風氣盛行的技術基礎。

由於釀酒技術的進步所帶來的酒產量的提高，促進了酒業經營活動的活躍。在當時北方的通都大邑、甚至是偏遠山村出現了規模不同的市場。使人們酤酒極為方便。當時尚飲之風的形成、盛行，正是以這一時期酒業市場的發展為外部環境基礎的。《洛陽伽藍記》卷四《城西》載，「(洛陽大)市西有退酤、治觴二里。里內之人多釀酒為業」。除像首都這樣規模龐大的市場，當時北方各地也有市場的分佈。王褒《日出東南隅行》載北周邊疆地區的酒肆場面，「採桑三市路，賣酒七條衢。」〔註63〕甚至當時鄉間山村也有酒店的分佈，庾信《山齋詩》載，「石影橫臨水，山雲半繞峰。遙想山中店，懸知春酒濃。」〔註64〕酒業市場的林立，為人們買酒、飲酒提供了便利。這必然會推動尚飲之風的發展。

〔註63〕參看逯欽立輯校：《先秦漢魏晉南北朝詩·北周詩》卷一，中華書局，1983年版，第2335頁。

〔註64〕參看逯欽立輯校：《先秦漢魏晉南北朝詩·北周詩》卷四，中華書局，1983年版，第2404頁。

（二）自然地理因素

當時氣候的變化，對飲酒風氣也有一定的影響。據竺可楨研究，自兩晉時期，中國古代氣候開始逐漸進入寒冷期，當時年平均氣溫在－1℃至－2℃之間波動。〔註65〕秦冬梅認爲，「魏晉南北朝時期又進入一個相對的寒冷期……最主要的表現爲寒冷事件發生數量的增多和極端寒冷發生頻率的增高」。〔註66〕當時文獻中有大量記載。《魏書》卷一一二上《靈徵志上》載，「（太平）眞君八年五月，北鎭寒雪，人畜凍死。」「（太和九年）六月，洛、肆、相三州及司州靈丘、廣昌鎭霣霜。」「（正始二年）五月壬申，恒、汾二州霣霜殺稼。」「蕭宗熙平元年七月，河南北十一州霜。」《北齊書》卷七《武成帝紀》載，「（河清二年）冬十二月……是時，大雨雪連月，南北千餘里平地數尺，霜晝下。」春夏之季下雪、降霜，反映出當時氣候處於寒冷期。在天氣寒冷的氣候條件下，飲酒可以加快全身血液循環，增加身體熱量，起到禦寒的作用。所以，北朝時期寒冷的氣候，是影響當時飲酒風氣盛行的不可忽視的自然環境因素。〔註67〕

四、飲酒方式

（一）壓榨之後飲用

北朝時期的大多數酒，是由穀物中的澱粉經過酒麴糖化、發酵釀造而成。但大數酒的釀造時間較短，糖化、發酵尚未完全，所以成酒之後，酒糟與酒液混合，酒液渾濁。因此，只有經過壓榨，才能得到清澄的酒液。《齊民要術》卷七《造神麴並酒第六十四》載河東神麴黍米酒的壓榨，「但合醅停須臾便押出。」關於酒的具體壓榨過程，可從當時醋的壓榨中得知，《齊民要術》卷八記載有關作醋壓榨的過程「前件三種酢，例清少澱多。至十月中，如壓

〔註65〕參看竺可楨：《中國近五千年來氣候變遷的初步研究》，載《考古學報》，1972年第1期，第15～38頁。
〔註66〕參看秦冬梅：《試論魏晉南北朝時期的氣候異常與農業生產》，載《中國農史》，2003年第2期，第61頁。
〔註67〕張慶捷先生在《北魏平城墓葬繪畫中的宴飲圖》一文中分析鮮卑人酷愛飲酒即與寒冷氣候有密切的關係，「鮮卑拓跋喜愛飲酒，其原因即與游牧民族放牧狩獵，遷徙奔波，生性豪爽，熱情慷慨，喜歡借酒表達感情有關：也與其地處塞北，冬長夏短，寒冷異常，需要酒來抵禦寒風有關。」更确切的说，寒冷的氣候，是促使包括鮮卑人在内的整個北方地區人們酷愛飲酒的不可忽視的因素。

酒法，毛袋壓出，則貯之。」可知當時人在壓榨酒時，就是用毛袋對汁渣混合的酒液進行壓榨，使酒液從毛袋的細孔中流出，過濾出酒糟，然後得到清澈的酒液來飲用。《齊民要術》卷六《養羊第五十七》載黑羊羊毛的用途，「毛堪酒袋，兼繩索之利。」表明當時用來壓榨與澄清濁酒的毛袋以優質黑羊羊毛爲製作原料。

（二）飲用濁酒

當時的一些酒，不需要過濾，成酒酒液和酒糟可以直接飲用。《齊民要術》卷七《造神麴並酒第六十四》載用第三種神麴釀造的粳米醪，「此酒合醅飲之可也。」據學者研究，粳米米質較硬，糖化、發酵率較低，因而出酒率低而出糟率較高，酒液渾濁，汁渣不易分離，壓榨困難。〔註68〕所以，粳米酒在成酒之後適宜直接飲用。

直接飲用濁酒在當時是非常流行的。北魏文成帝時期，胡叟曾設酒宴招待來訪的同僚，「高閭曾造其家，值叟短褐曳柴，從田歸舍，爲閭設濁酒蔬食，皆手自辦集」。〔註69〕北魏後期，在戰亂之際，李元忠借濁酒向高歡陳述縱橫之計，深爲高歡賞識，「乘露車，載素箏濁酒以見高祖，因進縱橫之策，備陳誠款，深見嘉納」。〔註70〕在歲時節日，也盛行飲用濁酒，北周庾信《春賦》，「移戚里之家富，入新豐而酒美。石榴聊泛，蒲桃釀醅。芙蓉玉碗，蓮子金杯」。〔註71〕「蒲桃釀醅」，就是指汁渣混合的蒲桃濁酒。庾信《正旦蒙趙王賚酒》，「流星向碗落，浮蟻對春開」。《釋名》卷一三《釋飲食》「泛齊」條載，「泛齊，浮蟻在上泛泛然也」。反映出北朝時期人們飲用濁酒是非常普遍的。

《齊民要術》卷七載飲用濁酒的另一方式，就是在成酒之後，「筒飲之」，因爲，「醅出者，歇而不美」。〔註72〕《玉篇》釋「醑」爲「以孔下酒也。」這說明，「筒飲之」就是將管子插入甕中，通過吸吮品嘗到成酒。

（三）加熱飲用

酒在經過加熱後飲用，即可以增加酒的醇香口感，又可以去除酒中冷氣

〔註68〕參看（北朝）賈思勰著：《齊民要術》卷七《造神麴并酒第六十四》，繆啓愉、繆桂龍譯注，上海古籍出版社，2009年版，第421頁。

〔註69〕《魏書》卷五二《胡叟傳》，第1151頁。

〔註70〕《北齊書》卷二二《李元忠傳》，第314頁。

〔註71〕《藝文類聚》卷三《歲時上·春》引周庾信《春賦》，第45頁。

〔註72〕參看（北朝）賈思勰著：《齊民要術》卷七《笨麴并酒第六十六》，繆啓愉、繆桂龍譯注，上海古籍出版社，2009年版，第444頁。

對人體的不利影響。所以，熱飲也成爲當時重要的飲酒方式。《齊民要術》中所記的胡椒酒，「亦可冷飲，亦可熱飲之」。庾信《衛王贈桑落酒奉答》，「愁人坐狹邪，喜得送流霞。跂窗催酒熟，停杯待菊花」。清代學者注釋「催酒熟」爲「煮之，更待酌也」。〔註73〕

　　北朝社會上層貴族中就流行熱飲酒的方式。北魏太武帝時期，官居尚書、大將軍的破多羅氏，其家族成員在日常酒宴中便使用溫酒酒樽對酒進行加熱，然後飲用。〔註74〕北魏後期，「（孟信）從孝武帝入關，封東州子，趙平太守。政尚寬和，權豪無犯。山中老人曾以犢酒饋之，信和顏接引，殷勤勞問。乃自出酒，以鐵鐺溫之，素木盤盛蕪菁菹，唯此而已」。〔註75〕表明民間也盛行熱飲酒的方式。

五、飲酒活動的頻繁

　　北朝時期，飲酒活動的頻繁，也是當時飲酒風氣盛行的反映。當時頻繁的飲酒活動，主要指人們在日常家居飲酒、節日飲酒、統治者經常賜酒宴活動三個方面。

（一）日常飲酒

　　《魏書》卷一一一《刑罰志》載，「太安四年，始設酒禁。是時年穀屢登，士民多因酒致酗訟，或議主政。（文成）帝惡其若此，故一切禁之，釀、沽飲皆斬之，吉凶賓親，則開禁，有日程。」人們在日常生活中由於飲酒過度、酗酒成風，導致紛爭不斷，才有了統治者實施嚴格酒禁令的舉措。從「釀、沽飲皆斬之」可見，文成帝統治時期，人們日常生活中飲酒受到了很大的限制。直到獻文帝「開酒禁」，〔註76〕人們日常飲酒才恢復正常。

　　一些人的日常飲酒生活雖然簡單，但卻恬淡、自然。北魏文成帝時期的胡叟，日常飲食中以「濁酒蔬食」〔註77〕爲主。北齊時期，中山儒士馮偉，「耕而飯，蠶而衣，簞食瓢飲，不改其樂」。〔註78〕崇尚簡單的飲酒生活，體現的

〔註73〕參看（北周）庾信撰：《庾子山集》卷四，（清）倪璠注，許逸民校點，中華書局，1980年版，第344頁。
〔註74〕參看大同市考古研究所：《大同沙嶺北魏壁畫墓發掘簡報》，載《文物》，2006年第10期，第20頁。
〔註75〕《北史》卷七○《孟信傳》，第2433頁。
〔註76〕《魏書》卷一一一《刑罰志》，第2876頁。
〔註77〕《魏書》卷五二《胡叟傳》，第1151頁。
〔註78〕《北齊書》卷四四《儒林·馮偉傳》，第588頁。

是人們對閒適生活的追求。

　　由於士大夫本身具有較高文化素養，與此相應的是日常飲酒生活所體現出的高雅之志。北魏宣武帝時期，「從容風雅，好爲詩詠」的北地太守、太中大夫裴祐喜好「以詩酒自娛」。〔註79〕北魏後期，任職地方、中央，「涉獵書史」，「解音律」的刁整，日常以「聲酒自娛」。〔註80〕

　　擁有雄厚經濟基礎的高官顯貴更注重對物質生活的追求，反映在飲食方面，就是注重飲酒生活的豐盛、精緻與奢華。深受北魏孝文帝、宣武帝寵信、身居高位的閹官王遇，「留意酒食之間」，平時飲食更是「觴膳精豐」。〔註82〕北魏宣武帝時期，「豫州刺史、豐縣開國侯」夏侯道遷「務口實，京師珍羞，罔不畢有……國秩歲入三千餘匹，專供酒饌」。〔註83〕當時官員還更注重飲酒的場面、氛圍，在其日常飲酒生活中，常有眾多僕人服侍。西安北周安伽墓圍屏石榻正面屏風第三幅「家居宴飲圖」〔註84〕（圖7.1）表現的是在北周任薩保的安伽在家中與夫人飲酒的場面。畫面中安伽與夫人各自手持高足金杯在飲酒，旁邊有男僕懷抱黑色酒壇正在侍奉主人。北齊東安王婁睿墓壁畫宮廷生活圖部分畫57「婁睿夫人二人宴饗行樂圖」〔註85〕描寫的是墓主人夫婦飲酒的場面，旁邊有女僕捧盤、供奉果品，男僕隨時給主人斟酒，還有

圖 7.1
家居飲酒圖〔註81〕

〔註79〕《魏書》卷七一《裴叔業傳附裴祐傳》，第1579頁。

〔註80〕《魏書》卷三八《刁整傳》，第872～873頁。

〔註81〕轉引自陝西省考古研究所：《西安北周安伽墓》第三章《出土遺物》，文物出版社，2003年版，第30頁。

〔註82〕《魏書》卷九四《閹官·王遇傳》，第2024頁。

〔註83〕《魏書》卷七一《夏侯道遷傳》，第1583頁。

〔註84〕參看陝西省考古研究所：《西安北周安伽墓》第三章《出土遺物》，文物出版社，2003年版，第29頁。

〔註85〕參看山西省考古研究所、太原市文物考古研究所：《北齊東安王婁睿墓》第三章《墓葬壁畫》，文物出版社，2006年版，第68頁。

女子吹笙、吹簫、吹笛、彈奏琵琶，男子表演西域樂舞。整個場面巨大恢弘、氛圍熱烈。〔註86〕表現出婁睿奢華的飲酒生活。

一些官員在日常生活中飲酒，不僅是爲滿足口腹之欲，更是爲追求超然灑脫的境界。東魏時期，歷任地方、中央要職的李元忠，「淡於榮立」，「不以物務干懷，唯以聲酒自娛……每挾彈攜壺，遨遊里閈，遇會飲酌，蕭然自得」。〔註87〕

當時上層社會在日常中經常舉行家宴，藉此聯絡家族成員之間的感情。北魏孝文帝，「時詔延四廟之子，下逮玄孫之胄，申宗宴於皇信堂，不以爵秩爲列，悉序昭穆爲次，用家人之禮」。〔註88〕皇室家族的酒宴，是按照家族成員血緣關係的親疏遠近來進行的，完全沒有正式宮廷宴會中繁瑣的禮儀約束。而這種不遵從「君臣之禮」的家宴，更有利於皇帝與宗室成員之間感情的聯絡。北周時期，武帝宇文邕，「每四時伏臘，高祖率諸親戚，行家人之禮，稱觴上壽（宇文邕之母）」。〔註89〕在歲時節日舉行的家族成員齊聚的酒宴，以長幼輩分來行敬酒之禮，更容易營造融洽的氛圍。北周時期，「緣漢千餘里間」的盛族李氏家族，李遷哲「每鳴笳導從，往來其間。縱酒飲醼，盡平生之樂」。〔註90〕這說明，在家宴中，家族長幼往往開懷暢飲，盡情歡樂，其樂融融。

（二）節日飲酒

據文獻記載，北朝時期主要的飲酒節日有元日、正月晦日、立春日、三月三日、五月五日、七月七日和九月九日。

1、元日

元日，指正月初一，是新年的第一天。元日在北朝時期是重要的節日。當時每逢元日，統治者要大饗朝臣，宴飲的場面頗爲壯觀，宴飲禮儀也是繁瑣的。北齊時期，「元正大饗，百官一品已下，流外九品已上預會。一品已下、正三品已上、開國公侯伯、散品公侯及特命之官、下代刺史，並升殿。從三品已下、從九品以上及奉正使人比流官者，在階下。勳品已下端門外」。

〔註86〕 參看山西省考古研究所、太原市文物考古研究所：《北齊東安王婁睿墓》第三章《墓葬壁畫》，文物出版社，2006 年版，第 69 頁。
〔註87〕 《北齊書》卷二二《李元忠傳》，第 314～315 頁。
〔註88〕 《魏書》卷一九中《景穆十二王中‧任城王雲傳附元澄傳》，第 464 頁。
〔註89〕 《周書》卷一一《晉蕩公護傳》，第 174 頁。
〔註90〕 《周書》卷四四《李遷哲傳》，第 793 頁。

〔註 91〕明確反映出以官職和爵位所體現的身份高低決定百官在酒宴中的座次。北周統治者爲慶賀正月元日而舉行的酒宴，「元正饗會大禮，賓至食舉，稱觴薦玉，六律既從，八風斯暢，以歌大業，以舞成功」。〔註 92〕「建德二年十月，六代樂成，奏於崇信殿……五等諸侯元日獻玉帛，奏《納夏》……大會至尊執爵，奏登歌十八曲。食舉，奏《深夏》，舞六代《大夏》、《大護》、《大武》、《正德》、《武德》、《山雲》之舞……乃以梁鼓吹熊羆十二按，每元正大會，列於懸間，與正樂合奏」。〔註 93〕表明統治者在節日大宴群臣時，還伴有複雜的朝臣獻玉等禮儀程序。

在正月元日，後宮也會舉行酒宴以示慶賀。「後齊元日，中宮朝會，陳樂，皇后褘衣乘輿，以出於昭陽殿……禮畢，皇后入室，乃移幄坐於西廂。皇后改服褕狄以出。坐定，公主一人上壽訖，就坐。御酒食，賜爵，並如外朝會」。〔註 94〕和正式宮廷酒宴一樣，後宮酒宴中的禮儀程序較爲繁瑣，並且受到嚴格的身份等級的約束。

當時軍中在元日之際也要大擺酒宴。北魏孝武帝時期，將領尒朱兆在元日之際設酒宴賞賜軍士，「尒朱兆既至秀容……神武揚聲討之……神武揣其歲首當宴會，遣竇泰以精騎馳之……神武以大軍繼之。（普泰）二年正月，竇泰奄至尒朱兆庭。軍人因宴休惰，忽見泰軍，驚走，追破之於赤洪嶺」。〔註 95〕

民間在正月元日這一天也要飲柏葉酒、椒酒來慶賀、祈福。庾信在詩詞中描述，「正旦辟惡酒，新年長命杯。柏葉隨銘至，椒花逐頌來。流星向椀落，浮蟻對春開」。〔註 96〕人們正旦飲柏葉酒、椒酒，不僅爲增加節日慶賀氛圍，還表達出驅邪避災、祈求福祐的願望。可見，正月元日是北朝時期爲各個社會階層所重視的節日。

2、正月晦日

在農曆正月晦日，人們有遊玩、飲酒的風俗。北齊時期的君臣，「正晦泛

〔註91〕《隋書》卷九《禮儀志四》，第 184 頁。

〔註92〕參看（北周）庾信撰：《庾子山集》卷六《郊廟歌辭・周五聲調曲序》，（清）倪璠注，許逸民校點，中華書局，1980 年版，第 474 頁。

〔註93〕《通典》卷一四二《樂二・歷代沿革下・後周》，第 3617～3618 頁。

〔註94〕《隋書》卷九《禮儀志四》，第 184～185 頁。

〔註95〕《北齊書》卷一《神武帝紀上》，第 9 頁。

〔註96〕參看（北周）庾信撰：《庾子山集》卷四，（清）倪璠注，許逸民校點，中華書局，1980 年版，第 343 頁。

舟，則皇帝乘輿，鼓吹至行殿。升御坐，乘版輿，以與王公登舟，置酒」。
〔註97〕

3、立春日

立春日這一天，皇帝要大饗百官，以示慶賀。「後齊立春日，皇帝服通天冠、青介幘、青紗袍，佩蒼玉，青帶、青袴、青襪舄，而受朝於太極殿。尚書令等坐定，三公郎中詣席，跪讀時令訖，典御酌酒卮，置郎中前，郎中拜，還席伏飲，禮成而出」。〔註98〕反映出宮廷慶賀立春之日的酒宴，場面莊重，禮儀繁瑣，官員的飲酒方式有嚴格的禮儀約束。

4、三月三日

在漢代，每逢三月三日即上巳節，人們到水邊遊玩、宴飲。北朝時期承襲了這種風俗。北齊邢子才《三日華林園公讌詩》，「回巒自樂野，弭蓋屬瑤池。五丞接光景，七友樹風儀。芳春時欲遽，覽物惜將移。新萍已冒沼，餘花尚滿枝。草滋徑蕪沒，林長山蔽虧。方筵羅玉俎，激水漾金卮。歌聲斷且續，舞袖合還離」。〔註99〕反映了三月三日節君臣相聚、暢飲美酒、享用佳肴、伴以歌舞的場面。北周時期君臣在三月三日的宴飲活動，即傳承了前代傳統的祓禊之飲，又增加了「馬射」這一活動。北周庾信在《三月三日華林園馬射賦》中描寫，「雖行祓禊之飲，即同春蒐之義……壺寧百福之酒」。〔註100〕飲「百福之酒」，表現出君臣祈求福祿的願望。

平民也在三月上巳節這一天結伴出遊、賞美景、品美酒。北周時期益州地區，「時俗每至三月三日，必往山遊賞，多將酒肉，共相酣樂」。〔註101〕庾信《春賦》「三日曲水向河津，日晚河邊多解神。樹下流杯客，沙頭度水人。鏤薄窄衫袖，穿珠帖領巾。百仗山頭日欲斜，三晡未醉末還家」。〔註102〕野外酌飲，環境和情趣之美的融合，自然會使人們內心釋然。這既有物質方面的

〔註97〕《隋書》卷九《禮儀志四》，第189頁。
〔註98〕《隋書》卷九《禮儀志四》，第188頁。
〔註99〕《藝文類聚》卷四《歲時中・三月三日》引北齊邢子才《三日華林園公讌詩》，第69頁。
〔註100〕參看（北周）庾信撰：《庾子山集》卷一，（清）倪璠注，許逸民校點，中華書局，1980年版，第5頁。
〔註101〕釋道宣：《續高僧傳》卷三五《感通篇中》//《大正新修大藏經・史傳部二》，臺北：財團法人佛陀教育基金會出版部，1990年版，第657頁。
〔註102〕《藝文類聚》卷三《歲時上・春》引北周庾信《春賦》，第45頁。

味覺感官享受，又有置身、縱情、留戀山水之間的情境陶醉。

5、五月五日、七月七日

關於五月五日、七月七日的飲酒活動，「（太和十八年）夏五月乙亥，詔罷五月五日、七月七日饗」。〔註103〕北魏孝文帝是因為當時的遷都事宜而取消當年國家舉行的五月五日、七月七日的慶賀酒宴活動。這表明，在平時統治者每逢五月五日、七月七日，會正常舉行賜酒宴活動。

6、九月九日

農曆九月九日，即重陽節。在漢代，人們在九月九日飲菊花酒。《西京雜記》卷三載，「九月九日，佩茱萸，食蓬餌，飲菊花酒，令人長壽。菊花舒時，並採莖葉，雜黍米釀之，至來年九月九日始熟，就飲焉，謂之菊花酒。」〔註104〕《太平御覽》卷三二《時序部十七》引《荊楚歲時記》「九月九日，四民並集野宴。」隋杜公瞻注，「九月九日宴會，未知起於何時代。然自漢世以來未改，今北人亦重此節。近代多宴設於臺榭。」據此，北朝時期人們亦有在九月九日宴飲的風俗。

（三）統治者的賜宴

北朝時期，統治者經常賜酒宴於朝臣，所以，統治者的賜宴成為當時重要的飲酒活動。

首先是當時統治者經常賜酒宴於群臣。北魏永興四年八月，明元帝「幸西宮，臨板殿，大饗群臣將吏」。〔註105〕太安四年九月，「辛亥，太華殿成」，文成帝「饗群臣」。〔註106〕太和十七年春正月，孝文帝「饗百僚於太極殿」。〔註107〕太和二十年三月，孝文帝「宴群臣及國老、庶老於華林園」。〔註108〕永熙二年春正月，孝武帝「朝饗群臣於太極前殿」。〔註109〕北齊天保九年十一月，文宣帝「御乾象殿，朝讌群臣」。〔註110〕北周明帝、武帝經常「朝宴」

〔註103〕《魏書》卷七下《孝文帝紀下》，第174頁。

〔註104〕參看（晉）葛洪集：《西京雜記》，成林、程章灿譯注，貴州人民出版社，1993年版，第106頁。

〔註105〕《魏書》卷三《明元帝紀》，第52頁。

〔註106〕《魏書》卷五《文成帝紀》，第117頁。

〔註107〕《魏書》卷七下《孝文帝紀下》，第171頁。

〔註108〕《魏書》卷七下《孝文帝紀下》，第179頁。

〔註109〕《魏書》卷一一《出帝紀》，第286頁。

〔註110〕《北齊書》卷四《文宣帝紀》，第65頁。

〔註 111〕群臣。北朝時期統治者通過賜酒宴於朝臣，向朝臣表示恩惠與親善，藉此對他們加以籠絡，激勵朝臣爲自己的統治服務。

其次，統治者還經常向寵臣、功臣、重臣賜酒宴，以此表示對他們的信任、恩賞、倚重。

太和二十二年，孝文帝「疾大漸」，經過侍御師徐謇「診省下治」之後，「果有大驗」，爲對徐謇表示獎賞，孝文帝「設太官珍膳，因集百官，特坐謇於上席，遍陳餚觴於前，命左右宣謇救攝危篤振濟之功，宜加酬賚」。〔註 112〕這是統治者爲獎賞做了有益於自己事情的官員而特設的酒宴。

統治者也會賜酒宴於權臣及其親屬，北魏孝明帝時期，「靈太后以（元繼）子（元）叉姻戚，數與肅宗幸（元）繼宅，置酒高會，班賜有加」，〔註 113〕酒宴規模也頗爲豐盛，「豐廚嘉醴，罄竭時羞，上壽弗限一觴，方丈甘逾百品，且及日斜，接對不憩」。〔註 114〕孝明帝親臨元繼府邸賜酒宴，這對大臣來說是特殊的榮耀。元繼能獲此殊榮，不僅因爲其是皇室成員，更重要的是其子元叉權傾朝野的特殊地位。這是因爲，對於入主中原的少數民族鮮卑族統治者來說，宗室成員是其維持統治所依賴的重要對象。孝明帝時期，「政綱不張」，〔註 115〕朝政混亂，而宗室元叉又擔任要職、手握重權，甚至左右太后的廢立。孝明帝在政局混亂的情況下要維持統治，是不能夠忽視元叉所處的這種重要地位的。所以，孝明帝此舉所表示的是對權臣的倚重。

統治者會賜酒宴於勤於職守、忠心輔佐自己的官員，以示自己的恩寵之意。北齊文宣帝爲對輔佐先君神武帝、隨從自己征戰、爲北齊國家立下汗馬功勞的老臣斛律金表示謝意，「幸（斛律金）其第，六宮及諸王盡從，置酒作樂，極夜方罷」。〔註 116〕文宣帝率宗室諸王及後宮親自赴宴，是給予朝臣的殊榮。

統計《魏書》、《北齊書》、《周書》中的記載，北朝各個政權的統治者賜酒宴於朝廷官員達近一百四十次之多。足見統治者的賜酒宴已成爲當時較爲重要的飲酒活動。儘管統治者賜酒宴的方式、規模、對象不同，但是，統治

〔註 111〕《周書》卷二七《蔡祐傳》，第 445 頁。
〔註 112〕《魏書》卷九一《術藝‧徐謇傳》，第 1967 頁。
〔註 113〕《魏書》卷一六《道武七王‧京兆王黎傳附元繼傳》，第 402 頁。
〔註 114〕《魏書》卷六七《崔光傳》，第 1493 頁。
〔註 115〕《魏書》卷九《孝明帝紀》，第 249 頁。
〔註 116〕《北齊書》卷一七《斛律金傳》，第 221 頁。

者通過這些宴飲活動表示對官員的恩惠、恩寵，進而對官員加以籠絡，讓其為自己的統治更好地服務的目的卻是相同的。由此可見，統治者賜酒宴這種飲酒活動具有鮮明的政治色彩。

在統治者舉行的酒宴中，統治者一般不會親自執杯賜酒、勸酒於地位卑者。如果地位卑者能享受到這種打破常規的禮遇，則是一種榮耀。統治者此舉所起到的激勵作用也是不可忽視的。

北魏孝文帝時期，大臣郭祚「參謀帷幄」、勤於政務，成為孝文帝治國理政的得力佐臣。在孝文帝納妃的婚慶宴上，孝文帝「舉觴賜（郭）祚及崔光曰：『郭祚憂勞庶事，獨不欺我；崔光溫良博物，朝之儒秀。不勸此兩人，當勸誰也？』其見知若此」。〔註117〕反映出孝文帝君臣關係的密切。朝中老臣楊播朝覲孝文帝於清徽堂，孝文帝親自賜酒，「高祖謂諸貴曰：『北京之日，太后嚴明，吾每得杖。左右因此有是非言。和朕母子者，唯楊播兄弟。』遂舉爵賜兄及我酒。」楊播把能享受此榮耀看成是「蒙明主知遇」。〔註118〕這是享受殊榮的朝臣內心感激之情的真實寫照。孝明帝朝「才學名重」的朝臣袁翻曾參與孝明帝的華林園酒宴，孝明帝破例親自舉杯勸酒，「『袁尚書朕之杜預，欲以此杯敬屬元凱，今為盡之。』侍座者莫不羨仰」。〔註119〕

北周武帝，「每宴會將士，必自執酒杯勸酒，或手付賜物……故能得士卒死力」。〔註120〕統治者親自勸酒於軍隊將士，起到了獎賞軍功、激勵軍心的作用。

總之，通過統治者的親自賜酒與朝臣的受賜，君臣之間的關係得以進一步融洽、密切。

第三，北朝的統治者有時也會賞賜酒宴於全國平民，稱為「酺」。《說文解字》釋「酺」為「王德布，大飲酒也。」可見，賜酺是皇帝為施與恩惠而舉行的全國性宴飲活動。皇帝經常舉行的賜酺活動起源於西漢時期。北朝時期的統治者繼續承了漢代統治者的賜酺傳統。

北朝時期的大酺活動，一般是統治者在喜得祥瑞等喜慶之事之際而下詔令全國平民聚會飲酒。北魏太延元年，在「天降嘉貺」的情況之下，太武帝下詔「令天下大酺五日，禮報百神，守宰祭界內名山大川，上答天意，以求

〔註117〕《魏書》卷六四《郭祚傳》，第1422頁。
〔註118〕《北史》卷四一《楊播傳》，第1490頁。
〔註119〕《魏書》卷六九《袁翻傳》，第1544頁。
〔註120〕《周書》卷六《武帝紀下》，第107頁。

福祿」。〔註 121〕說明太武帝將天降祥瑞視爲吉祥之兆，同時爲報答上天並祈求上天的福祐，爲此，下詔令全國平民大酺五日。北魏興安二年，文成帝因「於苑內獲方寸玉印，其文曰『子孫長壽』」，並且認爲此次獲得祥瑞之物是「實由天地祖宗降祐之所致也」，爲「思與兆庶共茲嘉慶」，因此「令民大酺三日」。〔註 122〕這表明，北魏時期統治者舉行的賜酺活動，帶有明顯的神秘意識色彩。因此，在這種思想意識的背景之下，統治者舉行賜酺活動，除了向上天表示回報之意，還具有顯示恩惠、藉此籠絡民心的作用，這與當時政治形勢有著密切的關係。北魏太武帝至文成帝時期，統治民族鮮卑族與北方地區廣大的漢族民眾之間的民族矛盾在加深，北魏統治者爲緩解民族矛盾、鞏固自己的統治，借舉行賜酺活動，向北方地區廣大漢族民眾顯示恩惠，藉此籠絡民心。在此基礎上，逐漸取得北方地區廣大漢族民眾對自己統治的認同，保障自己的統治權力向基層社會延伸。

北周後期，國家實施嚴格的酒業壟斷政策。《隋書》卷二四《食貨志》載，「先是尙依周末之弊，官置酒坊收利，鹽池鹽井，皆禁百姓採用。（開皇三年）至是罷酒坊，通鹽池鹽井與百姓共之。遠近大悅。」當時平民的日常飲酒、用酒受到影響。在此背景下，大象二年，北周宣帝「賜百官及民大酺」。〔註 123〕北周宣帝在國家實施嚴格的酒業壟斷政策時，賜酺於天下平民，意在宣示恩惠、緩解因酒業壟斷而帶來的矛盾。

第二節　傳統倫理、宗教信仰對飲食生活的影響

北朝時期，傳統倫理、宗教信仰都不同程度地影響著人們的飲食生活。

一、傳統倫理對飲食生活的影響——以服喪禁忌爲中心的考察

北朝時期，服喪禁忌對飲食生活的影響，是指人們在服喪活動期間要自覺遵守傳統禮俗、去除日常飲食結構中以酒肉爲代表的葷腥之物。〔註 124〕

當時人們在爲已故親屬服喪期間，正常的飲食要受到影響，即通過在規

〔註 121〕《魏書》卷四上《太武帝紀上》，第 85 頁。
〔註 122〕《魏書》卷五《文成帝紀》，第 113 頁。
〔註 123〕《周書》卷七《宣帝紀》，第 123 頁。
〔註 124〕本節第一部分「傳統倫理對飲食生活的影響」採用本書作者已出版書籍《北朝時期釀酒、飲酒及對社會的影響研究》一書中第四章第三節《飲酒禁忌》第一部分「服喪活動期間的禁忌」內容。

定時間的去除葷腥之物，來表達對已故之人的哀思。〔註125〕《禮記·曲禮》載，「居喪之禮，頭有創則沐，身有瘍則浴，有疾則飲酒食肉，疾止復初。」這說明，傳統禮制，是嚴格禁止人們在服喪期間飲酒食肉的。

在遵守古代傳統喪禮飲食規定方面，當時具有代表性的當屬崇尚中原漢族禮樂文明的北魏孝文帝，「（太和）十四年，（馮太后）崩於太和殿，年四十九。其日有雄雉集於太華殿。（孝文）帝酌飲不入口五日，毀慕過禮。諡曰文明太皇太后。葬於永固陵……（孝文）帝毀瘠，絕酒肉不禦者三年」。〔註126〕而對孝文帝「毀瘠猶甚」之舉，朝臣穆亮曾上書請求孝文帝「數御常膳」。〔註127〕表明服喪期過後，人們是可以進行正常的飲食生活的。孝文帝謹遵傳統禮制之舉，獲得了史家的讚譽，魏收曾稱讚孝文帝「人倫之高迹，雖尊居黃屋，盡蹈之矣」。〔註128〕

北魏太武帝時期，隴西人辛紹先，「有至性，丁父憂，三年口不甘味」。〔註129〕宣武帝時期，由南朝齊投奔北魏的蕭齊宗室蕭寶夤在為其被害之兄弟服喪期間，「（蕭寶夤）請喪居斬衰之服，（元）澄遣人曉示情禮，以喪兄之制，給其齊衰，（蕭）寶夤從命。（元）澄率官僚赴弔，（蕭）寶夤居處有禮，不飲酒食肉，輟笑簡言，一同極哀之節」。〔註130〕孝明帝時期，博陵崔氏家族，「（崔）孝芬兄弟孝義慈厚，弟孝演、孝政先亡，芬等哭泣哀慟，絕肉、蔬食，容貌捐瘠，見者傷之」。〔註131〕

當時人們在為已故親屬服喪期過後，特別延長不飲酒、不食葷腥的時間，甚至終身不進酒、葷腥，由此獲得了社會輿論的稱讚。宣武帝時期，隴西李柬，「以父憂去職，遂終身不食酒肉」。〔註132〕北魏孝明帝時期，洛陽令陽固，「丁母憂，號慕毀病，杖而能起。練禫之後，猶酒肉不進。時固年逾五

〔註125〕關於古代服喪期間的飲食禁忌，《通典》卷一四○《凶禮十七》「食飲節」，「父母之喪，食粥，朝一溢米，暮一溢米。不能食粥，則以為飯，菜羹。婦人皆以為飯。諸齊練之喪，蔬食水飲，不食菜果。三月既葬，食肉，不飲酒。」上述記載是關於唐代時期人們在為已故親屬服喪期間的飲食禁忌。北朝時期人們在為故親屬服喪期間的飲食節制亦與此相近。
〔註126〕《北史》卷一三《皇后·文成文明皇后馮氏傳》，第497頁。
〔註127〕《北史》卷二○《穆崇傳附穆亮傳》，第742頁。
〔註128〕《魏書》卷七下《孝文帝紀下》，第187頁。
〔註129〕《魏書》卷四五《辛紹先傳》，第1025頁。
〔註130〕《魏書》卷五九《蕭寶夤傳》，第1313頁。
〔註131〕《魏書》卷五七《崔挺傳附崔孝芬傳》，第1271頁。
〔註132〕《魏書》卷三九《李寶傳附李柬傳》，第895頁。

十，而喪過於哀，鄉黨親族咸歎服焉」。〔註133〕同一時期，太學博士李德廣，因其父爲叛軍所害，「痛父非命，終身不飲酒食肉。妹夫盧元明嗟重之」。〔註134〕同一時期，崔敬友，「免喪之後，遂菜食終世」。〔註135〕北魏後期，鄉郡垣人楊引，「三歲喪父，爲叔所養。母年九十三卒，引年七十五，哀毀過禮。三年服畢，恨不識父，追服斬衰，食粥粗服，誓終身命。終十三年，哀慕不改，爲郡縣鄉閭三百餘人上狀稱美。有司奏宜旌賞，復其一門，樹其純孝」。〔註136〕北周時期，河東汾陰人皇甫遐在爲父母守喪期過後，「食粥枕塊，櫛風沐雨，形容枯顇，家人不識……郡縣表上其狀，有詔旌異之」。〔註137〕北周時期，上郡人秦族，在服喪期過後，「猶蔬食……二十許年。鄉里咸歎異之」。〔註138〕

當時的一些統治者也有因朝臣故去，而在短期內對自己的飲食行爲進行約束者。北齊時期，時任吏部尚書，爲「（武成）帝鄉故舊」的尉謹，「病卒」之後，「世祖方在三臺飲酒，（元）文遙奏聞，遂命撤樂罷飲」。〔註139〕當時統治者因朝臣病故而在短時間內不飲酒並不多見，而武成帝也是北齊時期統治者中以嗜酒而聞名者。所以，武成帝此舉是給予已故大臣的特殊榮寵。

儘管當時眾人在服喪活動期間謹遵傳統禮俗而自覺去除以酒肉爲代表的葷腥之物，但是也有違反傳統禮制者，北魏孝明帝時期，「（李元忠）遭母憂去任，歸李魚川。嘗亡二馬，既獲盜，即以與之。在母喪，哭泣哀動旁人，而飲酒騎射不廢，曰：『禮豈爲我？』」〔註140〕李元忠以放浪不羈之舉表示自己不同于謹遵禮教之士。孝明帝時期，夏侯夬在爲其父服喪期間，「（夏侯）夬性好酒，居喪不戚，醇醪肥鮮，不離於口」。〔註141〕按照服喪活動的要求，人們在爲已故親屬服喪期間，是要禁止食用美酒佳肴的。這一要求爲大多數人所遵守。而違背傳統禮制、放浪不羈的行爲，必然不見容於世俗傳統，往往要受到社會輿論的譴責。當時人們視違背傳統禮治的飲酒行爲「以酒狂而

〔註133〕《魏書》卷七二《陽尼傳附陽固傳》，第1611頁。
〔註134〕《北史》卷一〇〇《李𫇭傳附李德廣傳》，第3323頁。
〔註135〕《魏書》卷六七《崔光傳附崔敬友傳》，第1501頁。
〔註136〕《魏書》卷八六《孝感·楊引傳》，第1883～1884頁。
〔註137〕《周書》卷四六《孝義·皇甫遐傳》，第832頁。
〔註138〕《周書》卷四六《孝義·秦族傳》，第831頁。
〔註139〕《北齊書》卷四〇《尉謹傳》，第527頁。
〔註140〕《北史》卷三三《李靈傳附李元忠傳》，第1202頁。
〔註141〕《魏書》卷七一《夏侯道遷傳附夏侯夬傳》，第1584頁。

喪其倫」。〔註142〕北周武帝建德三年，武帝之母文宣皇后已故之後，宗室宇文憲在文宣皇后的喪期不遵守傳統禮俗而飲酒食肉如常，為此，大臣曾上書彈劾，「及文宣皇后崩，（宇文）直又密啓云：『（宇文）憲飲酒食肉，與平日不異。』」〔註143〕在皇帝駕崩之後，朝中百官應當為已故統治者盡哀思，在飲食方面也要有所限制。而違反這一禮制者自然要受到懲罰，北魏時期，宣武帝駕崩之後，張普惠「坐與甄楷等飲酒遊從，免官」。〔註144〕

綜上可見，在傳統禮俗已形成不可動搖的觀念這一社會環境下，人們的飲食行為、飲食結構是要遵從於傳統禮俗的。

二、宗教信仰對飲食生活的影響──以佛教、道教為中心的考察

（一）佛教信仰對飲食生活的影響

佛教自東漢傳入古代中國，至北朝處於盛行時期。崇信佛教之風遍及各個社會階層，佛教信徒規模龐大。所以，佛教中「比丘、比丘尼，清信士女，常應至誠受持……飲食白素，不啖肉食及以五辛」〔註145〕這一戒律自然要對信仰者的飲食生活產生影響。〔註146〕

佛教有關飲食的戒律、禁忌，首先體現在其所倡導的「五戒中」。佛教文獻載，「五戒一者不殺……二者不盜……三者不婬……四者不欺……五者不飲酒」。〔註147〕可見，飲酒戒是佛教首先提倡的。一些虔誠佛教徒飲酒行為就要受到佛教禁忌的限制。關於佛教禁酒的原因，北朝時期僧人認為，「制過防非，本為生善。戒是正善，身口無違。緣中止息，遮性兩斷。乃名戒善。今耐酒之人，既不亂神。未破飲戒，實理非罪。正以飲生罪，酒外違遮，教緣中生犯，仍名有罪。以乖不飲酒，猶非持戒」。〔註148〕表明佛教提倡禁酒，是出於

〔註142〕《魏書》卷四八《高允傳》，第 1087 頁。
〔註143〕《周書》卷一二《齊煬王憲傳》，第 190 頁。
〔註144〕《魏書》卷七八《張普惠傳》，第 1729 頁。
〔註145〕（失譯）《阿彌陀鼓音聲王陀羅尼經》//《大正新修大藏經·寶積部下、涅槃部全》，臺北：財團法人佛陀教育基金會出版部，1990 年版，第 353 頁。
〔註146〕本節第二部分「宗教信仰對飲食生活的影響」中「佛教信仰對飲食生活的影響」採用本書作者已出版書籍《北朝時期釀酒、飲酒及對社會的影響研究》一書中第四章第三節《飲酒禁忌》第二部分「佛教信仰禁忌」內容，並增加部分內容。
〔註147〕釋僧祐：《弘明集》卷一三//《大正新修大藏經·史傳部四》，臺北：財團法人佛陀教育基金會出版部，1990 年版，第 86 頁。
〔註148〕釋道宣：《廣弘明集》卷一〇《辯惑篇第二之六》//《大正新修達藏經·史傳

防止人們醉酒亂神、酒後犯過的目的。

佛教出於倡導向善、禁止殺生、以慈悲爲懷的目的而要求全面禁止肉食。佛教一直秉持「不忍啖肉食眾生」〔註149〕的理念，認爲「食肉者，斷大慈悲佛性種子……食肉得無量罪。若故食者，犯輕垢罪」。〔註150〕

佛教認爲「五辛」爲不淨之物、妨礙信徒修行，因此禁止信徒食用「五辛」。「若佛子不得食五辛，大蒜、革蔥、韭蔥、蘭蔥、興渠，是五種。一切食中不得食，若故食者，犯輕垢罪」，「薰臭妨淨法故製」。〔註151〕

佛教認爲不能去除酒、肉、五辛者最終不能修成正果。「貪嗜酒肉，食啖五辛，墮此地獄」。〔註152〕所以，在佛教戒律及自身虔誠信仰的約束之下，北朝時期佛教信仰者的飲食結構出現了明顯的變化。

北魏時期，宗室元鸞「愛樂佛道，修持五戒，不飲酒食肉」。〔註153〕北齊時期，齊州刺史盧潛，因「篤信釋氏」，而「戒斷酒肉」。〔註154〕這表明，佛教中的「五戒」對一些虔誠信徒的飲食生活產生了重要的影響，一些信徒出於對佛教信仰的虔誠追求而完全不飲酒、不食用葷辛。

在這裡需要注意的是，北朝時期佛教盛行，並對社會產生重要的影響。表現明顯的就是，當時社會中大量的世俗者出家爲僧人，世俗信徒也是眾多的。北魏時，「總度僧尼二百餘萬」。〔註155〕北齊時期，「度人與魏相接」。〔註156〕北周武帝在禁佛時，「廢僧尼三百萬人」。〔註157〕世俗佛教徒的規模也

部四》，臺北：財團法人佛陀教育基金會出版部，1990年版，第156頁。

〔註149〕窺基：《觀彌勒菩薩上兜率天經題序》//《大正新修達藏經·經疏部六》，臺北：財團法人佛陀教育基金會出版部，1990年版，第275頁。

〔註150〕義寂：《菩薩戒本疏》卷下//《大正新修達藏經·律疏部全、論疏部一》，臺北：財團法人佛陀教育基金會出版部，1990年版，第672頁。

〔註151〕義寂：《菩薩戒本疏》卷下//《大正新修達藏經·律疏部全、論疏部一》，臺北：財團法人佛陀教育基金會出版部，1990年版，第672頁。

〔註152〕《佛說佛名經》卷一九//《大正新修達藏經·經集部一》，臺北：財團法人佛陀教育基金會出版部，1990年版，第265頁。

〔註153〕《魏書》卷一九下《景穆十二王下·城陽王長壽傳附元鸞傳》，第510頁。

〔註154〕《北齊書》卷四二《盧潛傳》，第556頁。

〔註155〕釋道宣：《釋迦方志》卷下《教相篇第八》//《大正新修大藏經·史傳部三》，臺北：財團法人佛陀教育基金會出版部，1990年版，第974頁。

〔註156〕釋道宣：《釋迦方志》卷下《教相篇第八》//《大正新修大藏經·史傳部三》，臺北：財團法人佛陀教育基金會出版部，1990年版，第974頁。

〔註157〕釋道宣：《釋迦方志》卷下《教相篇第八》//《大正新修大藏經·史傳部三》，臺北：財團法人佛陀教育基金會出版部，1990年版，第974頁。

是龐大的。在信奉佛教者如此眾多的社會背景下，而且佛教戒律中也有禁止食用酒、肉、五辛這一規定，北朝社會中的飲酒、食用葷腥的風氣理應受到制約。但是，當時的飲酒、食用葷腥風氣仍然盛行。這主要與世俗信徒所奉行的佛教飲食戒律有關。

雖然當時佛教「五戒」及其他戒律中有禁酒、葷辛的規定，但是僧侶和世俗信徒所奉行的飲食方式並不完全相同。對於僧侶和部分信徒而言，他們所奉行的是終身不飲酒、不食肉葷辛的素食方式。而社會中的大部分世俗信徒，所奉行的是「六齋」、「八齋」這一飲食方式。北魏淮陽王元尉、河東王元荀、東陽王元丕、淮南王元他，「四十年中，三長月六，守齋持戒無替」。〔註158〕「月六」就是「六齋」。所謂「六齋」就是指「月八日、十四日、十五日、二十三日、二十九日、三十日」。〔註159〕在「六齋」日的飲食，「皆當魚肉不御，迎中而食。既中之後，甘香美味一不得嘗」。〔註160〕所以，世俗佛教信徒奉行「六齋」，就是在定期內不飲酒、食用葷辛。當時世俗信徒也奉行「八齋」，「八齋」也可以稱為「八關齋戒」、「八齋戒」、「八戒齋」、「八戒」。〔註161〕「魏侍中大保司徒公廣陽懿烈王、魏廣陽忠武王、魏司徒廣陽王、魏廣陽文獻王、魏相國高王、魏汝南王、魏宜都王……咸受八戒，俱持六齋」。〔註162〕關於「八齋」，佛教文獻記載，「第一戒者。盡一日一夜持……無有殺意，慈念眾生……如清淨戒以一心習」。「第二戒者。盡一日一夜持……無貪取意，思念布施……不望與卻慳貪意」。「第三戒者。一日一夜持……無婬意，不念房室。修治梵行。不為邪欲，心不貪色」。「第四戒者。一日一夜持……無妄語意，思念至誠，安定徐言。不為偽詐，心口相應」。「第五戒者。一日一夜持……不飲酒不醉，不迷亂不失志。去放逸意」。「第六戒者。一日一夜持……無求安意。不著華香，不傅脂粉。不為歌舞倡樂」。「第七戒者。一日

〔註158〕釋法琳：《辯正論》卷四《十代奉佛篇下》//《大正新修大藏經·史傳部四》，臺北：財團法人佛陀教育基金會出版部，1990年版，第514頁。

〔註159〕釋僧祐：《弘明集》卷一三《奉法要》//《大正新修大藏經·史傳部四》，臺北：財團法人佛陀教育基金會出版部，1990年版，第86頁。

〔註160〕釋僧祐：《弘明集》卷一三《奉法要》//《大正新修大藏經·史傳部四》，臺北：財團法人佛陀教育基金會出版部，1990年版，第86頁。

〔註161〕參看嚴耀中：《佛教戒律與中國社會》第二九章《八關齋戒與中古時代的門閥》，上海古籍出版社，2007年版，第469頁。

〔註162〕釋法琳：《辯正論》卷四《十代奉佛篇下》//《大正新修大藏經·史傳部四》，臺北：財團法人佛陀教育基金會出版部，1990年版，第514頁。

一夜持⋯⋯無求安意。不臥好床，卑床草席。捐除睡臥，思念經道」。「第八戒者。一日一夜持⋯⋯奉法時食，食少節身。過日中後不復食」。〔註163〕據此，「八齋」也是要求世俗信徒在規定時間內不飲酒、不食用葷辛。這就是說，眾多的世俗信徒在佛教規定的時間不飲酒、不食用葷辛來體現其對佛教信仰的虔誠與追求。因為，「人之大欲，在乎飲食男女」。〔註164〕能自覺限制世俗欲望，最終去除世俗之欲以靜心修行者，自然是進入佛教信仰的最高境界。但這並不是所有的世俗信徒都能夠做到的。尤其是社會上層等富裕者，包括飲食在內的世俗之欲是他們的追求，但他們對佛教又是虔誠的。於是宗教信仰與世俗之欲之間產生了矛盾。而佛教飲食戒律中的「六齋」、「八關齋」正好解決了這一矛盾。世俗信徒通過奉行「六齋」、「八關齋」，使自己的虔誠信仰和世俗之欲都不受影響。如北周宣帝，雖然「六齋不替，八戒靡渝」。〔註165〕但是，宣帝在其他時間裏卻是「性既嗜酒」。〔註166〕反映出「六齋」、「八齋」中雖然有禁止飲酒、食用葷辛的規定，但是有明確時間限制的，而不是長期約束。顯然，這更適合追求口腹之欲的上層社會成員。也就是說，與佛教僧侶相比，佛教戒律對於世俗佛教徒的約束要相對寬鬆一些。所以，在當時社會上層中佛教廣為盛行的情況下，這一階層的飲酒、食用葷辛之風並沒有受到約束。可見，北朝時期的佛教信仰完全約束了僧侶階層和一部分世俗信徒的飲食行為；對大部分世俗社會佛教信徒的飲食行為只在一定時間段內起到約束的作用。所以，儘管當時佛教傳播盛行，社會中的飲酒、食用葷辛風氣並沒有因此受到影響。

（二）道教信仰對飲食生活的影響

　　北朝，道教處於盛行時期。所以，道教中「道學當念中食養神棄諸肥滋」〔註167〕這一戒律自然要影響到信仰者的日常飲食生活。

　　關於道教對信徒飲食行為的約束及原因，約成書於南北朝隋唐時期道教

〔註163〕支謙，譯：《佛說齋經》//《大正新修大藏經・阿含部上》，臺北：財團法人佛陀教育基金會出版部，1990 年版，第 911 頁。

〔註164〕《梁書》卷六《敬帝紀》，第 151 頁。

〔註165〕釋法琳：《辯正論》卷三《十代奉佛上篇第三》//《大正新修大藏經・史傳部四》，臺北：財團法人佛陀教育基金會出版部，1990 年版，第 508 頁。

〔註166〕《周書》卷七《宣帝紀》，第 124 頁。

〔註167〕《上清洞真智慧觀身大戒文》//張繼禹，主編：《中華道藏》第二冊，北京：華夏出版社，2004 年，第 739 頁。

文獻《上清修身要事經‧靈書紫文仙相十敗法二十八》載：

> 第三敗勿醉酒，醉酒則形質淪壞，神眞交錯，魂忘本室，魄遊邪宅，赤字飛鳴，喉腦火灼。此三敗仙相。
>
> 第五敗勿食一切含生之肉，則元形喪始，根本亡度，胎神號咷，絳君叫慕，三魂慘毒，魄素丘墓，此肉入口，命墜長夜。此五敗仙相。
>
> 第六敗勿食一切水中有生之肉，則形神犯眞，泥丸滅落，三宮閉門，嬰兒交錯，魂爽飛遁，魄丘棺槨。此六敗仙相。
>
> 第七敗勿食飛鳥肉，則氣形聲臭，精靈濁滯，腦黃齒枯，脾育死氣，魂不受眞，魄生邪勃，身沈長淵，骨髓亡沒。此七敗仙相。
>
> 第八敗勿食五辛之菜，則五臟惡臭，三華潰亂，神不上達，精胎下淪，魂魄生離，赤子煩頓，飛靈失守，眼光流遁。此八敗仙相。〔註168〕

以上表明，道教嚴格要求信仰者去除酒肉葷辛，是爲了約束信仰者的世俗物質欲望，進而在此基礎上靜心修，最終達到信仰、修道的最高境界。同時可見，道教信仰者能否去除酒肉葷辛，直接影響修道得正果。據此，道教對信仰者在飲食方面的約束與佛教對信仰者在飲食方面的要求是非常相近的。如在對待飲酒問題方面，佛教認爲，「制過防非，本爲生善。戒是止善，身口無違。緣中止息，遮性兩斷。乃名戒善。今耐酒之人。既不亂神。未破飲戒。實理非罪。正以飲生罪。酒外違遮。教緣中生犯。仍名有罪。以乖不飲，猶非持戒」。〔註169〕可見，佛教提倡禁酒，是出於防止人們醉酒亂神、酒後犯過的目的。關於道教對酒的態度，南北朝道教文獻《玉清上宮科太眞文》認爲，「飲酒喪神，耽酒迷荒，狂酒失性，因酒嗔怒，淫酒傷氣，亂酒流蕩，作酒啼吟，迷酒恍惚」，所以，「當節酒養性，當棄酒咽液，當絕酒定神，當制酒使常，當愼酒檢身，當遠酒念眞，當滅酒恭禮，當寫酒安心。」〔註170〕

〔註168〕《上清修身要事經‧靈書紫文仙相十敗法二十八》//張繼禹，主編：《中華道藏》第二冊，北京：華夏出版社，2004年，第377～378頁。

〔註169〕釋道宣：《廣弘明集》卷一〇《辯惑篇第二之六》//《大正新修達藏經‧史傳部四》，臺北：財團法人佛陀教育基金會出版部，1990年版，第156頁。

〔註170〕《玉清上宮科太眞文》//張繼禹，主編：《中華道藏》第二冊，北京：華夏出版社，2004年，第743頁。

表明道教也是出於防止亂神、傷身以及靜心修道的目的而要求信仰者節制飲酒、甚至去除酒。

北魏宗室諸王，就有信道而積極去除酒肉葷辛者。如《魏書》卷二二《孝文五王·汝南王悅傳》載，「汝南王（元）悅……有崔延夏者，以左道與（元）悅遊，合服仙藥松朮之屬……（元悅）遂斷酒肉。」元悅所奉之左道，即爲道教。

道教除提倡去除酒肉葷辛之外，還倡導服食之術，以此種飲食方式達到延年益壽的目的。南北朝隋唐時期道教文獻《上清明鑒要經·老子玉匣中種芝經神仙秘事第七》載：

> 千術萬藥入兆身，正可得老壽……木藥之善者，松脂也。此木生茯苓，有脂肥故也。其葉實皆可服也。草之善者，榮華、黃精、天門冬、山薊也。正宜長服，不得一日有廢也。可得五百年以還耳，其不能與天地相畢。〔註171〕

如前引《魏書》卷二二《孝文五王·汝南王悅傳》載汝南王元悅信奉道教之後，經常「合服仙藥松朮之屬」。北朝道教的服食之術，不僅影響到世俗信仰者，還對部分佛教僧人的飲食結構產生影響。如北周時期僧人釋僧邕，「入白鹿山深林之下，避時削迹，餌飯松朮」。〔註172〕北周僧人釋普曠，「居山餌柏一十五載」。〔註173〕北齊時期，琅琊人由吾道榮「少好道法……隱於琅邪山，辟穀，餌松朮茯苓，求長生之祕」。〔註174〕

道教還倡導服食菖蒲。唐代道教文獻《神仙服食靈草菖蒲丸方傳》載：

> 夫菖蒲者，水之精，神仙之靈草，大聖之珍方，遊山隱士，遁世潛人，皆服之……延年益壽強志，童顏日駐，豈不是仙草者也。〔註175〕

《水經注》卷一五《伊水注》載伊水附近狂水，「狂水又西得三交水口，

〔註171〕《上清明鑒要經·老子玉匣中種芝經神仙秘事第七》//張繼禹，主編：《中華道藏》第二冊，北京：華夏出版社，2004年，第528～529頁。
〔註172〕釋道宣：《續高僧傳》卷一九//《大正新修大藏經·史傳部二》，臺北：財團法人佛陀教育基金會出版部，1990年，第584頁。
〔註173〕釋道宣：《續高僧傳》卷一一//《大正新修大藏經·史傳部二》，臺北：財團法人佛陀教育基金會出版部，1990年，第512頁。
〔註174〕《北齊書》卷四九《方伎·由吾道榮傳》，第674頁。
〔註175〕《玉清上宮科太真文》//張繼禹，主編：《中華道藏》第十八冊，北京：華夏出版社，2004年，第206頁。

水有三源，各導一溪，並出山南流合舍，故世有三交之名也。石上菖蒲，一寸九節，爲藥最妙，服久化仙。」

服食菖蒲，「服久化仙」即達到修道的最高境界。如北魏寇謙之，「寇天師，每服菖蒲得仙」。〔註176〕

道教還提倡辟除穀物，如《魏書》卷二二《孝文五王・汝南王悅傳》載，「汝南王悅……有崔延夏者，以左道與悅遊，合服仙藥松朮之屬。時輕與出採芝……遂斷酒肉粟稻。」道教還制定一系列飲食方式，以解決辟除穀物之後信仰者的日常飲食生活問題。東晉南北朝時期道教文獻《太清經斷穀法》載有「服食松根」、「服食茯苓」、「服食朮」、「服食黃精」、「服食葳蕤」、「服食天門冬」、「服食巨勝」。〔註177〕

第三節　飲食中的胡漢風俗及相互影響

一、飲食中的胡漢風俗

（一）飲食中的胡風

以肉、酪爲代表的食物是當時北方游牧民族飲食結構的鮮明標誌。

《洛陽伽藍記》卷三《城南》載，「（王）肅初入國（北魏），不食羊肉及酪漿等物，常飯鯽魚羹，渴飲茗汁。京師士子，道肅一飲一斗，號爲『漏卮』。經數年已後，肅與高祖殿會，食羊肉酪粥甚多。高祖怪之，謂肅曰：『卿中國之味也。羊肉何如魚羹？茗飲何如酪漿？』肅對曰：『羊者是陸產之最，魚者乃水族之長。所好不同，並各稱珍。以味言之，甚是優劣。羊比齊、魯大邦，魚比邾、莒小國。唯茗不中，與酪作奴。』」

由此可見，在實行漢化改革的北魏孝文帝時期，來自於牧業生產的牛羊肉類及酪等乳品在鮮卑貴族的日常食物構成中佔有較大比重，表明鮮卑貴族仍然保持著胡族風俗。

現根據《齊民要術》中有關記載，對源於胡族、帶有胡風的食物做一考察。

〔註176〕《玉清上宮科太眞文》// 張繼禹，主編：《中華道藏》第十八冊，北京：華夏出版社，2004年，第207頁。

〔註177〕《太清經斷穀法》// 張繼禹，主編：《中華道藏》第十八冊，北京：華夏出版社，2004年，第37～39頁。

《齊民要術》卷九《餅法第八十二》載當時的麵食有燒餅、餢飳。其中餢飳，又寫作餢飳、䬹飳、䬽飳。〔註178〕

唐代釋慧琳在《一切經音義》中論述，「䬽飳……案此油餅本是胡食，中國效之，微有改變，所以近代方有此名……胡食者，即饆饠、燒餅、胡餅、搭納等是」。〔註179〕

除上述之外，帶有胡族色彩的麵食還有髓餅。《齊民要術》卷九《餅法第八十二》載髓餅是一種以骨髓、蜜混合麵粉，並經過胡餅爐烤製而成。其用料及加工方式具有鮮明的胡族色彩。

《齊民要術》卷八《羹臛法第七十六》載胡羹、羊盤腸雌解、羊節解、羌煮其中胡羹爲羊排骨肉加蔥頭、胡荽子、安石榴汁、水煮製而成；羊盤腸雌解爲加調料的清煮灌血羊腸；羊節解爲用肉湯煮製的羊百葉；羌煮爲經過調料汁煮製的鹿頭。從加工用料方面而言，上述食物帶有明顯的胡族風味，應是從北方游牧民族地區傳入中原。

《齊民要術》卷八《蒸缹法第七十七》載「胡炮肉」，將調和好的調料、切好的羊肉、羊油放入羊肚中，縫合羊肚，然後放置在少火坑中以灰火覆蓋燒烤。其加工方式也是帶有明顯的胡族習俗。

《齊民要術》卷六《養羊第五十七氈及酥酪、乾酪法》所載當時北方漢族地區所加工的酪、酥等乳製品及加工方式，明顯受到北方游牧民族的影響。

（二）飲食中的漢風

受農業生產方式及北方地區自然地理環境影響，穀物、蔬菜、水果、豬、羊、雞、鴨、鵝、魚等食物成爲漢族社會日常飲食結構的重要組成部分。

首先，在漢族社會的飲食結構中，來自於農業生產的穀物、蔬菜佔有不可替代的地位。《魏書》卷五《文成帝紀》載文成帝時期，天下州郡平民「飯蔬食」。《魏書》卷六八《甄琛傳》載宣武帝時期，甄琛上奏，「山林藪

〔註178〕賈思勰，著：《齊民要術》卷九《餅法第八十二》，繆啓愉、繆桂龍，譯注；上海：上海古籍出版社，2009年，第553頁。

高啓安：《唐五代敦煌飲食文化研究》，北京：民族出版社，2004年，第412頁。

〔註179〕釋慧琳：《一切經音義》//《大正新修大藏經·事彙部下外教部全》，臺北：財團法人佛陀教育基金會出版部，1990年，第552頁。

澤，有能取蔬食禽獸者，皆野虞教導之。」《北史》卷五《魏孝武帝紀》載北魏孝武帝出奔關中過程中，「帝鞭馬長騖至湖城，饑渴甚，有王思村人以麥飯壺漿獻帝，帝甘之。」表明穀物、蔬菜爲廣大漢族平民日常飲食生活的主要構成。

其次，肉食也在當時北方漢族飲食結構中佔有一定比重。雖然「食肉」是游牧民族代表性的飲食方式，但是在當時北方漢族社會，食肉之風也是非常濃厚的。需要注意的是，游牧民族的肉食多來源於牧業中的牛羊及狩獵所獲得之物，而漢族的肉食資源主要來自於家庭飼養的豬、牛等牲畜及雞、鴨、鵝等家禽和魚、蝦等水產類。《齊民要術》所記載的當時上層社會所食用的肉類，牲畜類、家禽類、水產類佔有較大比重，反映出漢族社會飲食中的農業色彩是較濃厚的。

二、飲食中胡漢風俗的相互影響──融合與衝突的並存

（一）飲食中胡漢風俗的融合

考察北朝時期飲食中胡漢風俗的融合，應從游牧民族與漢族的食物在彼此民眾日常飲食結構中所佔比例的情況進行分析。

1、漢族飲食中的胡風

《齊民要術》卷七《笨麴並酒第六十六》載，「胡椒酒法：『以好春酒五升；乾薑一兩，胡椒七十枚，皆擣末；好美安石榴五枚，押取汁。皆以薑、椒末，及安石榴汁，悉內著酒中，火暖取溫。亦可冷飲，亦可熱飲之⋯⋯此胡人所謂蓽撥酒也。』」以胡椒酒的混合配製用料而論，明顯帶有胡族色彩。可見北朝時期配製混合酒的技術受到胡族的影響。

《魏書》卷四上《太武帝紀上》載，「（神麚四年）十一月丙辰，北部敕勒莫弗庫若于，率其部數萬騎，驅鹿數百萬，詣行在所，帝因而大狩以賜從者。」《魏書》卷三七《司馬金龍傳附司馬躍傳》載北魏孝文帝時，司馬躍「表罷河西苑封，與民墾殖。有司執奏：『此麋鹿所聚，太官取給，今若與民，至於奉獻時禽，懼有所闕。』」表明北魏孝文帝雖然實行漢化改革，但是還一直保持著鮮卑人狩獵鹿類、食用鹿肉的傳統。這必然要影響到北方漢族的肉食結構。如《齊民要術》所載當時北方漢族上層用蒸、煮、醃、烤等方式所加工的肉食中，獐、鹿就佔有一定比例。

除上述之外，鮮卑人食酪習慣也對當時漢族社會產生深遠影響。首先，

漢族社會接受了鮮卑人加工酪等乳品的工藝。《齊民要術》卷六《養羊第五十七氈及酥酪、乾酪法》詳細記載當時北方漢族地區加工酪、酥等乳品的技術。《齊民要術》卷六《養羊第五十七氈及酥酪、乾酪法》又載加工酪所用發酵劑，「若去城中遠，無熟酪作酵者，急揄醋飧，研熟以爲酵——大率一斗乳，下一匙飧——攪令均調，亦得成。其酢酪爲酵者，酪亦醋；甜酵傷多，酪亦醋。」可見當時漢族地區的市場中也有一定規模的乳品經營行業。其次，當時北方漢族社會中飲酪的風氣逐漸濃厚起來。如《洛陽伽藍記》卷三《城南》載，「（王）肅初入國（北魏），不食羊肉及酪漿等物，常飯鯽魚羹，渴飲茗汁。京師士子，道肅一飲一斗，號爲『漏卮』。經數年已後，肅與高祖殿會，食羊肉酪粥甚多。」《魏書》卷九四《閹官·王琚傳》載王琚「常飲牛乳，色如處子。」表明酪等乳品在漢族日常飲食中逐漸佔有一定比重。甚至在發生飢饉之際，部分漢族平民與游牧民族一樣以乳酪爲食，《魏書》卷三五《崔浩傳》載北魏明元帝神瑞二年，平城及周邊地區「秋穀不登」，多數大臣主張遷都以緩解飢饉，大臣崔浩認爲「至春草生，乳酪將出，兼有荣果，足接來秋，若得中熟」，平城及周邊胡漢民眾可以度過飢饉。

以上表明，具有鮮明胡族色彩的食物在當時北方地區漢族日常飲食結構中佔有一定規模的比重，這反映出北朝時期漢族飲食中充斥著濃鬱的胡風。

2、胡族飲食中的漢風

雖然北朝時期，漢族飲食中有濃厚的胡風、深受胡族影響，但是，由於民族交往、融合的進行，胡族在飲食方面也開始接受漢風的薰陶。

《魏書》卷四三《毛修之傳》載，「修之能爲南人飲食，手自煎調，多所適意。（北魏太武帝）世祖親待之，進太官尚書……常在太官，主進御膳。」太武帝在日常宮廷飲食中，本應體現鮮卑族「食肉飲酪」這一粗獷風俗，但是卻對南方漢族飲食表現出濃厚的興趣，還讓善於烹飪南方飲食的人擔任主管宮廷飲食的太官尚書，表明北魏太武帝對南方漢族飲食持接受而非抵制的態度。

《魏書》卷三五《崔浩傳》載神瑞二年，平城及周邊農業歉收，北魏明元帝採納崔浩上奏，遷徙部分京畿胡漢民眾，「分民詣山東三州食，出倉穀以稟之。」到山東三州就的胡族平民，必然要接受山東地區漢族的飲食風俗，也就是要以農業穀物來維持生存。

北魏時期，胡族平民對漢族飲食風俗的接受，與統治者推廣農業生產、

進行農業改革有關。北魏初期，統治者對胡族就開始實行小規模的農業改革，《魏書》卷二《道武帝紀》載天興二年，道武帝「詔給內徙新民（主要指北疆內附的民族）耕牛，計口受田。」《魏書》卷三《明元帝紀》載永興五年，「奚斤等破越勤倍泥部落於跋那山西，獲馬五萬匹，牛二十萬頭，徙二萬餘家於大寧，計口受田。」

《魏書》卷一一○《食貨志》載，太和九年，北魏孝文帝實行均田制改革，把農業生產方式推廣於北魏各個州郡。由於統治者多次推廣農業、進行農業改革，原來以牧業為生產方式的胡族平民逐漸接受了農業生產方式，而在經濟生產方式轉變之後，以原來經濟生產方式作為存在基礎的飲食風俗必然會相應改變。所以，接受農業生產方式的眾多胡族平民對漢族飲食自然要表現出接受的態度。

（二）飲食中胡漢風俗的衝突

北朝時期，飲食中胡漢風俗的衝突，主要集中於上層社會中。《洛陽伽藍記》卷三《城南》載，「（王）肅初入國，不食羊肉及酪漿等物，常飯鯽魚羹，渴飲茗汁。京師士子，道肅一飲一斗，號為『漏卮』。經數年已後，肅與高祖殿會，食羊肉酪粥甚多。高祖怪之，謂肅曰：『卿中國之味也。羊肉何如魚羹？茗飲何如酪漿？』肅對曰：『羊者是陸產之最，魚者乃水族之長。所好不同，並各稱珍。以味言之，甚是優劣。羊比齊、魯大邦，魚比邾、莒小國。唯茗不中，與酪作奴。』……彭城王謂肅曰：『卿不重齊魯大邦，而愛邾莒小國。』肅對曰：『鄉曲所美，不得不好。』彭城王重謂曰：『卿明日顧我，為卿設邾莒之食，亦有酪奴。』因此復號茗飲為酪奴。時給事中劉縞慕肅之風，專習茗飲，彭城王謂縞曰：『卿不慕王侯八珍，好蒼頭水厄。海上有逐臭之夫，里內有學顰之婦，以卿言之，即是也。』其彭城王家有吳奴，以此言戲之。自是朝貴讌會，雖設茗飲，皆恥不復食，唯江表殘民遠來降者好之。」

由此可見，首先，北魏鮮卑貴族非常注重本族飲食風俗、結構與漢族的差異，並刻意的以政治身份的尊卑來區分不同民族、不同地區食物的優劣。其次，由於北魏鮮卑貴族對漢族尤其是南方地區飲食風俗的輕視，導致了包括茶飲在內的一些南方地區漢族食物在北方的流行受到影響，不僅鮮卑貴族不喜茶飲，而且北方的漢人貴族也以飲茶為恥，進而使當時北方地區的飲茶人群規模要有限的多，「唯江表殘民遠來降者好之」。

第四節　日常飲食中的合食、分食及坐姿

一、分食與合食

北朝時期，分食與合食共同存在於人們的飲食生活中。

（一）合食

《魏書》卷八三上《外戚·馮熙傳附馮誕傳》載，「高祖（北魏孝文帝）寵誕，每與誕同輿而載，同案而食，同席坐臥。」《北齊書》卷一八《司馬子如傳》載東魏時期高歡與下屬常並坐同食，「高祖鎮晉陽，子如時往謁見，待之甚厚，並坐同食，從旦達暮，及其當還，高祖及武明後俱有賚遺，率以爲常。」《北齊書》卷四一《傅伏傳》載北周武帝爲招降北齊舊臣傅伏，「周帝親執其手曰：『爲臣當若此，朕平齊國，唯見公一人。』乃自食一羊肋，以骨賜伏，曰：『骨親肉疏，所以相付。』遂別引之與同食，令於侍伯邑宿衛，授上儀同。」與大臣同案而食，是統治者對大臣恩寵之意的顯示。

關於家庭成員日常飲食生活，《魏書》卷五八《楊播傳附楊椿傳》載北魏後期任職中央的弘農楊氏家族，「（楊氏）兄弟，若在家，必同盤而食，若有近行，不至，必待其還，亦有過中不食，忍飢相待。」可見當時一些大家族成員在飲食生活方面往往採用合食制，體現的是家族成員同甘共苦之意，這有利於家族成員之間情感的聯絡。

山西大同沙嶺北魏壁畫墓漆皮一，描寫的是夫婦二人同案進食場景，「夫婦並坐……男女主人前面擺著一個較長的黃色長方形几案……案上有兩個圓形多子漆盒，案下有漆耳杯」。〔註180〕　（圖 7.2）

《北齊書》卷二三《崔悛傳附崔瞻傳》載，「瞻性簡傲，以才地自矜……在御史臺，恒於宅中送食，備盡珍羞，別室獨食，處之自若。有一河東人士姓裴，亦爲御史，伺瞻食，便往造焉……裴自攜匕筋，恣情飲噉。瞻方謂裴云：『我初不喚君食，亦不共君語，君遂能不拘小節。昔劉毅在京，冒請鵝炙，豈亦異於是乎？君定名士。』於是每與之同食。」名士之間合食，是對彼此社會身份地位相互認同的體現。

〔註180〕大同市考古研究所：《山西大同沙嶺北魏壁畫墓發掘簡報》，載《文物》，2006年第 10 期，第 6 頁。

圖 7.2　大同沙嶺北魏壁畫墓漆皮一「夫婦進食圖」〔註 181〕

（二）分食

山西大同沙嶺北魏壁畫墓南壁壁畫東面場景爲宴飲場面，「宴飲者排列跽坐，客人面前均擺有圓形食具」。〔註 182〕（圖 7.3）

圖 7.3　山西大同沙嶺北魏壁畫墓南壁壁畫宴飲場面〔註 183〕

〔註 181〕轉引自大同市考古研究所：《山西大同沙嶺北魏壁畫墓發掘簡報》，載《文物》，2006 年第 10 期，圖一九。
〔註 182〕大同市考古研究所：《山西大同沙嶺北魏壁畫墓發掘簡報》，載《文物》，2006年第 10 期，第 18 頁。
〔註 183〕轉引自大同市考古研究所：《山西大同沙嶺北魏壁畫墓發掘簡報》，載《文物》，2006 年第 10 期，圖四二。

表明規模宏大的宴會採用的是分食方式。

以上分析表明，北朝時期，合食制主要存在於小規模的宴會活動、家庭日常飲食生活中。合食制的存在，多與人們之間進行情感聯絡有關。分食制則多存在於大規模的宴會活動中。

二、飲食坐姿

根據發現的墓室壁畫資料，可知北朝時期的飲食坐姿以跽坐和端坐爲主。

跽坐，爲兩膝著地，臀部坐於小腿肚之上。如前述山西大同沙嶺北魏壁畫墓南壁壁畫東面場景爲宴飲場面，「宴飲者排列跽坐」。〔註184〕

端坐，即正坐。大同沙嶺北魏壁畫墓東壁壁畫男女主人日常進食場景，「（建築物）立面端坐著男女二人……榻前有一長方形的曲足案，案上有食具」。〔註185〕

〔註184〕大同市考古研究所：《山西大同沙嶺北魏壁畫墓發掘簡報》，載《文物》，2006年第10期，第18頁。
〔註185〕大同市考古研究所：《山西大同沙嶺北魏壁畫墓發掘簡報》，載《文物》，2006年第10期，第16頁。

第八章　北朝時期飲食生活的
　　　　社會階層屬性

　　北朝時期，飲食生活的社會階層屬性指各階層之人以其所擁有的經濟、政治實力爲基礎，在飲食方面體現出豐與簡、奢與寒的差別。

第一節　皇帝——講究珍饈玉饌

　　皇帝，處於權力金字塔的最頂端，屬於社會等級中的最高層。與此相應的是其在飲食生活方面講究珍饈玉饌，體現出奢華風氣。

　　爲獎勵勤於朝政的大臣高允，北魏孝文帝「遣使備賜御膳珍羞，自酒米至於鹽醢百有餘品，皆盡時味」。〔註1〕可見被史家所稱頌，在日常生活方面「性儉素」、「斟酌用捨」〔註2〕有加的北魏孝文帝在飲食生活方面也是講求豐盛與奢豪。

　　《魏故使持節都督雍州諸軍事衛將軍儀同三司雍州刺史楊公墓誌》載：

　　　　孝昌元年，（楊暐）轉嘗食典御，綺肴桂酒……珠目貝齒，咸所嘗晼。（轉引自羅新、葉煒：《新出魏晉南北朝墓誌疏證》）

　　北魏孝明帝日常膳食包括陸地珍奇、海中美味、眾多佳釀，足以見其飲食生活的奢華。

　　北齊武成帝及後宮，「食於水陸貢獻珍異」。〔註3〕北齊的皇帝及後宮不僅

〔註1〕　《魏書》卷四八《高允傳》，第1090頁。
〔註2〕　《魏書》卷七下《孝文帝紀下》，第187頁。
〔註3〕　《北齊書》卷四五《文苑·顏之推傳》，第624頁。

講究珍饈玉饌，甚至還在冬季吃到一般平民在冬季所不能食用的夏季蔬菜，「北齊太上，後宮無限，衣皆珠玉，一女歲費萬金，寒月盡食韭牙」。〔註4〕

當時的統治者在飲食方面不僅自己講求珍饈玉饌，在與大臣的宴飲中，也是極力注重排場，如北魏孝文帝為獎賞治癒自己疾病的大臣徐謇，「大為謇設太官珍膳，因集百官，特坐謇於上席，遍陳餚觴於前，命左右宣謇救攝危篤振濟之功，宜加酬賚」。〔註5〕北魏孝明帝、靈太后與朝臣的宴飲，「豐厨嘉醴，罄竭時羞，上壽弗限一觴，方丈甘逾百品」。〔註6〕

古代社會，災異出現、戰爭頻發之際，「減膳……人君之事」〔註7〕這一傳統觀念就要對統治者的日常飲食標準產生影響。北朝時期的部分統治者會在自然災害、飢饉發生之際降低自己的飲食標準，以示體恤民情、與民同甘共苦。和平五年夏四月，北魏文成帝「以旱故，減膳責躬」。〔註8〕太和二年夏四月，因「京師旱」，北魏孝文帝「祈天災於北苑，親自禮焉。減膳，避正殿」。〔註9〕景明四年夏四月，北魏宣武帝「以旱減膳徹懸」。〔註10〕正始元年六月，宣武帝「以旱徹樂減膳」。〔註11〕永平元年夏四月，宣武帝「以旱故，減膳撤懸」。〔註12〕永平二年五月，宣武帝「以旱故，減膳徹懸，禁斷屠殺」。〔註13〕北魏宣武帝此次因旱災降低飲食標準，還去除肉食。延昌元年夏四月，宣武帝「以旱故，減膳撤懸」。〔註14〕正光三年六月，因天下久旱，孝明帝下詔，「朕以沖昧，夙纂寶歷，不能祗奉上靈，感延和氣，致令炎旱頻歲，嘉雨弗洽，百稼燋萎，晚種未下，將成災年，秋稔莫覬。在予之責，憂懼震懷……上下群官，側躬自屬，理冤獄，止土功，減膳撤懸，禁止屠殺」。〔註15〕表明孝明帝在降低自己飲食標準的同時，去除肉食，完全採取素食

〔註4〕 李昉：《太平御覽》卷九七六《菜茹部一‧韭》引《三國典略》，北京：中華書局，1960年，第4327頁。
〔註5〕 《魏書》卷九一《術藝‧徐謇傳》，第1967頁。
〔註6〕 《魏書》卷六七《崔光傳》，第1493頁。
〔註7〕 《魏書》卷二二《孝文五王‧清河王懌傳》，第591頁。
〔註8〕 《魏書》卷五《文成帝紀》，第122頁。
〔註9〕 《魏書》卷七上《孝文帝紀上》，第145頁。
〔註10〕 《魏書》卷八《宣武帝紀》，第196頁。
〔註11〕 《魏書》卷八《宣武帝紀》，第197頁。
〔註12〕 《魏書》卷八《宣武帝紀》，第205頁。
〔註13〕 《魏書》卷八《宣武帝紀》，第208頁。
〔註14〕 《魏書》卷八《宣武帝紀》，第212頁。
〔註15〕 《魏書》卷九《孝明帝紀》，第233頁。

標準。

　　保定二年十月，在與北齊、南朝戰爭頻繁，「軍戎費廣，百姓空虛」的背景下，北周武帝下詔，「凡是供朕衣服飲食，四時所須，爰及宮內調度，朕今手自減削」。〔註16〕大象元年十二月，在災異頻發之際，北周宣帝，「減膳，去飾撤懸」。〔註17〕

　　應注意的是，北朝部分統治者因災害、飢饉、戰爭發生而降低自己飲食標準的舉措，多具有象徵意義。減膳行為並不能改變統治者群體在飲食方面講究珍饈玉饌的奢豪風氣。

第二節　官僚──肴饌之豐與簡約的並存

　　北朝時期的官僚，因其經濟實力、生活習性的不同，在飲食生活方面體現出較大的差異。

一、追求肴饌之豐

　　北朝時期的部分官僚因「備位臺鉉」、「資累巨萬」而得以在日常生活方面「衣則重錦，食澤梁肉」。〔註18〕

　　北魏獻文帝至孝文帝時期，出任中央要職的畢眾敬，「善自奉養，食膳豐華，必致他方遠味」。〔註19〕宣武帝時期，任地方州刺史的夏侯道遷，「務口實，京師珍羞，罔不畢有。於京城之西，水次之地，大起園池，殖列蔬果……國秩歲入三千餘匹，專供酒饌」。〔註20〕北魏後期，歷任奉朝請、并州治中的王超，「性豪華，能自奉養，每食必窮水陸之味」。〔註21〕

　　北齊時期，出身於清河世家大族、出任中央要職的崔瞻的日常飲食「備盡珍羞」。〔註22〕出身於勳貴子弟、任職中央的韓晉明，「一席之費，動至萬錢，猶恨儉率」。〔註23〕韓晉明的奢華足以和西晉時期的石崇相比。

〔註16〕《周書》卷五《武帝紀上》，第67頁。
〔註17〕《周書》卷七《宣帝紀》，第122頁。
〔註18〕《魏書》卷三五《崔浩傳》，第827頁。
〔註19〕《魏書》卷六一《畢眾敬傳》，第1360頁。
〔註20〕《魏書》卷七一《夏侯道遷傳》，第1583頁。
〔註21〕《魏書》卷九三《恩倖·王叡傳附王超傳》，第1994頁。
〔註22〕《北齊書》卷二三《崔陵傳附崔瞻傳》，第337頁。
〔註23〕《北齊書》卷一五《韓軌傳附韓晉明傳》，第200頁。

東魏地方官員薛元信，「仗氣豪侈，每食方丈」。〔註24〕

二、生活簡約

　　北朝時期的部分官員因節約勤儉的習慣，在飲食生活方面顯示出清苦。

　　北魏文成帝時期，深受文成帝崇信、身居高官的高允家中「惟草屋數間，布被縕袍，廚中鹽菜而已」，「時百官無祿，允常使諸子樵采自給」，爲此，文成帝感歎「古人之清貧豈有此乎」。〔註25〕同一時期，任職平城的胡叟，「常苦饑貧」，在日常飲食及待客方面，以「濁酒蔬食」〔註26〕爲主。孝文帝、宣武帝時期，「歷官二十餘年」的崔挺，「家資不益，食不重味」。〔註27〕北魏宣武帝、孝明帝時期，盧義僖，「性清儉，不營財利，雖居顯位，每至困乏，麥飯蔬食，忻然甘之」。〔註28〕同一時期，常景，「自少及老，恒居事任。清儉自守，不營產業，至於衣食，取濟而已」。〔註29〕孝明帝、孝莊帝時期，鹿悆「雖任居通顯，志在謙退……布衣糲食，寒暑不變」。〔註30〕北魏後期、東魏初期深得執政者信任、禮遇，任職中央的盧景裕，「性清靜，淡於榮利，弊衣粗食，恬然自安」。〔註31〕

　　西魏文帝時期，任河北郡太守的裴俠，「躬履儉素……所食唯菽麥鹽菜而已」。〔註32〕

　　北周武帝時期，出任中央、地方軍政要職的宇文達，「雅好節儉，食無兼膳」。〔註33〕

　　由上述可見，北朝時期，官員因自身經濟條件、生活習慣的差別而在飲食生活方面表現出奢侈與簡約的風氣。

〔註24〕《周書》卷三五《薛善傳附薛元信傳》，第 623 頁。
〔註25〕《魏書》卷四八《高允傳》，第 1076 頁。
〔註26〕《魏書》卷五二《胡叟傳》，第 1151 頁。
〔註27〕《魏書》卷五七《崔挺傳》，第 1266 頁。
〔註28〕《魏書》卷四七《盧玄傳附盧義僖傳》，第 1054 頁。
〔註29〕《魏書》卷八二《常景傳》，第 1805 頁。
〔註30〕《魏書》卷七九《鹿悆傳》，第 1765 頁。
〔註31〕《魏書》卷八四《儒林·盧景裕傳》，第 1860 頁。
〔註32〕《周書》卷三五《裴俠傳》，第 619 頁。
〔註33〕《周書》卷一三《文閔明武宣諸子·代奰王達傳》，第 205 頁。

第三節　平民——僅求食物裹腹

由於經濟條件的限制，眾多社會下層民眾的日常飲食結構以素食爲主，很少有肉食。「工商之族，玉食錦衣。農夫餔糟糠，蠶婦乏短褐」，〔註34〕「短褐未充於細民，糟糠未厭於編戶」〔註35〕是對當時平民日常飲食生活的眞實寫照。

風調雨順，農業豐收之際，廣大平民的飲食生活能夠得到最基本的保障。水旱自然災害發生，農業歉收，對於在日常飲食生活方面僅求食物裹腹的廣大平民來說，其原來的低標準飲食生活更無法得到保障。因此，在自然災害、飢饉發生之際，統治者會採取開倉放糧、遷徙民眾到他處就食等措施，以保障平民的基本生存，安撫民心，穩定社會秩序。關於北朝統治者對飢民的賑濟，見表8.1。

表 8.1　北朝統治者賑濟饑民表

時　　間	內　　　　容	資料來源
神瑞二年（415）	（九月）京師民飢，聽出山東就食。	《魏書》卷三《明元帝紀》
神䴥四年（431）	（二月）定州民飢，詔啓倉以賑之。	《魏書》卷四上《太武帝紀上》
太平眞君元年（440）	是歲，州鎮十五民飢，開倉賑恤。	《魏書》卷四下《太武帝紀下》
太平眞君九年（448）	（二月）山東民飢，啓倉賑之。	同上
興安元年（452）	（十二月）詔以營州蝗，開倉賑恤。	《魏書》卷五《文成帝紀》
太安三年（457）	十有二月，以州鎮五蝗，民飢，使使者開倉以賑之。	同上
和平五年（464）	二月，詔以州鎮十四去歲蟲、水，開倉賑恤。	同上
天安元年（466）	是歲，州鎮十一旱，民饑，開倉賑恤。	《魏書》卷六《獻文帝紀》
皇興二年（468）	十有一月，以州鎮二十七水旱，開倉賑恤。	同上
皇興四年（470）	春正月，詔州鎮十一民飢，開倉賑恤。	同上

〔註34〕　《魏書》卷六〇《韓麒麟傳》，第 1333 頁。
〔註35〕　《周書》卷四七《黎景熙傳》，第 847 頁。

延興二年（472）	六月，安州民遇水雹，丐租賑恤。 （九月）詔以州鎮十一水，丐民田租，開倉賑恤。	《魏書》卷七上《孝文帝紀上》
延興三年（473）	是歲，州鎮十一水旱，丐民田租，開倉賑恤。	同上
太和元年（477）	（正月）雲中飢，開倉賑恤。 （十二月）詔以州郡八水旱蝗，民飢，開倉賑恤。	同上
太和二年（478）	是歲，州鎮二十餘水旱，民飢，開倉賑恤。	同上
太和三年（479）	（六月）以雍州民飢，開倉賑恤。	同上
太和四年（480）	是歲，詔以州鎮十八水旱，民飢，開倉賑恤。	同上
太和五年（481）	（十二月）詔以州鎮十二民飢，開倉賑恤。	同上
太和七年（483）	三月甲戌，以冀、定二州民飢，詔郡縣爲粥於路以食之，又弛關津之禁，任其去來。 （十二月）詔以州鎮十三民飢，開倉賑恤。	同上
太和八年（484）	十有二月，詔以州鎮十五水旱，民飢，遣使者循行，問所疾苦，開倉賑恤。	同上
太和十年（486）	（十二月）詔以汝南、潁川大飢，丐民田租，開倉賑恤。	《魏書》卷七下《孝文帝紀下》
太和十一年（487）	二月甲子，詔以肆州之雁門及代郡民飢，開倉賑恤。 六月辛巳，秦州民飢，開倉賑恤。 秋七月己丑，詔曰：「今年穀不登，聽民出關就食，遣使者造籍，分遣去留，所在開倉賑恤。」 是歲大飢，詔所在開倉賑恤。	同上
太和十二年（488）	十有一月，詔以二雍、豫三州民飢，開倉賑恤。	同上
太和十三年（489）	（夏四月）州鎮十五大飢，詔所在開倉賑恤。	同上
太和二十年（496）	十有二月甲子，以西北州郡旱儉，遣侍臣循察，開倉賑恤。	同上
太和二十三年（499）	是歲，州鎮十八水，民飢，分遣使者開倉賑恤。	《魏書》卷八《宣武帝紀》
太和年間	時歲穀不登，齊民飢饉，（元）平原以私米三千餘斛爲粥，以全民命。	《魏書》卷一六《道武七王·河南王曜傳附元平原傳》
景明元年（500）	五月甲寅，以北鎮大飢，遣兼侍中楊播巡撫賑恤。 是歲，十七州大飢，分遣使者，開倉賑恤。 世宗初，（元鑒）以本將軍轉徐州刺史。屬徐袞大水，民多飢饉，鑒表加賑恤，民賴以濟。	《魏書》卷八《宣武帝紀》 《魏書》卷一六《道武七王·河南王曜傳附元鑒傳》

正始四年（507）	（八月）敦煌民飢，開倉賑恤。 （九月）司州民飢，開倉賑恤。	《魏書》卷八《宣武帝紀》
永平二年（509）	夏四月己酉，詔以武川鎮饑，開倉賑恤。	同上
永平三年（510）	五月丁亥，詔以冀定二州旱儉，開倉賑恤。	同上
永平四年（511）	二月壬午，青、齊、徐、兗四州民飢甚，遣使賑恤。	同上
延昌元年（512）	春正月乙巳，以頻水旱，百姓饑弊，分遣使者開倉賑恤。 （三月）甲午，州郡十一大水，詔開倉賑恤。以京師穀貴，出倉粟八十萬石以賑貧者。	同上
延昌二年（513）	二月丙辰朔，賑恤京師貧民。甲戌，以六鎮大饑，開倉賑贍。 六月乙酉，青州民飢，詔使者開倉賑恤。	同上
延昌三年（514）	夏四月，青州民飢，辛巳，開倉賑恤。	同上
熙平元年（516）	夏四月戊戌，以瀛州民饑，開倉賑恤。 時幽、瀛、滄、冀大水，頻經寇難，民飢。詔（鄧）羨兼尚書、假散騎常侍，持節詣州，隨方賑恤，多有所濟。	《魏書》卷九《孝明帝紀》 《魏書》卷二四《鄧淵傳附鄧羨傳》
熙平二年（517）	冬十月庚寅，以幽、冀、滄、瀛四州大饑，遣尚書長孫稚，兼尚書鄧羨、元纂等巡撫百姓，開倉賑恤……戊戌，以光州饑弊，遣使賑恤。	《魏書》卷九《孝明帝紀》
神龜元年（518）	（正月）幽州大饑，民死者三千七百九十九人，詔刺史趙邕開倉賑恤。	同上
孝明帝時期	閻慶胤……爲東秦州敷城太守。在政五年，清勤屬俗。頻年饑饉，慶胤歲常以家粟千石賑恤貧窮，民賴以濟。	《魏書》卷八八《良吏·閻慶胤傳》
東魏孝靜帝天平年間	孝靜天平初，以遷民草創，資產未立，詔出粟一百三十萬石以賑之。三年夏，又賑遷民稟各四十日。其年秋，并、肆、汾、建、晉、泰、陝、東雍、南汾九州霜旱，民飢流散。四年春，詔所在開倉賑恤之。	《魏書》卷一一〇《食貨志》
北周孝閔帝元年（557）	（三月）（孝閔帝）詔曰：「淅州去歲不登，厥民饑饉，朕用慭焉。其當州租輸未畢者，悉宜免之。兼遣使巡檢，有窮餒者，並加賑給。」	《周書》卷三《孝閔帝紀》
河清二年（563）	夏四月，并、汾、京、東雍、南汾五州蟲旱傷稼，遣使賑恤。	《北齊書》卷七《武成帝紀》
建德四年（575）	是歲，岐、寧二州民饑，開倉賑給。（建德）四年，關中民饑，椿表陳其狀，璽書勞慰。因令所在開倉賑卹。	《周書》卷六《武帝紀下》 《周書》卷一〇《邵惠公顥傳附宇文椿傳》

　　由上表可見，首先，在自然災害、飢饉發生之際，北朝國家在賑濟平民中扮演著核心角色，統治者積極賑濟平民的最終目的就是解決平民生存問題，進而安撫民心，維護基層社會秩序，鞏固統治。其次，在賑濟平民、解決平民生存所需物質資源方面，地方官員發揮了不可忽視的作用。如北魏孝文帝太和後期，齊地農業歉收導致了嚴重的飢饉，嚴重威脅著齊地民生及當地社會穩定。齊州軍政長官元平原以自家存糧及時賑濟饑民，保障了當地民生，避免了因賑濟饑民不及時所引起的民心思亂、社會不穩的問題。

第九章　飲食禮儀及娛樂活動

第一節　飲食禮儀——以宴飲活動爲中心的探討

　　北朝時期的飲食禮儀，主要是與上層社會有關的宴飲活動中的座次、座位朝向與座位高低的安排、酌酒時的繁瑣儀式四個方面。〔註1〕

一、宴飲中的座次安排

　　作爲日常飲食之一的宴飲活動，與禮儀密切相關。《禮記・禮運》載，「夫禮之初，始諸飲食。」由於古代傳統禮儀對當時社會生活的滲透，這使一些較爲正式的宴會活動不得不受到各種繁瑣禮儀的約束與影響。具體而言，就是當時人們較爲講究自己的身份等級在酒宴中的體現。

　　北魏初期，鮮卑族入主北方之初，還沒有進行徹底漢化、受中原傳統風俗薰陶之前，當時官方酒宴中並沒有嚴格的禮儀約束。即使天興年間，道武帝「詔儀曹郎董謐撰朝覲、饗宴、郊廟、社稷之儀」〔註2〕之後，直到文成帝時期，君臣酒宴仍然是「內外相混，酒醉喧譊，罔有儀式」。〔註3〕從北魏孝文帝時期開始，官方酒宴中才逐漸形成了關於酒宴座次等相關禮儀規則。北魏孝文帝與宗室成員的宴飲活動，「時詔延四廟之子，下逮玄孫之胄，申宗宴於皇信堂，不以爵秩爲列，悉序昭穆爲次，用家人之禮」。〔註4〕皇帝與宗室

〔註1〕　本節採用本書作者已出版書籍《北朝時期釀酒、飲酒及對社會的影響研究》第四章第二節內容。
〔註2〕　《魏書》卷一〇八之四《禮志四》，第2817頁。
〔註3〕　《魏書》卷四八《高允傳》，第1075頁。
〔註4〕　《魏書》卷一九中《景穆十二王中・任城王雲傳附元澄傳》，第464頁。

成員的宴飲受傳統禮儀的約束不是很嚴格的。反之，正式的官方酒宴就必須嚴格遵守座次安排等禮儀要求。

在當時官方宴飲等正式酒宴活動中，人們對以自己身份與地位為代表的尊卑關係重視的突出表現，就是注重酒宴中座次順序的安排。一般來說，是以參加酒宴者所任官職的高低作為座次尊卑的標準。《魏書》卷一○三《蠕蠕傳》中記載的北魏孝明帝宴請柔然可汗的座次安排就清楚地反映出這種標準，「肅宗臨顯陽殿，引從五品以上清官、皇宗、藩國使客等列於殿庭，王公以下及阿那瓌等入，就庭中北面。位定，謁者引王公以下升殿，阿那瓌位於藩王之下，又引將命之官及阿那瓌弟並二叔位於群官之下……阿那瓌啓云：『陛下優隆，命臣弟叔等升殿預會，但臣有從兄，在北之日，官高於二叔，乞命升殿。』」正因為嚴格的座次順序是酒宴參加者地位等級的體現，當時外交酒宴中的座次安排尤其受到與宴者的重視。北魏孝明帝這次賜酒宴，因為關係到對前來歸附的柔然可汗的安撫，所以，對酒宴中座次的安排及由此體現出的北魏國家對柔然部落的支配地位等問題會極為注重。

但是，非正式場合酒宴中的座次，卻不受以官職為代表的身份等級約束。如當時家族成員間的酒宴，其中在座次安排方面的要求相對於正式場合中的酒宴而言，就要寬鬆一些。以皇帝參加的皇室宗族酒宴而論，在座次安排上，嚴格區別君臣之別本是重要的。但是，由於這種酒宴受到聯絡宗室成員之間感情這一目的的影響，使得宗室成員之間的輩份受到重視，反之君臣之別逐漸淡化。北魏孝文帝，「時詔延四廟之子，下逮玄孫之胄，申宗宴於皇信堂，不以爵秩為列，悉序昭穆為次，用家人之禮。」〔註5〕「家人之禮」，就是以酒宴參加者的家族血緣關係的遠近為根據，來安排酒宴中的座次。北周時期，「每四時伏臘，高祖（武帝）率諸親戚，行家人之禮，稱觴上壽」。〔註6〕可見，在歲時節日舉行的家宴，並不受君臣身份等級的約束，而是完全按照家族成員的輩分來安排酒宴的相關程序，這更有利於家族成員借舉行家宴之際來聯絡彼此之間的感情。也就是說，皇帝親自出席的宗室酒宴活動，應該根據君臣之禮、「爵秩為列」這些體現身份等級地位的原則來安排宴飲中的座次，但基於聯絡宗室成員血緣親情的目的而把座次原則變為「昭穆為次」，酒宴中用「家人之禮」。

〔註5〕 《魏書》卷一九中《景穆十二王中‧任城王雲傳附元澄傳》，第464頁。
〔註6〕 《周書》卷一一《晉蕩公護傳》，第174頁。

當時酒宴中座次順序的嚴格安排，是酒宴主持者對與宴者身份尊卑區別、對與宴者重視程度的體現。反之，不按常規、降低座位等次，則是表現出對與宴者的蔑視。北魏孝文帝宴請南朝使者，《北史》卷三《魏孝文帝紀》載，「（太和五年）九月庚午，閱武於南郊，大饗群臣。齊使車僧朗以班在宋使殷靈誕後，辭不就席。宋降人解奉君刃僧朗於會中。」北魏國家在安排座次時，將南齊使者的座次順序置於為南齊所取代的劉宋政權的使者之後，這種對外交禮儀的忽視，實際表現的是北魏對南齊的蔑視。

二、宴飲中的座位朝向與座位高低及酌酒儀式

酒宴參加者對酒宴中的座位朝向會更為注重，以體現自己的身份尊卑差別。當時宮廷酒宴中的座位方向安排體現出「人君尊東」〔註7〕的傳統禮儀，「後齊宴宗室禮，皇帝常服，別殿西廂東向……尊者南面，卑者北面，皆以西為上。」〔註8〕由此可知，當時酒宴中的座位方向，以坐西朝東為最尊貴，坐北朝南次之，坐南朝北再次之。這種嚴格的朝向安排，成為顯示酒宴參加者身份等級的明顯特徵。〔註9〕後宮酒宴中的座位朝向也是遵循東向尊貴的原則，如北齊後宮酒宴，「後齊元日，中宮朝會……（皇后）出於昭陽殿。坐定，內外命婦拜，皇后興，妃主皆跪。皇后坐，妃主皆起，長公主一人，前跪拜賀。禮畢，皇后入室，乃移幄坐於西廂。皇后改服褕狄以出。坐定，公主一人上壽訖，就坐。御酒食，賜爵，並如外朝會」。〔註10〕這表明，當時後宮酒宴的禮儀程序完全按照朝廷正式酒宴規定進行。

除宴飲中座次、座位朝向之外，宴飲者所居地位的高低也直接反應出身份的尊卑。在西安發掘的北周安伽墓壁畫中，正面屏風第 6 幅圖「奏樂宴飲舞蹈圖」，〔註11〕描述北周薩保安伽招待突厥使者的酒宴場面，其中安伽本人居中、地位最高，而突厥使者地位則較低。這種所居地位高低的安排，正是要表現出安伽所代表的北周國家對鄰邦突厥部落的支配意圖。

〔註 7〕　《隋書》卷九《禮儀志四》，第 186 頁。
〔註 8〕　《隋書》卷九《禮儀志四》，第 188 頁。
〔註 9〕　《禮記》卷三《曲禮上第一》，「席南鄉北鄉，以西方為上」孔穎達注疏「謂東西社席，南鄉北鄉則以西方為上頭也。」可見，前代的酒宴座位朝向安排對以後影響的深遠。
〔註 10〕　《隋書》卷九《禮儀志四》，第 184～185 頁。
〔註 11〕　參看陝西省考古研究所：《西安北周安伽墓》第三章《出土遺物》，文物出版社，2003 年版，第 34～35 頁。

除宴飲中的座次、座位朝向的限制是嚴格的，甚至在酌酒方面也有嚴格而繁瑣的程序。在當時正式酒宴中，如果地位尊者或者代表地位尊者之人向地位卑者酌酒，地位卑者往往要離席伏地，然後還席飲酒，以示恭敬。「後齊立春日，皇帝服通天冠……而受朝於太極殿。尚書令等坐定，三公郎中詣席，跪讀時令訖，典御酌酒卮，置郎中前，郎中拜，還席伏飲，禮成而出」。〔註12〕

當時酒宴中的座次、座位方向、席位高低的安排、酌酒等方面所體現出的繁瑣禮儀程序，就是要明確反映出酒宴參加者身份等級尊卑的區別。

第二節　飲食娛樂活動——以宴飲活動為中心的探討

當時人們在舉行酒宴過程中，為了增加酒宴間的熱烈氛圍，總要伴以賦詩、歌樂、舞蹈、百戲、文字酒令等娛樂活動以助酒興。這些娛樂活動不僅是宴飲參加者才藝的表達，而且，還在一定程度上體現出飲酒者所具有的文化素養、精神面貌。〔註13〕需要注意的是，由於鮮卑族入主北方及北方地區與中亞的交往，帶有濃厚異民族色彩的娛樂活動出現於宴飲活動中，反映出北朝宴飲娛樂活動受到多元民族、地區文化的影響。

一、賦詩

當時人們在宴飲之際，總要賦詩以助酒興，來增加酒宴間的熱烈氛圍。當時的酒宴中，與宴者多引用詩句，北魏孝武帝和宗室公主宴飲，「（孝武）帝內宴，令諸婦人詠詩，或詠鮑照樂府曰：『朱門九重門九閨，願逐明月入君懷。』」〔註14〕。更為普遍的是酒宴主持者令與宴者即興賦詩，北齊天保九年，「（文宣）帝至自晉陽，登三臺，御乾象殿，朝讌群臣，並命賦詩。」〔註15〕但是即興賦詩時，多講究、注重格式與押韻的要求。北魏孝文帝，「時詔延四廟之子，下逮玄孫之胄，申宗宴於皇信堂，不以爵秩為列，悉序昭穆為次，用家人之禮。高祖曰：『行禮已畢，欲令宗室各言其志，可率賦詩。』特

〔註12〕《隋書》卷九《禮儀志四》，第 188 頁。
〔註13〕本節採用本書作者已出版書籍《北朝時期釀酒、飲酒及對社會的影響研究》第四章第一節內容。
〔註14〕《北史》卷五《魏孝武帝紀》，第 174 頁。
〔註15〕《北齊書》卷四《文宣帝紀》，第 65 頁。

令（元）澄爲七言連韻，與高祖往復賭賽，遂至極歡，際夜乃罷」。〔註16〕說明以「七言」爲韻成爲當時酒宴中賦詩的重要格式。北齊時期，在文宣帝爲宗室成員舉行的納妃婚慶酒宴上，大臣張宴之曾賦四言聯句詩，「（張）宴之後園陪讌，坐客皆賦詩。宴之詩云：『天下有道，主明臣直，雖休勿休，永貽世則。』」〔註17〕表明四言詩也是當時酒宴中賦詩的重要格式。飲酒即興賦詩，即體現了與宴者的飲酒之雅，同時又需要飲酒者具有一定的文化底蘊，方可即興成句。

飲酒者如果在賦詩時，格式不工，或者對仗不整，往往要被罰酒。北魏時期，宗室元彧與朝中大臣的酒宴，「僚採成群，俊民滿席，絲桐發響，羽觴流行，詩賦並陳，清言乍起……荊州秀才張裴裳爲五言，有清拔之句云：『異秋花共色，別樹鳥同聲。』（元）彧以蛟龍錦賜之，亦有得緋紬緋綾者。唯河東裴子明爲詩不工，罰酒一石。子明八日而醉眠，時人譬之山濤」。〔註18〕文學之士聚會暢飲，在酒興正濃之際，往往也是抒發詩意之時。文學之士在酒宴中把詩與酒結合，追求的是格調高雅的氛圍。

賦詩，爲漢族士大夫在宴飲中的傳統娛樂項目。北朝時期，游牧民族出身的統治者在宴飲之際，也要賦詩助酒興，表明鮮卑族統治者所實行漢化的影響之深。

二、歌樂與舞蹈

春秋戰國時期，貴族往往會「鐘鳴鼎食」，一方面彰顯自己的尊貴身份；另一方面，以烘託進食氛圍。北朝時期，上層社會繼承了春秋戰國貴族「鐘鳴鼎食」的傳統，「擊鍾鼎食」以顯示「位重任隆」。〔註19〕不可忽視的是，當時上層社會宴飲中的奏樂、樂舞，顯示出漢族與游牧民族風俗相互影響、相互融合的現象。

（一）宮廷酒宴之樂

當時宮廷酒宴中，多有奏樂相伴。《魏書》卷一○九《樂志》載北魏初期，「正月上日，饗群臣，宣佈政教，備列宮懸正樂，兼奏燕、趙、秦、吳之

〔註16〕《魏書》卷一九中《景穆十二王中·任城王雲傳附元澄傳》，第464頁。
〔註17〕《北齊書》卷三五《張宴之傳》，第469頁。
〔註18〕參看（東魏）楊衒之著：《洛陽伽藍記》卷四，范祥雍校注，上海古籍出版社，1978年版，第201～202頁。
〔註19〕姚思廉：《梁書》卷三九《元法僧傳》，北京：中華書局，1973年，第564頁。

音，五方殊俗之曲。四時饗會亦用焉……掖庭中歌《眞人代歌》，上敘祖宗開基所由，下及君臣廢興之迹……郊廟宴饗亦用之。」據此，北魏初期，君臣宴飲中所奏之樂是胡、漢雜而用之，游牧民族風俗色彩極爲濃厚，充分體現出游牧民族文化對中原風俗所產生的影響。至北魏孝文帝時期，君臣飲酒奏樂中胡漢雜而用之的情況逐漸發生變化，《魏書》卷一〇九《樂志》載，「初，高祖討淮、漢，世宗定壽春，收其聲伎。江左所傳中原舊曲，《明君》、《聖主》、《公莫》、《白鳩》之屬，及江南吳歌、荊楚四聲，總謂《清商》。至於殿庭饗宴兼奏之。」由此可見，北魏中期開始，君臣宴飲時所用樂逐漸以中原傳統樂即《清商》爲主，中原樂在當時北方宮廷中佔據主要的地位。這種變化應與孝文帝所進行的漢化政策具有密切的關係。至北齊、北周時期，當時宮廷酒宴中的中原樂更是佔據了重要的位置。北齊時期君臣「元會大饗」，奏《皇夏樂》、食舉樂等。〔註20〕西魏、北周時期，「饗諸侯，用《虞舜》樂……宗室會聚，奏《族夏》。上酒宴樂，奏《陔夏》」。〔註21〕北周武帝「宴族人，奏《族夏》。大會至尊執爵，奏登歌十八曲」。〔註22〕很明顯，一方面，北周時期，諸侯、宗室成員參加的宮廷宴飲活動，期間要伴奏與酒宴參加者相關的音樂，由此可見北周時期宮廷宴飲奏樂達到規範的程度；另一方面，北齊、北周宮廷酒宴中所用樂曲已經以中原傳統樂爲主。

（二）皇室酒宴樂舞表演

在當時的皇室酒宴中，還有與宴者表演樂舞，或者有專門之人表演樂舞，來增加酒宴的熱烈氛圍。北朝時期的統治者及貴族，多出身於能歌善舞的北方游牧民族，他們的樂舞才華在酒宴中得到充分的發揮。因此，這一時期皇室酒宴中的樂舞表演體現出濃厚的少數民族風俗。

當時人們在宴飲過程中，有時以自己親自表演樂舞的方式來增加酒宴中的熱烈氛圍。北魏太和三年，孝文帝與馮太后宴請群臣時，君臣共舞，「（太和三年）是年冬至，高祖、文明太后大饗群官，高祖親舞於太后前，群臣皆舞」。〔註23〕孝文帝爲鮮卑族出身，而百官中也有不少鮮卑勳貴，孝文帝與百官共舞，是要受到鮮卑樂舞的影響。孝明帝時期，孝明帝君臣在飲酒酣暢之

〔註20〕《隋書》卷一四《音樂志中》，第325～329頁。
〔註21〕《隋書》卷一四《音樂志中》，第332頁。
〔註22〕《隋書》卷一四《音樂志中》，第333頁。
〔註23〕《魏書》卷五四《高閭傳》，第1203頁。

時，百官依次起舞，「正光二年三月，肅宗朝靈太后於西林園，文武侍坐，酒
酣疊舞。次至康生，康生乃爲力士舞，及於折旋，每顧視太后，舉手、蹈足、
瞋目、頷首爲殺縛之勢」。〔註24〕奚康生所表演的力士舞，反映出鮮卑將士所
具有的勇猛之勢。這是鮮卑人粗獷、豪放民族性格的體現。鮮卑族是能歌善
舞、尙武的民族，當時宮廷酒宴中的一些樂舞表演也因此反映出鮮卑民族的
性格特徵。

除了宴飲者自己表演舞蹈外，往往還有僕人表演舞蹈以助酒興。北齊邢
子才《三日華林園公讌詩》，「回鑾自樂野，弭蓋屬瑤池……方筵羅玉俎，
激水漾金厄。歌聲斷且續，舞袖合還離」。〔註25〕描寫了君臣在三月上巳節
遊玩、宴飲的場面，君臣在享受佳肴、暢飲金厄美酒之際，欣賞歌姬表演
樂舞。

（三）皇室酒宴中的歡暢自娛

在皇室宴飲中，酒宴參加者除了欣賞歌樂演奏、自己親自表演樂舞以增
加酒興之外，還通過親自歌唱的方式來活躍氛圍、彰顯自己的感情。北魏孝
文帝「饗侍臣於懸瓠方丈竹堂，道昭與兄懿俱侍坐焉。樂作酒酣，高祖乃歌
曰：『白日光天無不曜，江左一隅獨未照。』」〔註26〕從孝文帝的歌唱中，可
見其統一天下的雄心壯志。北魏孝莊帝經常和群臣宴飲享樂，「於西林園宴
射……及酒酣耳熱，必自匡坐唱虜歌，爲《樹梨普梨》之曲……日暮罷歸，
（尒朱榮）便與左右連手蹋地，唱《回波樂》而出」。〔註27〕尒朱榮所唱「虜
歌」、「回波樂」，帶有濃厚的游牧民族氣息，盡顯其粗獷、豪放之情。表明在
游牧民族進入北方，即使北魏孝文帝實行漢化改革之後，富有游牧民族色彩
的歌舞娛樂活動在當時北方地區的酒宴中仍佔據一定地位。

（四）官僚酒宴樂舞表演

在西安發掘的北周安伽墓葬壁畫中，有人們飲酒、欣賞樂舞表演的場
面。如正面屏風中第 6 幅圖「奏樂宴飲舞蹈圖」描述安伽本人與客人坐於涼
亭內交談，旁邊有樂人在演奏曲項琵琶、豎箜篌、排簫等樂器，舞者拍雙手

〔註24〕《魏書》卷七三《奚康生傳》，第 1632 頁。
〔註25〕《藝文類聚》卷四《歲時中・三月三日》引北齊邢子才《三日華林園公讌
　　　詩》，第 69 頁。
〔註26〕《魏書》卷五六《鄭羲傳附鄭道昭傳》，第 1240 頁。
〔註27〕《北史》卷四八《尒朱榮傳》，第 1762 頁。

於頭頂、臀後翹、扭腰、左腳後踢，在表演胡騰舞，使宴飲場面顯得熱烈。〔註 28〕曲項琵琶、胡旋舞分別爲古代中亞地區民族的樂器與舞蹈，隨著中亞地區與北方地區的頻繁交往而傳入中原，〔註 29〕並對中原的漢族樂舞產生影響。北齊漢族勳貴徐顯秀墓的壁畫中，就有人們在酒宴中彈奏曲頸琵琶的場景。〔註 30〕在當時民族交往頻繁的背景下，北方地區酒宴中的舞蹈表演融入中亞民族的樂舞風俗也就是自然的事情了。

三、百戲

北朝時期的宮廷酒宴，除了樂舞表演之外，還繼承了漢代以來酒宴中以雜技爲核心的「百戲」表演。

《文獻通考》卷一四七《樂考二十·散樂百戲》載，「後魏道武帝天興六年冬，詔太樂、總章、鼓吹增修雜戲，造五兵、角觝、麒麟、鳳皇、仙人、長蛇、白象、白武及諸畏獸、魚龍、辟邪、鹿馬、仙人車、高絙百尺、長趫、幢跳丸，以備百戲。大饗設之於殿前。明元帝初，又增修之，撰合大曲，更爲鐘鼓之節。」「北齊神武平中山，有魚龍爛漫、俳優侏儒、山車巨象、拔井種瓜、殺馬剝驢等，奇怪異端，百有餘物，名爲百戲。」「後周武帝保定初，詔罷元會殿庭百戲。宣帝即位，鄭譯奏徵齊散樂並會京師爲之……增修百戲，魚龍漫衍之伎，常陳於殿前。」於此可見，北朝時期宮廷酒宴中的百戲表演，經歷了北魏對前代的繼承與初設、北齊時期的完善、北周武帝時期的廢除、北周後期的恢復與定型四個階段。由於當時百戲表演內容繁多、場面宏大，所以，這一時期的百戲多集中於宮廷宴飲場合，而沒有在民間宴飲

〔註28〕 參看陝西省考古研究所：《西安北周安伽墓》，北京：文物出版社，2003 年版，第 33～34、83 頁。

〔註29〕 關於當時中亞地區樂器傳入北方，《隋書》卷一五《音樂志下》載，「西涼者，起苻氏之末，呂光、沮渠蒙遜等，據有涼州，變龜茲聲爲之，號爲秦漢伎。魏太武既平河西得之，謂之《西涼樂》。至魏、周之際，遂謂之《國伎》。今曲項琵琶、豎頭箜篌之徒，並出自西域，非華夏舊器……其樂器有鍾、磬、彈箏、搊箏、臥箜篌、豎箜篌、琵琶、五弦、笙、蕭、大篳篥、長笛、小篳篥、橫笛、腰鼓、齊鼓、擔鼓、銅拔、貝等十九種，爲一部。」這說明隨著北魏對外統一戰爭的進行，中亞地區的音樂、樂器等逐漸傳入北方地區。使北方地區的樂舞、樂器內容得到极大的豐富。並深刻影響著北齊、北周時代的樂舞表演。

〔註30〕 參看山西省考古研究所、太原市文物考古研究所：《太原北齊徐顯秀墓發掘簡報》，載《文物》，2003 年第 10 期，第 35 頁。

中普及。

四、文字酒令

　　當時飲酒者在宴席間還借文字酒令以助酒興。《洛陽伽藍記》卷三《城南》載北魏孝文帝和群臣宴飲，「（王）肅與高祖（孝文帝）殿會，食羊肉及酪粥甚多……（孝文帝）因舉酒曰：『三三橫，兩兩縱，誰能辨之賜金鐘。』御史中丞李彪曰：『沽酒老嫗瓮注瓨，屠兒割肉與秤同。』尚書右丞甄琛曰：『吳人浮水自云工，妓兒擲絕在虛空。』彭城王（元）勰曰：『臣始解此字是習字。』高祖即以金鐘賜（李）彪。」可見，行文字酒令需要一定的文字字意功底。

　　當時人們通過賦詩、樂舞、文字酒令創造了熱烈的宴飲氛圍，並把氣氛推向了高潮。這表明，當時人們在宴飲時，不僅追求物質享受，更注重對精神境界的追求。進而使穿插了這些娛樂內容的宴飲活動成爲格調高雅的物質與精神享受場合。同時應注意，賦詩、文字酒令需要參加者具有一定的文化素養、敏捷的應對，才能賦詩押韻、對答如流。這就決定了賦詩、文字酒令多盛行於官員、士大夫等社會上層。

第十章 北朝國家對飲食活動的管理
——以宮廷食官爲中心的考察

第一節 北魏宮廷食官

北魏時期，掌管皇室日常飲食的職官，既有對前代職官的繼承，又有當時新設置的職官。這些眾多的職官，職責明確、詳細，管轄各自屬吏，並且歸不同部門掌管，進而保證了運轉的效率。（關於北魏時期歷代食官任職者，見表 10.1）

一、北魏時期掌管飲食的職官及職責

北魏時期，有專門爲皇室日常膳食服務的飲食管理機構及相關職官，這些機構所負責的事物分工詳細，職官的職責明確。分別負責皇帝膳食、皇帝飲食安全、皇室膳食來源、後宮日常飲食。

（一）掌管皇帝膳食的職官

1、太官機構

太官，爲北魏時期掌管皇室飲食的機構。《通典》卷二十五《職官七・光祿卿》載：

「太官署令、丞：於周官爲膳夫、庖人、外饔中士、下士，蓋其任也。秦爲太官令、丞，屬少府。兩漢因之，桓帝延熹元年，使太官令得補二千石。魏亦屬少府。晉屬光祿勳。宋、齊屬侍中。梁門下省領太官，陳因之。後魏分太官爲尚食、中尚食，知御膳，隸門下省；而太官掌百官之饌，屬光

祿卿。」

　　由上可見，首先，北魏太官機構的職掌與前代、南朝相比，職責範圍有所擴大，不僅掌管皇帝御膳，還負責管理賞賜官員膳食。其次，太官機構各個部門因行使職責及服務對象的不同，而隸屬於不同的管理機構。如太官中專為皇帝飲食服務的尚食、中尚食隸屬於門下機構，而負責賞賜官員膳食的則歸光祿機構管轄。

　　《魏書》卷四三《毛脩之列傳》載：

　　「修之能為南人飲食，手自煎調，多所適意。世祖親待之，進太官尚書，賜爵南郡公，加冠軍將軍，常在太官，主進御膳。」

　　又《宋書》卷四十八《毛脩之列傳》載：

　　「脩之嘗為羊羹，以薦虜尚書，尚書以為絕味，獻之於燾，燾大喜，以脩之為太官令。」

　　毛脩之入魏以後，因其兼善烹製南方、北方飲食而為太武帝所賞識，被任命為太官令，主管皇帝御膳。毛修之所負責之太官機構應為尚食、中尚食部門。

　　關於尚食、中尚食職官，《魏書》卷三二《高湖傳附高賈傳》載高賈：

　　「永興末，通直散騎常侍、金紫光祿大夫、尚食典御。」

　　可見，至少在北魏明元帝時期，太官機構就已分為專掌皇帝膳食的尚食、中尚食及為百官服務的兩個部門。

　　《魏書》卷五八《楊播傳附楊煒傳》載，北魏孝明帝時期，「（楊煒）起家奉朝請，稍遷散騎侍郎、直閣將軍、本州大中正、兼武衛將軍、尚食典御。」

　　《魏書》卷九三《恩倖·侯剛傳》載：「侯剛……本出寒微，少以善於鼎俎，進飪出入。」「剛自太和進食，遂為典御，歷兩都、三帝、二太后。」「領軍元叉執政擅權，樹結親黨，剛長子，叉之妹夫，乃引剛為侍中、左衛將軍，還領尚食典御，以為枝援。」

　　有關太官機構負責賞賜官員膳食，《魏書》卷五十五《遊明根列傳》載：

　　「（太和十五年）以司徒尉元為三老，明根為五更，行禮辟雍……賜步挽一乘，給上卿之祿，供食之味，太官就第月送之……車駕幸鄴，明根朝于行宮。詔曰：『遊五更光素蓬簪，歸終衡里，可謂朝之舊德，國之老成。可賜帛五百四、穀五百斛。』敕太官備送珍羞。」

《魏書》卷四十八《高允列傳》又載：

「（孝文帝）賜珍味，每春秋常致之。尋詔朝晡給膳，朔望致牛酒，衣服綿絹，每月送給。」

「高祖、文明太后……遣使備賜御膳珍羞，自酒米至於鹽豉百有餘品，皆盡時味……」

孝文帝對高允的飲食資源賞賜，由隸屬於光祿卿的太官機構負責。

由上可見，北魏時期，太官機構所賞賜的對象，主要為朝中年老重臣；這反映的是統治者對朝臣的恩寵之意。

平民中的年長者有時也會有幸得到統治者的飲食賞賜，《魏書》卷五《高宗紀》載：

「（和平）四年春三月乙未，賜京師民年七十以上太官厨食，以終其年。」

北魏文成帝對京畿地區年長者賞賜太官佳肴，是對尊老問題重視的體現。這與其「與時消息，靜以鎮之，養威布德，懷緝中外」〔註1〕的統治政策有關。

北魏時期，皇室日常飲食及太官對朝臣頻繁地賞賜珍饌，需要太官機構有充足的物質來源作為保障。有關北魏時期太官機構的食物來源保障，《魏書》卷一一○《志第十五·食貨》載：

「世祖即位，開拓四海，以五方之民各有其性，故修其教不改其俗，齊其政不易其宜，納其方貢以充倉廩，收其貨物以實庫藏，又於歲時取鳥獸之登於俎用者以牣膳府。」

表明地方所貢獻的特產為太官的重要物質資源來源。

《魏書》卷三七《司馬楚之傳附司馬躍傳》載：

「金龍弟躍，字寶龍……（孝文帝時期）躍表罷河西苑封，與民墾殖。有司執奏：『此麋鹿所聚，太官取給，今若與民，至於奉獻時禽，懼有所闕。』詔曰：『此地若任稼穡，雖有獸利，事須廢封。若是山澗，虞禁何損？尋先朝置此，豈苟藉斯禽，亮亦以俟軍行薪蒸之用。其更論之。』躍固請宜以與民，高祖從之。」

反映出河西牧場是保障太官機構肉食資源的重要基地。

2、嘗食典御

嘗食典御，也是北魏時期掌管皇室飲食的重要職官。

《魏故使持節都督雍州諸軍事衛將軍儀同三司雍州刺史楊公墓誌》載：
「孝昌元年，（楊暐）轉嘗食典御，綺肴桂酒，珠目貝齒，咸所嘗眤。」
由此可見嘗食典御負責皇帝的飲食安全。

（二）掌管后妃膳食的職官

北魏時期，也有專門負責掌管后妃膳食的職官。

關於嘗食監的職責，《北魏傅母王遺女墓誌》載：

「性粹貞固，雖離禁隸，執志彌純，尤辨鼎和，是以著稱。故顯祖文明太皇太后擢知御膳。至高祖幽皇后，見其出處益明，轉當御細。達世宗順後，善其宰調酸甜，滋味允中，又進嘗食監。」

由此可見，掌管皇后飲食的職官有知御膳、御細、嘗食監。

《北史》卷十三《后妃列傳上》載：

「孝文改定內官：……後置女職，以典內事：內司視尚書令、僕；作司、大監、女侍中三官視二品；監、女尚書、美人，女史、女賢人、女書史、書女、小書女五官視三品；中才人、供人、中使、女生才人、恭使宮人視四品；青衣、女酒、女饗、女食、奚官女奴視五品。」

據此，女酒、女饗、女食為掌管宮中飲食的女官。女酒專掌宮中釀酒事物，女饗、女食負責後宮的日常飲食製作。進而可知，北魏孝文帝之前，掌管後宮飲食的職官並沒有進入國家職官序列；孝文帝進行職官改革以後，後宮食官與皇室食官才有了統一的管理。

（三）掌管太子飲食的職官

北魏時期，掌管太子膳食的官員主要有太子食官令、太子家令等。

關於太子食官令，《通典》卷三〇《職官十二・太子家令》載：

「食官署令、丞：漢詹事屬官有食官令長丞。後漢亦有，而屬少傅，主飲食。晉太子食官令，職如太官令。宋則屬中庶子。齊則屬詹事，掌廚膳之事。梁食官局屬庶子。陳因之。後魏亦有。」

太子食官令負責太子日常「廚膳之事」。

關於太子家令的具體職責，《通典》卷三〇《職官十二・太子家令》載：

「家令，秦官，屬詹事。漢因之，有丞，主倉穀飲食，職似司農、少府。漢代太子食湯沐邑十縣，家令主之。後漢則屬少傅，主倉穀飲食。魏因之。晉又兼主刑獄、穀貨、飲食，職比廷尉、司農、少府。其家令、率更令及僕，

爲太子三卿……後魏亦日三卿。」

可知太子家令丞主要掌管太子宮的倉穀飲食之事。

（四）北魏皇室食官的屬吏

北魏時期，皇室食官的屬吏有主食中黃門、宰人等。

《魏書》卷十三《文成文明皇后馮氏列傳》載：

「性儉素，不好華飾，躬御縵繒而已。宰人上膳，案裁徑尺，羞膳滋味減於故事十分之八。太后嘗以體不安，服菴䕡子。宰人昏而進粥，有蝘蜓在焉，後舉匕得之。高祖侍側，大怒，將加極罰，太后笑而釋之。」

宰人掌管皇帝、后妃膳食的傳遞事物。《魏書》卷二九《奚斤傳》又載：

「後世祖克平涼，（奚）斤等得歸（奚斤之前被赫連定所俘）。免爲宰人，使負酒食從駕還京師以辱之。」

可見宰人地位之低。

關於主食中黃門，《魏書》卷一六《道武七王‧京兆王黎傳附元叉傳》載：

「（元叉）乃與侍中劉騰密謀。靈太后時在嘉福，未御前殿，騰詐取主食中黃門胡玄度、胡定列誣懌，云許度等金帛，令以毒藥置御食中以害帝，自望爲帝，許度兄弟以富貴。」

主食中黃門也是負責皇帝膳食的傳遞事物。

二、北魏食官的選任

北魏職官的選任情況較爲複雜，任職者來自當時社會的各個階層，因不同原因受到當時統治者的寵信而任食官。

（一）善於飲食之藝

擔任食官之人，首先在飲食烹飪方面必須具有一技之長。

《宋書》卷四十八《毛脩之列傳》載：

「脩之嘗爲羊羹，以薦虜尚書，尚書以爲絕味，獻之於燾，燾大喜，以脩之爲太官令。」

《北魏傅母王遺女墓誌》載：

「尤辨鼎和，是以著稱。故顯祖文明太皇太后擢知御膳。至高祖幽皇后，見其出處益明，轉當御細。達世宗順後，善其宰調酸甜，滋味允中，又進嘗食監。」

《魏書》卷九三《閹官·侯剛傳》載：

「侯剛，字乾之，河南洛陽人，其先代人也。本出寒微，少以善於鼎俎，進飪出入。久之，拜中散，累遷冗從僕射、嘗食典御。世宗以其質直，賜名剛焉。稍遷奉車都尉、右中郎將、領刀劍左右，加游擊將軍、城門校尉。遷武衛將軍，仍領典御，又加通直散騎常侍。」

可見擔任北魏宮廷食官之人，部分出身低微，因精於烹飪技藝而得到統治者寵信，升任高官，改變了自己低微的身份。

（二）受到統治者寵信

擔任北魏宮廷食官，除精於烹飪技藝之外，對統治者忠誠進而獲得寵信也是不可忽視的因素，因為擔任食官者的盡職與否直接關係到統治者的飲食安全。

《魏故中常侍大長秋卿平北將軍并州刺史雲陽男張君墓誌》載：

「高祖嘉其祗篤，授以太官令，除中給事中，前中常侍立忠將軍雲陽男。」

《魏書》卷八三上《外戚上·李惠傳附李侃晞列傳》載：

「侃晞為莊帝所親幸。拜散騎常侍、嘗食典御。」

李侃晞為外戚李惠之從孫，又為孝莊帝所寵信，被任命為嘗食典御。嘗食典御的職責如前所述，關係到皇帝日常膳食安全。因此，擔任此官職之人必須為皇帝信任。

表 10.1　北魏時期食官任職者簡表

任職者	時　　　　期	所任食官	資料來源
高　貫	明元帝永興年間	尚食典御	《魏書》卷三二《高湖傳附高貫傳》
尉　眷	明元帝時期	太官令	《北史》卷二〇《尉古眞傳附尉古眞傳》
毛修之	太武帝時期	太官尚書	《魏書》卷四三《毛修之傳》
娥　清	太武帝時期	魚曹尚書	《普泰二年歲次壬子三月乙丑朔廿日甲申韓使君墓銘》
羅伊利	文成帝至獻文帝時期	御食曹尚書	《魏書》卷四四《羅結轉附羅伊利傳》
張　整	孝文帝時期	太官令	《魏故中常侍大長秋卿平北將軍并州刺史雲陽男張君墓誌》
王遺女	孝文帝時期	知御膳、知御細	《北魏傅母王遺女墓誌》

王　溫	孝文帝時期	中嘗食典御	《魏書》卷九四《閹官·王溫傳》
侯　剛	孝文帝至宣武帝時期	嘗食典御	《魏書》卷九三《恩倖·侯剛傳》
王遺女	宣武帝收集器	嘗食監	《北魏傅母王遺女墓誌》
成　軌	宣武帝景明年間	嘗食典御	《魏書》卷九四《閹官·成軌傳》
成　軌	宣武帝時期	中嘗食典御	《魏書》卷九四《閹官·成軌傳》
薛懷吉	宣武帝時期	太官令	《魏書》卷六一《薛安都傳附薛懷吉傳》
侯　剛	孝明帝時期	尚食典御	《魏書》卷九三《閹官·侯剛傳》
楊　煒	孝明帝時期	尚食典御	《魏書》卷五八《楊播傳附楊煒傳》
元　乂	孝明帝時期	嘗食典御	《魏書》卷一六《道武七王·京兆王黎傳附元乂傳》
元　羅	孝明帝時期	嘗食典御	《魏書》卷一六《道武七王·京兆王黎傳附元羅傳》
奚　混	孝明帝時期	嘗食典御	《魏書》卷七三《奚康生傳》
鄭　儼	孝明帝時期	嘗食典御	《魏書》卷九三《恩倖·鄭儼傳》
李侃晞	孝莊帝時期	嘗食典御	《魏書》卷八三上《外戚上·李惠傳附李侃晞列傳》
高隆之	後廢帝時期	尚食典御	《北齊書》卷一八《高隆之傳》
高季式	孝武帝太昌年間	尚食典御	《北齊書》卷二一《高乾傳附高季式傳》

第二節　北齊宮廷食官

　　有關北齊宮廷食官，可從《隋書》卷二七《百官志中》作一瞭解。

　　根據《隋書》卷二七《百官志中》有關記載，作表 10.2 北齊食官設置表。

表 10.2　北齊食官設置表

食官隸屬機構	食官名稱	職　　　　　責
尚書省	膳部郎中	「掌侍官百司禮食肴饌等事。」
	虞曹郎中	「掌地圖，山川遠近，園囿田獵，看膳雜味等事。」
門下省	尚食典御	「總知御膳事。」
	尚食丞	
	尚食監	

中侍中省	中尙食典御	
	中尙食丞	
	中尙食監	
光祿寺	太官令	「掌食膳事。」
	太官丞	
	肴藏令	「掌器物鮭味等事。」
	肴藏丞	
	清漳令	「主酒，歲二萬石。春秋中半。」
	清漳丞	
司農寺	太倉令	「司農寺，掌倉市薪荣，園池果實。」
	太倉丞	
	導官令	「導官署，又有御細部、麴麵部、典庫部等倉督員。」
	導官丞	
長秋寺	麵豆局丞	
太子家令	太子食官令	「其食官，又別領器局、酒局二丞。」
	太子食官丞	
太子門下坊	典膳丞	
	典膳監	
皇子王國機構	食官長	

　　由表 10.2 可見，北齊食官服務的對象，主要分爲四類。首先，皇帝、后宮的膳食由尙書省、門下省、中侍中省、司農寺、光祿寺和長秋寺的相關職官負責。其次，太子宮的日常飲食，由太子家令、太子門下坊機構掌管。第三，皇子在封國的飲食由王國職官系統掌管。以上表明北齊時期食官的執掌更爲詳細。

　　由上述食官的職責，可以看出北齊時期宮廷的飲食風俗。首先，奢靡之風彌漫於北齊宮廷中，宮廷在飲食方面講究珍饈玉饌。如虞曹郎中，「掌地圖，山川遠近，園囿田獵，肴膳雜味等事。」肴藏令，「掌器物鮭味等事。」「肴膳雜味」、「鮭味」並非平民所能食用，而是屬於皇室的奢侈品。其次，北齊皇室中彌漫著濃厚的飲酒風氣。如前述第七章第一節所論，縱酒、嗜酒的風氣盛行於北齊皇帝、宗室階層中。而清漳令「主酒，歲二萬石。春秋中半。」

爲北齊皇帝、宗室階層的縱飲提供了雄厚的物質基礎保障。

第三節　北周宮廷食官

西魏時期，執政者宇文泰令朝臣蘇綽等依古周制度進行官制改革，宮廷食官也在改革之列。北周繼承了西魏有關食官的制度。根據《北周六典》相關記載，作表 10.3。

表 10.3　北周食官簡表

隸屬機構	食　官	職　　　　責
天官府	膳部中大夫	《北周六典》卷二《天官府第七》載，「膳部大夫，凡進食必先嘗之。」
	小膳部下大夫	《唐六典》卷一一《殿中省・尙食局》載，「後周有內膳上士二人、中士四人，凡進食必先嘗之。」
	小膳部上士	《唐六典》卷一一《殿中省・尙食局》載，「後周置主食、主膳。」
	小膳部下士	
	內膳上士	《北周六典》卷二《天官府第七》載，「食醫掌和王之六食六飲六膳百羞百醬八珍之齊。」
	內膳中士	《北周六典》卷二《天官府第七》，「酒正掌酒之政令，以式法授酒材。」
	主食	
	食醫下士	
	外膳上士	
	外膳中士	
	外膳下士	
	典庖中士	
	典庖下士	
	典饎中士	
	典饎下士	
	酒正中士	
	酒正下士	
	餚藏中士	
	餚藏下士	
	掌醢中士	
	掌醢下士	

地官府	黍倉中士	
	黍倉下士	
	稷倉中士	
	稷倉下士	
	稻倉中士	
	稻倉下士	
	豆倉中士	
	豆倉下士	
	麥倉中士	
	麥倉下士	
	米倉中士	
	米倉下士	
	鹽倉中士	
	鹽倉下士	
	典曲中士	
	典曲下士	
	典舂中士	
	典舂下士	
	典磑中士	
	典磑下士	

表 10.4　西魏、北周食官任職者簡表

任職者	時　　期	所任食官	說　　　　　明
趙　剛	西魏文帝時期	膳部中大夫	《周書》卷三三《趙剛傳》載,「六官建,拜膳部中大夫。」
薛　慎	西魏文帝時期	膳部下大夫	《周書》卷三五《薛善傳附薛慎傳》載,「六官建,拜膳部下大夫。」
李　安	北周明帝時期	膳部下大夫	《周書》卷一一《晉蕩公護傳》載,「有李安者,本以鼎俎得寵於護,稍被升擢,位至膳部下大夫。至是,護乃密令安因進食於帝,加以毒藥。帝遂寢疾而崩。」

| 張　暅 | 北周明帝、武帝時期 | 膳部大夫 | 《隋書》卷四六《張暅傳》載，「明、武世，歷膳部大夫、冢宰司錄。」 |
| 常醜奴 | 北周武帝時期 | 膳部下士 | 《□都督滎陽縣令□常府君墓誌》載，「君諱醜奴。保定三年，轉膳部下士。」（轉引自《北周六典》） |

　　由表 10.3、表 10.4 可見，北周食官分別隸屬於天官府、地官府兩個機構。職責包括宮廷飲食資源的管理、儲存、加工、烹飪，職責分工系統化。其中屬於天官府的膳部職官最爲重要，因爲膳部職官「凡進食必先嘗之」，直接關係到統治者的飲食安全，其職責同於北魏時期的嘗食典御。

結　語

　　自 20 世紀開始，關於中國古代古代飲食文化的問題，成爲國內外學術界關注的重點，湧現出有關中國古代飲食文化通史、斷代史、飲食加工技術史的研究成果。但是關於北朝時期的飲食文化史卻沒有系統的研究。

　　所以，要完成一本關於北朝時期飲食文化研究的書籍，要將關注的重點涵蓋歷史地理環境、食物原料、飲食結構、飲食加工及烹飪技術、飲食器具、飲食風俗、飲食活動的社會階層屬性、飲食禮儀及娛樂活動、國家對飲食活動的管理等方面，對上述進行深入研究，方可形成有關北朝時期飲食文化研究的系統體系。

　　而要完成較爲系統的北朝時期飲食文化研究，首先要注重飲食文化研究所要求的文化史層面與技術史層面的結合，即實現跨學科的有效交叉，具體而言，就是要將對歷史文獻的研讀與對理工科知識如微生物、化學、農學進行有效的結合與利用。其次，對資料的搜集、整理，由於正史文獻對北朝飲食文化記載有限，所以，在細酌正史文獻之外，還要對當時的宗教文獻及考古資料進行深入發掘。20 世紀 90 年代開始至今，佛教文獻《大正新修大藏經》、道教文獻《中華道藏》陸續出版，上述文獻涉及到北朝時期的佛教、道教有關飲食方面的戒律及對當時社會飲食生活的影響。20 世紀 50 年代至今，有關北朝墓葬的考古發掘報告陸續公佈，這些豐富的考古資料如出土器物、墓室壁畫與飲食有關，涉及到飲食原料、飲食器具、宴飲活動、飲食風俗等方面。

　　北朝時期的北方地區，漢族與游牧民族形成了多民族混居的環境，而由多民族混居又形成了農業經濟與畜牧經濟並行發展的局面；當時北方地區植

被覆蓋情況良好、氣候處於冷暖交叉期、水利資源豐富，自然地理環境總體趨於良好。上述情況分別爲北朝時期飲食文化的豐富、發展及漢族與游牧民族之間飲食文化的融合提供了人文地理與自然地理環境保障條件。

受到多民族混居、農業與畜牧經濟並行發展這些人文環境因素的影響，北朝時期的食物原料來源、飲食結構體現出胡漢民族風俗相互融合的態勢。就食物原料來源而言，一方面，來自農業種植的糧食、蔬菜、水果佔有很大比重；另一方面，肉食資源中，既有漢民族日常蓄養的肉類動物如雞、鴨、鵝、豬等，又有來自於畜牧業養殖的牛、羊、馬及野生的鹿、兔等動物。以飲食結構而言，主食、菜肴是當時胡漢民族日常飲食結構的主要構成，需要注意的是，胡漢民族結合自己民族飲食特點，對其他民族的飲食文化因素加以吸收、轉換。形成了胡漢民族各自飲食文化中胡風漢韻兼具的現象。

酒、乳品、沖製飲料、茶爲當時各民族所鍾愛的飲品。由於各民族自身飲食習慣風俗及對待異民族飲食的態度，影響到上述飲品在北方地區不同民族間的流行。大體而言，酒、乳品爲胡漢民族所鍾愛，從當時濃厚的飲酒風氣、食酪習慣就可看出；由於鮮卑貴族刻意以政治身份地位的尊卑、高低來對待不同地區、不同民族的飲食，部分上層漢族亦受此影響，進而影響到茶在北方地區的流行，使飲茶僅局限於由南朝投奔到北方的漢族士人這些政治身份較低的人群。

在飲食加工及烹飪技術方面。北朝時期人們廣泛應用發酵技術，促進了當時麵食種類的豐富及麵食質量的改善、提高。在菜肴烹飪方面，人們採用脯、臘、羹、臛、蒸、炰、鮓、胚、脂、煎、消、脾、奧、糟、菹等方式，烹飪出種類繁多、色香味俱全的菜肴。在釀酒、製醋、製糖、製乳品過程中，人們已對微生物發酵的各個過程有精確的掌握，說明當時人們在利用微生物發酵技術製作食品方面的進步。

據正史文獻資料與考古資料，北朝時期的飲食器具有糧食器加工器、炊煮器、進食器、酒器。糧食加工器有磨、碓、簸箕、碾；炊煮器有釜、甑、蒸籠、鍑、鐺；進食器有碗、盤、勺、箸、食案；酒器有罌、甕、壺、瓶、樽、罍、榼、杯、碗、爵、卮以及溫酒用的銅鐎斗、鐵鐺。

北朝時期的飲食風俗是多民族風俗相互交流、多種宗教相互影響的碩果。飲酒風氣之濃厚是北朝飲食風俗的顯著特點，並且熾烈的飲酒風氣存在胡漢各民族之中。儒家傳統倫理深刻影響北方漢族社會的衣食住行方面，以

飲食而言，就是儒家所規定的服喪禁忌影響著人們的飲食生活。北朝還是外來文化佛教與本土宗教文化道教盛行的時期，佛教、道教中的飲食戒律對信仰者產生了不同程度的影響。胡漢民族在飲食風俗的相互影響方面，融合與衝突並存，但需要注意的是，總體趨勢是胡漢民族的飲食風俗融合佔據主要地位。

人們的政治身份地位、經濟地位的尊卑與高低，決定了人們飲食活動的社會階層屬性，即不同社會階層飲食的豐與簡、奢與寒的差別。

中原社會注重禮制的傳統，必然要影響到日常飲食生活。具體而言就是人們在宴飲中的座次、座位朝向與高低受到身份尊卑的影響。當時人們在飲食活動中，為調節氛圍，進行賦詩、樂舞、百戲、文字酒令等娛樂活動，這些娛樂活動顯示了當時人們在飲食生活中的高雅格調。不可忽視的是，北朝時期宴飲中的娛樂活動受到多民族、地區文化的影響。

北朝國家統治者非常注重自己及皇室日常飲食的質量及安全，為此，當時統治者設置相應宮廷食官，為自己及皇室日常的飲食資源保障、飲食製作及飲食安全服務。

參考文獻

一、普通圖書

1. 劉安等撰：《淮南子》，張雙棣校釋，北京：北京大學出版社，1997 年版。

2. 《禮記》，鄭玄注，孔穎達正義，上海：上海古籍出版社，2008 年版。

3. 劉熙撰：《釋名》，畢沅疏證，王先謙補，北京：中華書局，2008 年版。

4. 崔寔著：《四民月令》，繆啓愉輯釋，北京：農業出版社，1981 年版。

5. 揚雄著：《方言》，華學誠彙證，北京：中華書局，2006 年版。

6. 葛洪集：《西京雜記》，成林、程章燦譯注，貴陽：貴州人民出版社，1993 年版。

7. 酈道元著：《水經注》，陳橋驛校證，北京：中華書局，2007 年版。

8. 楊玄之著：《洛陽伽藍記》，范祥雍校注，上海：上海古籍出版社，1958 年版。

9. 賈思勰著：《齊民要術》，繆啓愉校釋，北京：農業出版社，1982 年版。

10. 賈思勰著：《齊民要術》 //《叢書集成初編》：1459、1460，北京：中華書局，1985 年版。

11. 賈思勰著：《齊民要術》，石聲漢校釋，北京：中華書局，2009 年版。

12. 賈思勰著：《齊民要術》，繆啓愉、繆桂龍譯注，上海：上海古籍出版社，2009 年版。

13. 魏收：《魏書》，北京：中華書局，1974 年版。

14. 沈約：《宋書》，北京：中華書局，1974 年版。

15. 蕭子顯：《南齊書》，北京：中華書局，1972 年版。

16. 顧野王：《大廣益會玉篇》，北京：中華書局，1987 年版。

17. 虞世南：《北堂書鈔》，天津：天津古籍出版社，1988 年版。

18. 李百藥：《北齊書》，北京：中華書局，1972 年版。

19. 令狐德棻：《周書》，北京：中華書局，1971 年版。

20. 李延壽：《北史》，北京：中華書局，1974 年版。

21. 魏徵：《隋書》，北京：中華書局，1973 年版。

22. 歐陽詢：《藝文類聚》，上海：上海古籍出版社，1965 年版。

23. 徐堅：《初學記》，北京：中華書局，1962 年版。

24. 段成式著：《酉陽雜俎》，方南生點校，北京：中華書局，1981 年版。

25. 釋懷信：《釋門自鏡錄》//（日）小野玄妙等編輯：《大正新修大藏經·史傳部三》，臺北：財團法人佛陀教育基金會出版部，1990 年版。

26. 釋道宣：《續高僧傳》//（日）小野玄妙等編輯：《大正新修大藏經·史傳部二》，臺北：財團法人佛陀教育基金會出版部，1990 年版。

27. 通慧，贊寧：《宋高僧傳》//（日）小野玄妙等編輯：《大正新修大藏經·史傳部二》，臺北：財團法人佛陀教育基金會出版部，1990 年版。

28. 釋道林：《法苑珠林》//（日）小野玄妙等：《大正新修大藏經·事彙部上》，臺北：財團法人佛陀教育基金會出版部，1990 年版。

29. 竺法護譯：《佛說四輩經》//（日）小野玄妙等：《大正新修大藏經·經集部四》，臺北：財團法人佛陀教育基金會出版部，1990 年版。

30. 蒲虔貫：《保生要錄·論藥食門》//張繼禹主編：《中華道藏·四輔眞經》第二十三冊《太清攝養經》，北京：華夏出版社，2004 年版。

31. （佚名）《上清洞眞智慧觀身大戒文》//張繼禹主編：《中華道藏》第二冊，北京：華夏出版社，2004 年版。

32. （佚名）《上清修身要事經·靈書紫文仙相十敗法二十八》//張繼禹主編：《中華道藏》第二冊，北京：華夏出版社，2004 年版。

33. （佚名）《玉清上宮科太眞文》//張繼禹主編：《中華道藏》第二冊，北京：華夏出版社，2004 年版。

34. （佚名）《上清明鑒要經·老子玉匣中種芝經神仙秘事第七》//張繼禹主編：《中華道藏》第二冊，北京：華夏出版社，2004 年版。

35. （佚名）《玉清上宮科太眞文》//張繼禹主編：《中華道藏》第二冊，北京：華夏出版社，2004 年版。

36. （佚名）《太清經斷穀法》//張繼禹主編：《中華道藏》第十八冊，北京：華夏出版社，2004 年版。

37. 李昉：《太平御覽》，北京：中華書局，1960 年版。

38. 司馬光：《資治通鑒》，北京：中華書局，1956 年版。

39. 竇蘋：《酒譜》，北京：中華書局，2010 年版。

40. 朱肱著：《酒經》，宋一明、李豔譯注，上海：上海古籍出版社，2010 年版。

41. 宋應星著：《天工開物》，潘吉星譯注，上海：上海古籍出版社，2008 年版。

42. 陳夢雷：《古今圖書集成》，臺灣：鼎文書局，1977 年版。

43. 嚴可均輯：《全上古秦漢三國六朝文》，北京：中華書局，1958 年版。

44. 洪光住：《中國食品科技史稿》（上冊），北京：中國商業出版社，1984 年版。

45. 王雷鳴：《歷代食貨志注釋》（第一冊），北京：農業出版社，1984 年版。

46. 瞿宜穎：《中國社會史料叢鈔》，上海：上海書店，1985 年版。

47. 殷維松：《黃酒簡易釀造法》，北京：中國食品出版社，1987 年版。

48. 筱田統著：《中國食物史研究》，高桂林、薛來運、孫音譯，北京：中國商業出版社，1987 年版。

49. 藪內清著：《中國科學文明》，梁策、趙煒宏譯，北京：中國社會科學出版社，1988 年版。

50. 寧夏固原博物館：《固原北魏墓漆棺畫》，銀川：寧夏人民出版社，1988 年版。

51. 宋兆麟、李露露：《中國古代節日文化》，北京：文物出版社，1991 年版。

52. 全漢昇：《中國經濟史研究》，臺北：稻鄉出版社，1991 年版。

53. 呂一飛：《胡族習俗與隋唐風韻——魏晉北朝北方少數民族社會風俗及其對隋唐的影響》，北京：書目文獻出版社，1994 年版。

54. 許成：《寧夏考古文集》，銀川：寧夏人民出版社，1994 年版。

55. 張志鵬：《中華酒文化》，北京：首都師範大學出版社，1994 年版。

56. 劉軍、莫福山、吳雅芝：《中國古代的酒與飲酒》，北京：商務印書館國際有限公司，1995 年版。

57. 章克昌：《酒精與蒸餾酒工藝學》，北京：中國輕工業出版社，1995 年版。

58. 中國社會科學院考古研究所：《北魏洛陽永寧寺 1979～1994 年考古發掘報告》，北京：中國大百科全書出版社，1996 年版。

59. 鍾敬文：《中國禮儀全書·上編·傳統禮儀》，合肥：安徽科學技術出版社，1997 年版。

60. 馬清福、舒虹：《中華節令風俗文化——春》，瀋陽：瀋陽出版社，1997 年版。

61. 孫民：《中華節令風俗文化——夏》，瀋陽：瀋陽出版社，1997 年版。

62. 劉剛：《中華節令風俗文化──秋》，瀋陽：瀋陽出版社，1997 年版。

63. 宋文坤、張靜、黃敏：《中華節令風俗文化──冬》，瀋陽：瀋陽出版社，1997 年版。

64. 香港大學美術博物館、河南省文物考古研究所：《河南出土陶瓷》，香港：香港大學美術博物館，1997 年版。

65. 陝西省考古研究所：《陝西新出土文物選粹》，重慶：重慶出版社，1998 年版。

66. 黎虎主編：《漢唐飲食文化史》，北京：北京師範大學出版社，1998 年版。

67. 朱大渭、劉馳、梁滿倉、陳勇：《魏晉南北朝社會生活史》，北京：中國社會科學出版社，1998 年版。

68. 杜金鵬、岳洪彬、張帆：《醉鄉酒海──古代文物與酒文化》，成都：四川教育出版社，1998 年版。

69. 山西省博物館：《山西省博物館館藏文物精華》，太原：山西人民出版社，1999 年版。

70. 黃平主編：《中國酒麴》，北京：中國輕工業出版社，2000 年版。

71. 朱寶鏞、章克昌：《中國酒經》，上海：上海文化出版社，2000 年版。

72. 熊寥主編：《中國陶瓷古籍集成》（注釋本），南昌：江西科學技術出版社，2000 年版。

73. 張承宗、魏向東：《中國風俗通史》魏晉南北朝卷，上海：上海文藝出版社，2001 年版。

74. 洪光住：《中國釀酒科技發展史》，北京：中國輕工業出版社，2001 年版。

75. 羅啓榮、何文丹：《中國酒文化大觀》，南寧：廣西民族出版社，2001 年版。

76. 韓養民、郭興文：《中國古代節日風俗》，西安：陝西人民出版社，2002 年版。

77. 陝西省考古研究所：《西安北周安伽墓》，北京：文物出版社，2003 年版。

78. 中國社會科學院考古研究所、河北省文物研究所：《磁縣灣漳北朝壁畫墓》，北京：科學出版社，2003 年版。

79. 中國國家博物館：《文物中國史·三國兩晉南北朝時代》，太原：山西教育出版社，2003 年版。

80. 韓勝寶：《華夏酒文化尋根》，上海：上海科學技術文獻出版社，2003 年版。

81. 黎福清：《中國酒器文化》，天津：百花文藝出版社，2003 年版。

82. 羅豐：《胡漢之間——「絲綢之路」與西北歷史考古》，北京：文物出版社，2004 年版。

83. 上海博物館：《中國青銅器展覽圖錄》，北京：五洲傳播出版社，2004 年版。

84. 周耀明、萬建中、陳華文：《漢族風俗史》第二卷《秦漢魏晉南北朝漢族風俗》上海：學林出版社，2004 年版。

85. 吳慧主編：《中國商業通史》第一卷，北京：中國財政經濟出版社，2004 年版。

86. 太原市文物考古研究所：《晉陽古城》，北京：文物出版社，2005 年版。

87. 李劍農：《中國古代經濟史稿》第二卷《魏晉南北朝隋唐部分》，武漢：武漢大學出版社，2005 年版。

88. 王福榮主編：《釀酒分析與檢測》，北京：化學工業出版社，2005 年版。

89. 王學泰：《中國飲食文化史》，桂林：廣西師範大學出版社，2006 年版。

90. 趙榮光：《中國飲食文化史》，上海：世紀出版集團，2006 年版。

91. 李春祥：《飲食器具考》，北京：知識產權出版社，2006 年版。

92. 山西省考古研究所、太原市文物考古研究所：《北齊東安王婁睿墓》，北京：文物出版社，2006 年版。

93. 山西大學歷史文化學院、山西省考古研究所、大同市博物館：《大同南郊北魏墓群》，北京：科學出版社，2006 年。

94. 李煒光：《中國財政通史》魏晉南北朝卷，北京：中國財政經濟出版社，2006 年版。

95. 郭保章：《中國化學史》，南昌：江西教育出版社，2006 年版。

96. 大同市考古研究所：《大同雁北師院北魏墓群》，北京：文物出版社，2008 年。

97. 李約瑟等：《中國科學技術史》第六卷《生物學及相關技術》第五分冊《發酵與食品科學》，北京：科學出版社，2008 年版。

98. 傅金泉主編：《中國釀酒微生物研究與應用》，北京：中國輕工業出版社，2008 年版。

99. 劉淑芬：《中古的佛教與社會》，上海：上海古籍出版社，2008 年版。

100. 王念石：《中國歷代酒具鑒賞圖典》，天津：天津古籍出版社，2009 年版。

101. 原州聯合考古隊：《北周田弘墓》，北京：文物出版社，2009 年版。

102. 謝廣發：《黃酒釀造技術》，北京：中國輕工業出版社，2010 年版。

103. 張慶捷：《民族彙聚與文明互動——北朝社會的考古學觀察》，北京：商務印書館，2010 年版。

104. 劉樸兵：《唐宋飲食文化比較研究》，北京：中國社會科學出版社，2010 年版。

105. 孫機：《漢代物質文化資料圖說》，上海：上海古籍出版社，2011 年版。

106. 姚偉鈞、劉樸兵、鞠明庫：《中國飲食典籍史》，上海：上海古籍出版社，2011 年版。

107. 張景明、王雁卿：《中國飲食器具發展史》，上海：上海古籍出版社，2011 年版。

108. 瞿明安、秦瑩：《中國飲食娛樂史》，上海：上海古籍出版社，2011 年版。

109. 俞爲潔：《中國食料史》，上海：上海古籍出版社，2011 年版。

110. 河南省文物局：《安陽北朝墓葬》，北京：科學出版社，2013 年版。

111. 青州市博物館編：《山東青州傅家莊北齊線刻畫像石》，濟南：齊魯書社，2014 年版。

二、論文集

1. 筱田統：《中國中世的酒》 //劉俊文主編；杜石然、魏小明譯：《日本學者研究中國史論著選譯》第十卷，北京：中華書局，1992 年版。

2. 陳慶：《論中國古代分批投料釀酒之工藝》 //周立平主編：《94 國際酒文化學術研討會論文集》，杭州：浙江大學出版社，1994 年版。

3. 蕭家成：《中華民族酒文化及其涵義性質》 //周立平主編：《94 國際酒文化學術研討會論文集》，杭州：浙江大學出版社，1994 年版。

4. 禹明先：《中國釀酒科技史之探討》 //周立平主編：《94 國際酒文化學術研討會論文集》，杭州：浙江大學出版社，1994 年版。

5. 劉廣定：《元代以前中國蒸餾酒的問題》 //中國科技史論文集編輯小組：《中國科技史論文集》，臺北：聯經出版事業公司，1995 年版。

6. 宋鎮豪：《中國上古酒的釀製與品種》 //《遠望集——陝西省考古研究所華誕四十週年紀念文集》，西安：陝西人民美術出版社，1998 年版。

7. 程士貴、曹立會：《冶源北齊崔芬墓壁畫》 //山東省政協文史資料委員會：《山東重大考古發掘紀實》，濟南：齊魯書社，1998 年版。

8. 楊軍凱：《西安北周史君墓石椁圖象初探》 //《法國漢學》叢書編輯委員會：《粟特人在中國——歷史、考古、語言的新探索》，北京：中華書局，2005 年版。

9. 童丕著：《中國北方的粟特遺存——山西的葡萄種植業》，阿米娜譯， //

《法國漢學》叢書編輯委員會：《粟特人在中國——歷史、考古、語言的新探索》，北京：中華書局，2005 年版。

10. 張慶捷：《北朝隋唐粟特的「胡騰舞」》//《法國漢學》叢書編輯委員會：《粟特人在中國——歷史、考古、語言的新探索》，北京：中華書局，2005 年版。

11. 張慶捷：《北魏平城墓葬繪畫中的宴飲圖》//中國魏晉南北朝史學會、山西大學歷史文化學院編：《中國魏晉南北朝史學會第十屆年會暨國際學術研討會論文集》，太原：北岳文藝出版社，2012 年版。

三、期刊中析出的文獻

1. 陝西省文物管理委員會：《西安南郊草廠坡村北朝墓的發掘》，載《考古》，1959 年第 6 期，第 285～287 頁。

2. 周到：《河南濮陽北齊李雲墓出土的瓷器和墓誌》，載《考古》，1964 年第 9 期，第 482～484 頁。

3. 竺可楨：《中國近五千年來氣候變遷的初步研究》，載《考古學報》，1972 年第 1 期，第 15～38 頁。

4. 河南省博物館：《河南安陽北齊范粹墓發掘簡報》，載《文物》，1972 年第 1 期，第 47～57、86 頁。

5. 《無產階級文化大革命期間出土文物展覽簡介》，載《文物》，1972 年第 1 期，第 70～91 頁。

6. 河北省博物館、河北省文物管理處：《河北曲陽發現北魏墓》，載《考古》，1972 年第 5 期，第 33～35 頁。

7. 洛陽博物館：《洛陽北魏元邵墓》，載《考古》，1973 年第 4 期，第 218～224、243 頁。

8. 河北省博物館、河北省文物管理處：《河北平山北齊崔昂墓調查報告》，載《文物》，1973 年第 11 期，第 27～38 頁。

9. 陶正剛：《山西祁縣白圭北齊韓裔墓》，載《文物》，1975 年第 4 期，第 64～73 頁。

10. 門大鵬：《〈齊民要術〉中的釀醋》，載《微生物學報》，1976 年第 2 期，第 63～66 頁。

11. 傅金泉：《試論釀酒麴藥的起源及其發展》，載《食品與發酵工業》，1977 年第 3 期，第 1～9 頁。

12. 磁縣文化館：《河北磁縣東陳村東魏墓》，載《考古》，1977 年第 6 期，第 391～400、428 頁。

13. 石家莊地區革委會文化局文物發掘組：《河北贊皇東魏李希宗墓》，載《考古》，1977 年第 6 期，第 382～390 頁。

14. 孫培良：《略談大同市南郊出土的幾件銀器和銅器》，載《文物》，1977年第9期，第68～75頁。

15. 羅志騰：《我國古代的釀酒發酵》，載《化學通報》，1978年第5期，第51～54頁。

16. 羅志騰：《古代中國對釀酒發酵化學的貢獻》，載《西北大學學報》（自然科學版），1979年第2期，第101～106頁。

17. 河北省文管處：《河北景縣北魏高氏墓發掘簡報》，載《文物》，1979年第3期，第17～31頁。

18. 王克林：《北齊庫狄迴洛墓》，載《考古學報》，1979年第3期，第377～402頁。

19. 磁縣文化館：《河北磁縣北齊高潤墓》，載《考古》，1979年第3期，第235～243頁。

20. 湯池：《北齊高潤墓壁畫簡介》，載《考古》，1979年第3期，第244頁。

21. 韓順發：《北齊黃釉瓷扁壺樂舞圖象的初步分析》，載《文物》，1980年第7期，第39～41頁。

22. 代尊德：《太原北魏辛祥墓》，載《考古學集刊》第1集，1981年，第197～202頁。

23. 鄧宏里、蔡全法：《沁陽縣西向發現北朝墓及畫像石棺床》，載《中原文物》，1983年第1期，第4～13頁。

24. 馬玉基：《大同市小站村花圪塔臺北魏墓清理簡報》，載《文物》，1983年第3期，第1～4頁。

25. 大同市博物館：《山西大同南郊出土北魏鎏金銅器》，載《考古》，1983年第11期，第997～999頁。

26. 李亞東：《中國古代釀酒專家賈思勰與釀酒技術》，載《釀酒科技》，1984年第2期，第22～26頁。

27. 洛陽市文物工作隊：《洛陽澗水東岸發現一座北周墓葬》，載《中原文物》，1984年第3期，第54～55頁。

28. 磁縣文化館：《河北磁縣東魏茹茹公主墓發掘簡報》，載《文物》，1984年第4期，第1～9頁。

29. 朱全生：《河北磁縣東陳村北齊堯峻墓》，載《文物》，1984年第4期，第16～22頁。

30. 固原縣文物工作站：《寧夏固原北魏墓清理簡報》，載《文物》，1984年第6期，第46～56頁。

31. 淄博市博物館、淄川區文化局：《淄博和莊北朝墓葬出土青釉蓮花瓷尊》，載《文物》，1984年第12期，第64～67頁。

32. 內蒙古自治區博物館、和林格爾縣文化館：《和林格爾縣另皮窖村北魏墓出土的金器》，載《內蒙古文物考古》，1984 年，第 52～54 頁。

33. 崔漢林、夏振英：《陝西華陰北魏楊舒墓發掘簡報》，載《文博》，1985 年第 2 期，第 4～11 頁。

34. 淄博市博物館、臨淄區文管所：《臨淄北朝崔氏墓地第二次清理簡報》，載《考古》，1985 年第 3 期，第 216～221 頁。

35. 夏名采：《益都北齊石室墓線刻畫像》，載《文物》，1985 年第 10 期，第 49～54 頁。

36. 楊勇：《試論〈齊民要術〉中的我國古代製麴、釀酒發酵技術》，載《西北農學院學報》（自然科學版），1985 年第 4 期，第 55～64 頁。

37. 孟乃昌：《中國蒸餾酒年代考》，載《中國科技史料》，1985 年第 6 期，第 31～37 頁。

38. 寧夏回族自治區博物館、寧夏固原博物館：《寧夏固原北周李賢夫婦墓發掘簡報》，載《文物》，1985 年第 11 期，第 1～20 頁。

39. 安家瑤：《北周李賢墓出土的玻璃碗——薩珊玻璃器的發現與研究》，載《考古》，1986 年第 2 期，第 173～181 頁。

40. 河南省文物研究所、安陽縣文管會：《安陽北齊和紹隆夫婦合葬墓清理簡報》，載《中原文物》，1987 年第 1 期，第 8～16 頁。

41. 包頭市文物管理處：《包頭固陽縣發現北魏墓群》，載《考古》，1987 年第 1 期，第 4、38～41 頁。

42. 繆啓愉：《〈齊民要術〉中利用微生物的科學成就》，載《古今農業》，1987 年第 4 期，第 7～13 頁。

43. 吳焯：《北周李賢墓出土鎏金銀壺考》，載《文物》，1987 年第 5 期，第 66～76 頁。

44. 趙建國：《〈齊民要術〉與古代食俗》，載《民俗研究》，1988 年第 2 期，第 64～69 頁。

45. 傅金泉：《從麴藥論我國黃酒麥麴技術的發展》，載《釀酒科技》，1988 年第 3 期，第 2～6 頁。

46. 李霖、葉依能：《我國古代釀酒技術的發展》，載《中國農史》，1989 年第 4 期，第 38～44 頁。

47. 山東省文物考古研究所：《濟南市東八里窪北朝壁畫墓》，載《文物》，1989 年第 4 期，第 67～78 頁。

48. 中國社會科學院考古研究所、河北省文物研究所、鄴城考古工作隊：《河北磁縣灣漳北朝墓》，載《考古》，1990 年第 7 期，第 601～607、600 頁。

49. 山西省考古研究所、太原市文物管理委員會：《太原南郊北齊壁畫墓》，載《文物》，1990 年第 12 期，第 1～10 頁。

50. 傅金泉：《中國黃酒的起源及其傳統技術》，載《中國釀造》，1991 年第 3 期，第 2～10 頁。

51. 芮傳明：《葡萄與葡萄酒傳入中國考》，載《史林》，1991 年第 3 期，第 46～58 頁。

52. 馮國富、武殿卿、黃麗榮：《固原北魏墓出土文物》，載《固原師專學報》，1991 年第 4 期，第 105 頁。

53. 沙夢海：《曲水流觴雜考》，載《文物》，1991 年第 6 期，第 81～83 頁。

54. 中國社會科學院考古研究所河南二隊：《河南偃師縣杏園村的四座北魏墓》，載《考古》，1991 年第 9 期，第 818～831 頁。

55. 偃師商城博物館：《河南偃師南蔡莊北魏墓》，載《考古》，1991 年第 9 期，第 832～834 頁。

56. 中國社會科學院考古研究所洛陽漢魏城隊：《北魏洛陽城內出土的瓷器與釉陶器》，載《考古》，1991 年第 12 期，第 1090～1095 頁。

57. 包啟安：《南北朝時代的釀酒技術》，載《中國釀造》，1992 年第 1 期，第 34～36 頁。

58. 山西省考古研究所、大同市博物館：《大同南郊北魏墓群發掘簡報》，載《文物》，1992 年第 8 期，第 1～11 頁。

59. 王次澄：《文人酒令及酒刑》，載《傳統文化與現代化》，1993 年第 2 期，第 50～57 頁。

60. 偃師商城博物館：《河南偃師兩座北魏墓發掘簡報》，載《考古》，1993 年第 5 期，第 414～425 頁。

61. 李映發：《蒸餾酒的起源與發展》，載《自然辯證法通訊》，1993 年第 6 期，第 57～59 頁。

62. 李春生：《〈齊民要術〉在中國酒文化史上的意義》，載《甘肅輕紡科技》，1994 年第 3 期，第 38～43 頁。

63. 張和平：《中國古代的乳製品》，載《中國乳品工業》，1994 年第 4 期，第 161～167 頁。

64. 王賽時：《山西釀酒史略》，載《晉陽學刊》，1994 年第 6 期，第 91～95 頁。

65. 中國社會科學院考古研究所洛陽漢魏城隊、洛陽古墓博物館：《北魏宣武帝景陵發掘報告》，載《考古》，1994 年第 9 期，第 801～814 頁。

66. 王銀田、韓生存：《大同市齊家坡北魏墓發掘簡報》，載《文物季刊》，1995 年第 1 期，第 14～18 頁。

67. 周嘉華：《中國蒸餾酒起源的史料辨析》，載《自然科學史研究》，1995年第 3 期，第 227～238 頁。

68. 繆啓愉：《「臥麴」、「頤麴」、「漬麴法」問題》，載《中國農史》，1995年第 3 期，第 103～104 頁。

69. 林澐：《古代的酒杯》，載《中國典籍與文化》，1995年第 4 期，第 30～34 頁。

70. 洛陽市文物工作隊：《洛陽孟津北陳村北魏壁畫墓》，載《文物》，1995年第 8 期，第 26～35 頁。

71. 白君禮、魏宏升：《〈齊民要術〉釀醋技術的研究》，載《西北農業大學學報》，1995年第 12 期，第 80～83 頁。

72. 孫立：《魏晉南北朝飲茶與飲酒之風》，載《蘇州大學學報》（哲學社會科學版），1996年第 1 期，第 104～106 頁。

73. 洛陽市第二文物工作隊：《北魏董富妻郭氏墓》，載《中原文物》，1996年第 2 期，第 100～101 頁。

74. 包啓安：《我國古代黃酒的製醪發酵技術》，載《中國釀造》，1996年第 4 期，第 9～16 頁。

75. 郭學雷、張小蘭：《北朝紀年墓出土瓷器研究》，載《文物季刊》，1997年第 1 期，第 85～94 頁。

76. 王賽時：《古代山東釀酒述略》，載《中國烹飪研究》，1997年第 2 期，第 18～24 頁。

77. 陝西省考古研究所、咸陽市考古研究所：《北周武帝孝陵發掘簡報》，載《考古與文物》，1997年第 2 期，第 8～28 頁。

78. 磁縣文物保管所：《河北磁縣北齊元良墓》，載《考古》，1997年第 3 期，第 33～39、85 頁。

79. 武當山文物管理所：《武當山玉虛宮教兵場內南北朝墓葬清理簡報》，載《江漢考古》，1997年第 4 期，第 17～18 頁。

80. 倪莉：《〈齊民要術〉中製醋工藝研析》，載《自然科學史研究》，1997年第 4 期第 16 卷，第 357～367 頁。

81. 咸陽市文物考古研究所：《咸陽師專西晉北朝墓清理簡報》，載《文博》，1998年第 6 期，第 3～21 頁。

82. 江玉祥：《唐代劍南道春酒史實考》，載《四川大學學報》（哲學社會科學版），1999年第 4 期，第 70～79 頁。

83. 謝文逸：《談中國古代酒的過濾和酒的過濾工業的發展》，載《釀酒》，1999年第 6 期，第 78～81 頁。

84. 徐少華、劉華：《古酒歷史篇》，載《中國酒》，1999年第 6 期，第 19～31 頁。

85. 羅豐：《北周李賢墓出土的中亞風格鎏金銀瓶──以巴克特里亞金屬製品爲中心》，載《考古學報》，2000 年第 3 期，第 311～330 頁。

86. 陝西省考古研究所：《西安北郊北周安伽墓發掘簡報》，載《考古與文物》，2000 年第 6 期，第 28～35 頁。

87. 陝西省考古研究所：《西安發現的北周安伽墓》，載《文物》，2001 年第 1 期，第 4～26 頁。

88. 薛瑞澤：《漢唐間河洛地區的釀酒業》，載《安徽史學》，2001 年第 2 期，第 2～6 頁。

89. 陝西省考古研究所：《北周宇文儉墓清理發掘簡報》，載《考古與文物》，2001 年第 3 期，第 27～40 頁。

90. 咸陽市文物考古研究所：《陝西郵電學校北朝、唐墓清理簡報》，載《文博》，2001 年第 3 期，第 3～16 頁。

91. 黃修明：《酒文化與中國古代社會政治》，載《中華文化論壇》，2002 年第 2 期，第 127～131 頁。

92. 秦冬梅：《試論魏晉南北朝時期的氣候異常與農業生產》，載《中國農史》，2003 年第 1 期，第 60～69 頁。

93. 張增午、傅曉東：《河南北朝瓷器芻議》，載《中原文物》，2003 年第 2 期，第 61～66 頁。

94. 王玲：《魏晉南北朝時期內遷胡族的農業化與胡漢飲食交流》，載《中國農史》，2003 年第 4 期，第 11～17 頁。

95. 山西省考古研究所、太原市文物考古研究所：《太原北齊徐顯秀墓發掘簡報》，載《文物》，2003 年第 10 期，第 4～40 頁。

96. 李愛國：《太原北齊張海翼墓》，載《文物》，2003 年第 10 期，第 41～49 頁。

97. 李梅田：《北齊墓葬文化因素分析──以鄴城、晉陽爲中心》，載《中原文物》，2004 年第 4 期，第 59～65 頁。

98. 山西省考古研究所：《太原西南郊北齊洞室墓》，載《文物》，2004 年第 6 期，第 35～46 頁。

99. 西安市文物保護考古所：《西安市北周史君石槨墓》，載《考古》，2004 年第 7 期，第 38～49 頁。

100. 劉俊喜、高峰：《大同智家堡北魏墓棺板畫》，載《文物》，2004 年第 12 期，第 35～47 頁。

101. 山西省大同市考古研究所：《大同湖東北魏一號墓》，載《文物》，2004 年第 12 期，第 26～34 頁。

102. 陝西省考古研究所：《西安北郊北朝墓清理簡報》，載《考古與文物》，2005 年第 1 期，第 7～16 頁。

103. 汪受寬：《河西古酒考論》，載《敦煌學輯刊》，2005 年第 2 期，第 270 ～277 頁。

104. 西安市文物保護考古所：《西安北周涼州薩保史君墓發掘簡報》，載《文物》，2005 年第 3 期，第 4～33 頁。

105. 山西省考古研究所、大同市考古研究所、大同市博物館、山西大學考古系：《大同操場城北魏建築遺址發掘報告》，載《考古學報》，2005 年第 4 期，第 485～511 頁。

106. 王玲：《〈齊民要術〉與北朝胡漢飲食文化的融合》，載《中國農史》，2005 年第 4 期，第 13～19 頁。

107. 丁曉蕾：《中國蔬菜科技源流考——兼論〈齊民要術〉中的蔬菜科技》，載《農業考古》，2006 年第 1 期，第 161～165 頁。

108. 山西省考古研究所、太原市文物考古研究所、晉源區文物旅遊局：《太原開化村北齊洞室墓發掘簡報》，載《考古與文物》，2006 年第 2 期，第 7 ～12 頁。

109. 陳習剛：《中國古代葡萄、葡萄酒及葡萄文化經西域的傳播（一）——兩宋以前葡萄和葡萄酒產地》，載《新疆師範大學學報》（哲學社會科學版），2006 年第 3 期，第 5～10 頁。

110. 大同市考古研究所：《山西大同沙嶺北魏壁畫墓發掘簡報》，載《文物》，2006 年第 10 期，第 4～24 頁。

111. 大同市考古研究所：《山西大同七里村北魏墓群發掘簡報》，載《文物》，2006 年第 10 期，第 25～49 頁。

112. 大同市考古研究所：《山西大同迎賓大道北魏墓群》，載《文物》，2006 年第 10 期，第 50～71 頁。

113. 洛陽市第二文物工作隊：《偃師前杜樓北魏石棺墓發掘簡報》，載《文物》，2006 年第 12 期，第 37～51 頁。

114. 趙德雲：《從雞頭壺到龍柄壺的發展——兼析外來文化因素在這一過程中的作用》，載《考古與文物》，2007 年第 1 期，第 95～102 頁。

115. 萬偉成：《中華酒文化的內涵、形態及其趨勢特徵初探》，載《釀酒科技》，2007 年第 9 期，第 104～109 頁。

116. 洛陽博物館：《洛陽北魏楊機墓出土文物》，載《文物》，2007 年第 11 期，第 57～69 頁。

117. 河南省文物管理局南水北調文物保護辦公室、河南省文物考古研究所：《河南安陽市固岸墓地 II 區 51 號東魏墓》，載《考古》，2008 年第 5 期，第 49～58 頁。

118. 西安市文物保護考古所：《西安北周康業墓發掘簡報》，載《文物》，2008 年第 6 期，第 14～35 頁。

119. 汪建國：《解讀〈齊民要術〉的製麴和釀酒工藝》，載《中國釀造》，2008年第 16 期，第 106～108 頁。

120. 傅金泉：《中國古代酒文獻史料》，載《釀酒科技》，2008 年第 12 期，第 115～120 頁。

121. 洛陽市第二文物工作隊：《洛陽衡山路北魏墓發掘簡報》，載《文物》，2009 年第 3 期，第 41～46 頁。

122. 西安市文物保護考古所：《西安南郊北魏北周墓發掘簡報》，載《文物》，2009 年第 5 期，第 21～49 頁。

123. 陝西省考古研究院：《北周郭生墓發掘簡報》，載《文博》，2009 年第 5 期，第 3～9 頁。

124. 魏女：《西安北魏韋氏紀年墓出土瓷器及相關問題探討》，載《考古與文物》，2010 年第 3 期，第 92～95 頁。

125. 徐州博物館：《江蘇徐州市楚岳山莊北齊墓發掘簡報》，載《中原文物》，2010 年第 3 期，第 4～8 頁。

126. 大同市考古研究所：《山西大同南郊區田村北魏墓發掘簡報》，載《文物》，2010 年第 5 期，第 4～18 頁。

127. 西安市文物保護考古所：《西安韋曲高望堆北朝墓發掘簡報》，載《文物》，2010 年第 9 期，第 30～43 頁。

128. 王萌：《略論北朝時期的飲酒之風》，載《劍南文學》，2010 年第 11 期上，第 44～46 頁。

129. 山西省考古研究所、山西博物院、朔州市文物局、崇福寺文物管理所：《山西朔州水泉梁北齊壁畫墓發掘簡報》，載《文物》，2010 年第 12 期，第 26～42 頁。

130. 張鶴泉、王萌：《北魏皇帝賜宴考略》，載《史學集刊》，2011 年第 1 期，第 26～33 頁。

131. 崔利：《從元代朱德潤〈桼刺酒機賦〉看中國蒸餾酒起源》，載《釀酒》，2011 年第 1 期，第 94～97 頁。

132. 河南省文物管理局南水北調文物保護辦公室、安陽市文物考古研究所：《河南安陽縣北齊賈進墓》，載《考古》，2011 年第 4 期，第 42～49 頁。

133. 馬建軍：《北周田弘墓出土的玻璃器探析》，載《寧夏師範學院學報》，2011 年第 4 期，第 97～98、102 頁。

134. 周佩妮：《北周田弘墓出土文物的重要學術價值》，載《寧夏師範學院學報》，2011 年第 4 期，第 99～102 頁。

135. 陝西省考古研究院：《北周獨孤賓墓發掘簡報》，載《考古與文物》，2011 年第 5 期，第 30～37 頁。

136. 大同市考古研究所：《山西大同陽高北魏尉遲定州墓發掘簡報》，載《文物》，2011 年第 12 期，第 4～12、51 頁。

137. 大同市考古研究所：《山西大同雲波里路北魏壁畫墓發掘簡報》，載《文物》，2011 年第 12 期，第 13～25 頁。

138. 王萌：《略論北朝時期的酒政與酒的釀酤》，載《吉林大學社會科學學報》，2011 年（增刊），第 72～76 頁。

139. 內蒙古自治區文物考古研究所、鄂爾多斯博物館、烏審旗文物管理所：《內蒙古烏審旗郭家梁村北魏墓葬發掘簡報》，載《中原文物》，2012 年第 1 期，第 8～11 頁。

140. 陝西省考古研究院：《北周莫仁相、莫仁誕墓發掘簡報》，載《考古與文物》，2012 年第 3 期，第 3～15 頁。

141. 馬曉玲：《北周考古的新發現——〈北周田弘墓〉述評》，載《華夏考古》，2012 年第 4 期，第 146～150 頁。

142. 洛陽市文物考古研究院：《洛陽孟津朱倉北魏墓》，載《文物》，2012 年第 12 期，第 38～51 頁。

143. 王雁卿、高峰：《北魏漆飲食器類型探微》，載《文物世界》，2013 年第 5 期，第 20～28 頁。

後　記

　　2012 年，我從吉林大學古籍研究所中國古代史專業畢業，獲博士學位。之後進入內蒙古大學歷史與旅遊文化學院歷史系工作，虛心請教於學院的老先生以開闊學術視野，以初生牛犢不怕虎的盡頭奮鬥在科研、教學崗位。我在從事魏晉南北朝史研究之餘，完成在攻讀博士學位時的未竟之研究興趣——胡漢交融背景之下的北朝時期飲食文化問題。

　　本書的寫作，首先是對我的博士論文（《北朝時期釀酒、飲酒及對社會的影響研究》，有幸由臺灣花木蘭文化出版社出版）的進一步擴展、完善。北朝時期的飲食文化博大而精深，影響深遠，我們今天所食用的一些食品甚至可追本溯源到北朝。與民族融合相適應，北朝的飲食文化具有兼容並包的趨勢。對有關釀酒、飲酒問題的探討，只是探尋北朝飲食文化的組成之一。要想對北朝飲食文化有一深入、細緻的瞭解，思考的視野必須包含影響北朝時期飲食生活的地理環境（人文地理、自然地理）、食物原料、飲食結構、飲品種類、飲食加工及烹飪技術、飲食風俗、飲食生活的社會階層屬性、飲食禮儀及娛樂活動、國家對宮廷飲食活動的管理等方面。其次，本書的寫作、成稿、定稿，受到我在攻讀博士學位時，我的導師張鶴泉先生的影響。我的導師曾說治魏晉南北朝史的一個限制因素就是史料的缺乏，所以，在研讀有關魏晉南北的「八朝書南北史」、類書資料之外，要著重對有關考古資料、宗教文獻資料的搜集與整理；恩師特別強調，要研究飲食文化史，思考的視野不能僅限於歷史學，還要進行多學科的交叉。爲完成本書的寫作，在科研、工作之餘，我對北方各省、區的博物館館藏文物資料中的北朝部分進行整理，對有關北方地區的考古發掘報告進行篩選；同時鑒於北朝時期宗教盛行

這一社會背景，又仔細閱讀《大正新修大藏經》、《中華道藏》中有關北朝的部分，特別注重有關宗教信仰戒律及對當時飲食風俗的影響；從基本文獻記載與現代蔬菜分類學、現代微生物學相結合這一角度出發，對當時的蔬菜種類予以科學分類，避免只是陳述長篇史料的繁冗，對當時飲食加工予以科學、合理的解釋。

感謝內蒙古包頭市博物館副研究館員郭麗女士，我在搜集內蒙古地區的有關北朝文物資料時，郭麗女士給予我很多的便利。

感謝我的妻子田雅婷女士。在我攻讀博士期間，我的小師妹即我現在的妻子曾給予我熱情鼓勵。由於專業所限，我在搜集有關蔬菜分類學資料時略顯吃力，農業園藝學專業出身的田雅婷女士就有關現代農業蔬菜分類法方面給予我很大的幫助。

對於一個剛進入高校工作、在學術之海中奮鬥的年輕人來說，在不到半年時間裏完成一本有關北朝時期飲食文化研究的著作，其中必然有不足之處，待以後科研、搜集資料過程中進一步完善。

在以後的科研、學習中，我要從學界前輩中借鑒經驗，隨時關注學界研究動態，以開拓自己的視野；同時秉持「學海無涯苦作舟」的理念，去克服以後學術研究道路上的困難。

王萌

2014 年 8 月 29 日